KB083848

DIAT
멀티미디어 제작

포토샵 + 곰믹스 for DIAT

이 책의 차례

Digital Information Ability Test

PART 1

따라하며
쉽게 배우기

따라하며 쉽게 배우기

01

어떤 시험인지
알아볼까요?

지피지기(知彼知己)면 백전불태(百戰不殆)라는 말 들어보셨나요? 이 말은 '적을 알고 나를 알면 백번 싸워도 위태롭지 않다'는 뜻입니다. 즉, 디지털정보활용능력 (DIAT) 시험을 알고 내 실력을 알면 시험에 충분히 합격할 수 있습니다. 본격적으로 학습하기에 앞서 먼저 디지털정보활용능력 시험에 대해 살펴보겠습니다.

학습목표
1. 디지털정보활용능력 시험에 대해 알 수 있습니다.
2. 시험이 어떻게 출제되는지 알 수 있습니다.

---

01 디지털정보활용능력(DIAT / Digital Information Ability Test)

· 컴퓨터와 인터넷을 이용한 정보가 넘쳐나고 사물과 사물 간에도 컴퓨터와 인터넷이 연결된 디지털 정보 시대에 기본적인 정보 통신 기술, 정보 처리 기술의 활용 분야에 대해 학습이나 사무 업무를 수행할 수 있도록 종합적으로 묶어 효과적으로 구성한 자격 종목
· 총 6개 과목으로 구성(작업식 5개 과목, 객관식 1개 과목)되어 1개 과목만으로도 자격 취득이 가능하며, 합격 점수에 따라 초·중·고급 자격이 부여
· 과목별로 시험을 응시하며 시험 당일 한 회차에 최대 3개 과목까지 응시 가능
· 자격 구분 : 공인민간자격(등록번호 2008-0265)

한줄요약
국가공인을 받은 자격이고, 6개 과목 중 1개만 합격해도 딸 수 있다!

---

02 시험 과목

검정 과목	사용 프로그램	검정 방법	문항수	시험 시간	배점	합격 기준
프리젠테이션	– MS 파워포인트 – 한컴오피스 한쇼	작업식	4문항	40분	200점	– 초급 : 80~119점 – 중급 : 120~159점 – 고급 : 160~200점
스프레드시트	– MS 엑셀 – 한컴오피스 한셀		5문항			
워드프로세서	– 한컴오피스 한글		2문항			
멀티미디어제작	– 포토샵/곰믹스		3문항			
인터넷정보검색	– 인터넷		8문항		100점	– 초급 : 40~59점 – 중급 : 60~79점 – 고급 : 80~100점
정보통신상식	– CBT 프로그램	객관식	40문항			

한줄요약
멀티미디어제작은 3문제가 출제되고, 200점 만점에 160점 이상 받으면 "고급"을 딴다!

03 출제 기준(멀티미디어제작)

문항		세부 출제기준
문제1	이미지 제작 Adobe PhotoShop(CS2~CS5)	이미지 보정 (50점)	· 이미지 크기 조정/이미지 자르기 · 밝기 및 레벨 조정 · 색조 및 채도 조정 · Tool 활용(Lasso Tool, Healing Brush Tool, Stamp Tool 등) · 파일 저장 규칙
문제2		이미지 편집 (80점)	· 사진 합성/이미지 크기 조정 · Filter 기능을 활용한 이미지 편집 · Type Tool 기능을 활용한 텍스트 편집 · Layer Style 조정(Drop shadow, Stroke 등) · Layer Mask 기능 활용 · Shape Tool 기능 활용 · 파일 저장 규칙
문제3	디지털 영상 제작 GOM Mix for DIAT	이미지 및 비디오 영상 편집 (70점)	· 기본 재생 시간 지정/파일 저장 규칙 · 클립 가져오기/순서 지정하기 · 동영상 클립 트리밍/결합/분할하기 · 클립 재생 시간 변경하기 · 비디오 효과/비디오 전환 지정하기 · 음악 파일 삽입 및 편집하기 · 자막 넣기

※ DIAT 멀티미디어제작 시험에서 Photoshop은 한글 버전을 기준으로 출제되며, [ ] 안에 영문 버전 명칭이 표시됩니다.
※ 이 책은 포토샵 CS5로 제작되었으며, CS4/CS5 모두 사용 가능합니다.

▲ Adobe Photoshop

▲ GOM Mix for DIAT

04 시험지(멀티미디어제작)

디지털정보활용능력
(DIAT; Digital Information Ability Test)

◉ 시험과목 : 멀티미디어제작 (포토샵, 곰믹스)
◉ 시험일자 : 2024. 00. 00.(토)
◉ 수검자 기재사항 및 감독관 확인

수검번호	DIC - 2400 -	감독위원 확인
성 명		

수검자 유의사항

1. 응시자는 신분증을 지참하여 시험에 응시할 수 있으며, 시험이 종료될 때까지 신분증을 제시하지 못 할 경우 해당 시험은 0점 처리됩니다.
2. 시스템(PC작동여부, 네트워크 상태 등)의 이상여부를 반드시 확인하여야 하며, 시스템 이상이 있을시 감독위원에게 조치를 받으셔야 합니다.
3. 시험 중 부주의 또는 고의로 시스템을 파손한 경우는 응시자 부담으로 합니다.
4. 답안 전송 프로그램을 통해 다운로드 받은 파일을 이용하여 답안파일을 작성하시기 바랍니다.
5. 작성한 답안 파일은 답안 전송 프로그램을 통하여 다만 및 감독위원의 지시에 따라 주시기 바랍니다.
6. 다음사항의 경우 실격(0점) 또는 부정행위 처리됩니다.
   1) 답안파일을 저장하지 않았거나, 저장한 파일이 손상되었을 경우
   2) 답안파일을 저장한 폴더(바탕화면 "KAIT" 폴더)에 저장하지 않았을 경우
      ☞ 답안 전송 프로그램 로그인 시 바탕화면에 자동 생성됨
   3) 답안파일을 다른 보조 기억장치(USB) 혹은 네트워크(메신저, 게시판 등)로 전송할 경우
   4) 휴대용 전화기 등 통신기기를 사용할 경우
7. [ ]안의 지시사항은 PhotoShop 영문 버전을 기준입니다.
8. 답안은 PhotoShop과 Gom Mix for DIAT를 활용하여 작성하십시오.
   ※ PhotoShop 답안파일의 해상도는 72 Pixels/inch로 작성하십시오.
   ※ Gom Mix for DIAT 답안파일은 반드시 내보내기로 저장하십시오.(프로젝트만 저장시 0점 처리)
9. 시험지에 제시된 글꼴이 응시 프로그램에 없는 경우, 반드시 감독위원에게 해당 내용을 통보한 뒤 조치를 받아야 합니다.
10. 시험의 완료는 작성이 완료된 답안을 저장하고, 답안 전송이 완료된 상태를 확인한 것으로 합니다. 답안 전송 확인 후 문제는 감독위원에게 제출한 후 퇴실하여야 합니다.
11. 답안전송이 완료된 경우에는 수정 또는 재작성이 불가능합니다.
12. 시험시행 후 문제 공개 및 합격자 발표는 홈페이지(www.ihd.or.kr)에서 확인하시기 바랍니다.
    1) 문제 및 모범답안 공개 : 202X. 00. 00.(화)
    2) 합격자 발표 : 202X. 00. 00.(금)

식별CODE 멀 | 한국정보통신진흥협회 KAIT

※ PhotoShop 프로그램을 활용하여 [문제 1], [문제 2]를 작업하시오.

【문제 1】 원본파일을 처리조건에 따라 결과파일로 완성하시오. (50점)

〈 원본파일 〉	〈 결과파일 〉

〈 처리조건 〉

▶ 다음과 같이 캔버스 크기를 변경하시오.
　· 캔버스 크기[Canvas Size] ⇒ 가로(650 픽셀[Pixels]) X 세로(450 픽셀[Pixels])

▶ '사진1.jpg' 이미지를 불러와 기존 캔버스에 복사하여 후 다음과 같이 처리하시오.
　· ① ⇒ 복구 브러쉬 도구[Healing Brush Tool]를 이용하여 이미지 제거
　· ② ⇒ 색조/채도[Hue/Saturation]를 이용하여 파란색 계열로 보정
　· ③ ⇒ 색상 균형[Color Balance]을 이용하여 빨간색 계열로 보정
　· 밝기 조정 ⇒ 곡선[Curves]을 이용하여 이미지 조정 (Input : 80, Output : 110)
　· 필터 효과 ⇒ 텍스처화[Texturizer]를 이용하여 필터 적용
　　　　　(텍스처[Texture] : 캔버스[Canvas], 비율[Scaling] : 120%, 부각[Relief] : 5, 조명[Light] : 위[Top])

▶ 지시사항이 없는 경우는 기본 값을 적용하시오.

▶ 다음과 같은 규칙으로 JPG 파일과 PSD 파일을 각각 저장하시오.
　· 저장위치 : 바탕화면 - KAIT - 제출파일 폴더

JPG	파일명	dic_01_수검번호(6자리)_이름.JPG	PSD	파일명	dic_01_수검번호(6자리)_이름.PSD
	이미지 크기	600 X 400 픽셀[Pixels]		이미지 크기	65 X 45 픽셀[Pixels]

(예 : 수검번호가 DIC-20XX-000000인 경우 'dic_01_000000_이름.JPG'와 'dic_01_000000_이름.PSD'로 저장할 것)
(※ dic_01_000000_이름.JPG와 dic_01_000000_이름.PSD 파일 중 하나라도 누락시 "0점" 처리 됨)

【문제 2】 원본파일을 처리조건에 따라 결과파일로 완성하시오. (80점)

〈 원본파일 〉	〈 결과파일 〉

〈 처리조건 〉

▶ 다음과 같이 캔버스 크기를 변경하시오.
　· 캔버스 조정 ⇒ 캔버스 크기[Canvas Size] ⇒ 가로(650 픽셀[Pixels]) X 세로(450 픽셀[Pixels])

▶ '사진2.jpg' 이미지를 불러와 기존 캔버스에 복사하여 후 다음과 같이 처리하시오.
　· ① ⇒ 모양 도구[Shape Tool] 이용
　　　레이어 스타일 - 선/획[Stroke] (크기 : 2px, 색상 : #ff9000),
　　　　　　　　　　　　 그라디언트 오버레이[Gradient Overlay] (색상 : #fff000 - #009411)
　· "Wonderful topiary" ⇒ 글꼴(Arial), 글꼴 스타일(Bold Italic), 크기(48pt), 색상(#fffd64),
　　　　　엔티 엘리어싱 : 선명하게[Sharp],
　　　　　레이어 스타일 - 선/획[Stroke] (크기 : 5px, 색상 : #da3a3a)
　· "신기한 토피어리" ⇒ 글꼴(궁서체), 크기(36pt), 색상(#ff00ff), 엔티 엘리어싱 : 선명하게[Sharp],
　　　　　레이어 스타일 - 선/획[Stroke] (크기 : 2px, 색상 : #000000)

▶ 타원 도구[Ellipse Tool]와 '사진3.jpg'를 이용하여 새로운 레이어를 생성하시오.
　· 원의 크기 ⇒ 180 px × 180 px [단, 클리핑 마스크 기능을 이용할 것]
　　　　　레이어 스타일 - 선/획[Stroke] (크기 : 5px, 색상 : #00a8ff, 위치 : 안쪽[Inside]),
　　　　　그림자 효과[Drop Shadow] (혼합모드[Blend Mode] : 곱하기[Multiply], 각도[Angle] : 120°)

▶ 지시사항이 없는 경우는 기본 값을 적용하시오.

▶ 다음과 같은 규칙으로 JPG 파일과 PSD 파일을 각각 저장하시오.
　· 저장위치 : 바탕화면 - KAIT - 제출파일 폴더

JPG	파일명	dic_02_수검번호(6자리)_이름.JPG	PSD	파일명	dic_02_수검번호(6자리)_이름.PSD
	이미지 크기	600 X 400 픽셀[Pixels]		이미지 크기	65 X 45 픽셀[Pixels]

(예 : 수검번호가 DIC-20XX-000000인 경우 'dic_02_000000_이름.JPG'와 'dic_02_000000_이름.PSD'로 저장할 것)
(※ dic_02_000000_이름.JPG와 dic_02_000000_이름.PSD 파일 중 하나라도 누락시 "0점" 처리 됨)

※ Gom Mix for DIAT 프로그램을 활용하여 [문제3]을 작업하시오.
【문제 3】 처리조건에 따라 출력형태와 같이 완성하시오. (70점)

　〈 출력형태 〉

〈 처리조건 〉

원본 파일	이미지1.jpg, 이미지2.jpg, 이미지3.jpg, 동영상.mp4, 음악.mp3

▶ 미디어 소스의 순서를 다음과 같이 지정하시오.
　· 미디어 소스 순서 ⇒ 동영상.mp4 > 이미지3.jpg > 이미지1.jpg > 이미지2.jpg

▶ 동영상('동영상.mp4')을 다음과 같이 처리하시오.
　· 배 속 : 1.5x　　　　　　　　· 자르기 : 시작 시간(0.00), 재생 시간(12.20)
　· 이펙트 : LUT 필터-파스텔-파스텔 02(노출 : 10, 감마 : 0.5)
　· 텍스트 : 텍스트 입력 : 작은 흰 나비
　　　텍스트 서식 : 기본자막(굴림체, 크기 100, 47d8ff), 윤곽선 설정(없음),
　　　위치 설정(화면 정가운데 아래), 시작 시간(5.10), 클립 길이(5.00)
　· 재생 속도 설정 후 자르기를 하여야 하며, 잘라진 뒷부분의 동영상 및 트랙의 모든 공백을 삭제할 것
　· 원본 동영상에 포함된 오디오는 모두 음소거 할 것

▶ 이미지 파일을 다음과 같이 처리하시오.
　· '이미지3.jpg' ⇒ 이미지 클립 길이 : 6.00, 오버레이 : 영동함(크기 10),
　　　　　클립 트랜지션 : 왼쪽으로 스크롤(왼쪽으로 이동, 재생 시간 : 2.00)
　· '이미지1.jpg' ⇒ 이미지 클립 길이 : 5.00, 오버레이 : 원형 비네트(반경 70),
　　　　　클립 트랜지션 : 문 열기(오버랩, 재생 시간 : 1.00)
　· '이미지2.jpg' ⇒ 이미지 클립 길이 : 7.00, 오버레이 : 비누방울(속도 8),
　　　　　클립 트랜지션 : 위로 닦기(앞으로 이동, 재생 시간 : 1.00)
　· 지시사항이 없는 경우는 기본 값을 적용하시오.

▶ 다음 조건에 따라 동영상 시작 부분에 텍스트를 지정하시오.
　· 텍스트 입력 : 나비 테마 공원 (Butterfly Theme Park)
　　　텍스트 서식(휴먼엑셀체, 크기 150, ff000), 윤곽선 설정(색상 : 000000, 두께 : 20),
　　　나타나기(왼쪽으로 닦아내기, 지속 시간 : 2.00), 시작 시간(0.00), 텍스트 클립 길이(4.00)

▶ 다음 조건에 따라 동영상 전체에 음악 파일('음악.mp3')을 삽입하시오.
　· 시작 시간 : 0.00, 재생 시간 : 30.10, 페이드 아웃 : 3.00
　· 재생 시간 설정 후 자르기 하여야 하며, 잘라진 뒷부분의 음악 파일을 삭제할 것

▶ 다음과 같은 규칙으로 GMEP 파일을 프로젝트 전체 저장하시오.
　· 저장위치 : 바탕화면 - KAIT - 제출파일 폴더

GMEP	파일명	dic_03_수검번호(6자리)_이름.GMEP

(예 : 수검번호가 DIC-24XX-000000인 경우 "dic_03_000000_이름.GMEP"로 프로젝트 전체 저장할 것)
(※ dic_03_000000_이름.GMEP 파일 누락 / 프로젝트 전체 저장 이외의 기능을 이용하여 저장할 시 "0점" 처리됨)

※ 시험지는 유의사항, 문제 1, 문제 2, 문제 3까지 모두 4페이지입니다.

05 DIAT 자격증

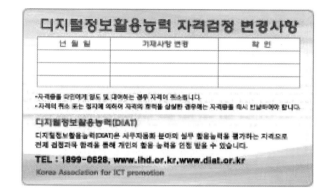

06 DIAT 취득 시 혜택

- 학점 은행제 인정
- 고등학교 신입생 입학시 가점(서울시 마이스터고, 경기도 특성화고)
- 고등학생 재학 중 취득 학교생활기록부 기재 인정
- 육군 초급 간부(부사관, 학사장교) 모집과정 가점
- 현역병입영대상자 복무 선정
- 학점 인증 : 한국성서대학교
- 채용 우대 : 한국관광공사, 울산해양경찰서, 국립해양과학관, 전북선거관리위원회, ㈜트리피,
  중소기업기술정보진흥원, 오알피연구소, 나인스텝컨설팅(주), 한국부동산원,
  한국과학기술평가원, ㈜KT(인턴)

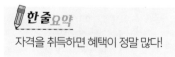

자격을 취득하면 혜택이 정말 많다!

02
시험 접수 어렵지 않아요~

시험 접수를 위해서는 회원 가입을 먼저 해야 합니다. 그리고 나서 본인 인증, 사진 등록을 해야 시험 접수를 할 수 있습니다. 시험 접수 방법은 여러분이 직접 접수하는 '개인 접수'와 학교나 단체를 통해 접수하는 '단체 접수'가 있습니다. 선생님이나 부모님과 함께 차근차근 따라해 보세요.

학습목표

1. 회원 가입을 할 수 있습니다.
2. 본인 인증과 사진 등록을 할 수 있습니다.
3. 시험 접수를 할 수 있습니다.

---

01 회원 가입하기

1 자격 검정 사이트(www.ihd.or.kr)에 접속한 후 오른쪽 위의 [회원가입] 버튼을 클릭합니다.

2 초등학생은 [14세 미만 가입]을 클릭합니다.

꿀팁

중학교 2학년(15세) 학생의 생일 전날까지는 만 14세 미만이고, 생일날부터는 만 14세 이상입니다.

3 [약관동의]에서 '필수 약관에 모두 동의' 체크 박스를 클릭합니다.

4 아래쪽의 [보호자(법정대리인) 동의]에서 보호자께서 '보호자 성명', '생년월일', 'e-mail'을 입력하고, '14세 미만 자녀 회원 가입 동의'를 체크한 후 [약관동의] 버튼을 클릭합니다.

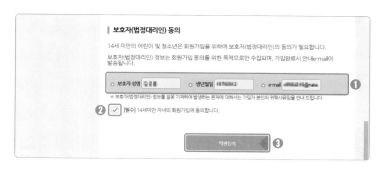

5 정보 입력 화면이 나타나면 다음 항목들에 주의하면서 입력한 후 [회원가입하기] 버튼을 클릭합니다.

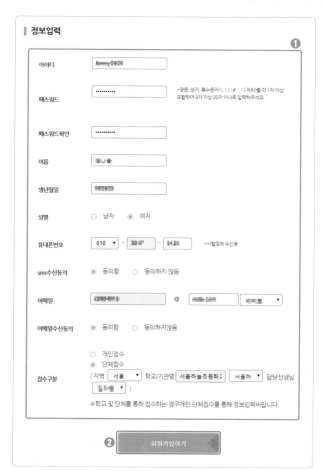

· 아이디 : 영문자로 시작하는 6~12자 영문자 또는 숫자를 입력합니다.

· 패스워드 : 영문, 숫자, 특수문자를 포함한 8자 이상 20자 이내로 입력합니다.

· 패스워드 확인 : 입력한 패스워드를 똑같이 한 번 더 입력합니다.

· 이름 : 본인의 이름을 입력합니다.

· 생년월일 : 6자리로 입력합니다. 예) 2010년 5월 30일생 → 100530

· 성별 : 남자 또는 여자를 선택합니다.

· 휴대폰번호 : 휴대폰이 없는 경우 부모님 휴대폰번호를 입력합니다.

· sms 수신동의 : 시험 정보 수신을 원하면 '동의함'을 선택합니다.

· 이메일 : 이메일 주소가 없는 경우 부모님 이메일 주소를 입력합니다.

· 이메일 수신동의 : 이메일 수신을 원하면 '동의함'을 선택합니다.

· 접수구분

　① 개인접수 : 본인이 직접 시험 접수를 하면 '개인접수'를 선택합니다.

　② 단체접수 : 학교나 단체를 통해 시험 접수를 하면 '단체접수'를 선택하고 지역, 학교/기관명, 담당선생님을 선택합니다.

6 저장 여부를 묻는 메시지가 뜨면 [확인] 버튼을 클릭하고, 정상 등록 안내 메시지가 뜨면 [확인] 버튼을 클릭합니다.

02-1 **본인 인증하기(본인 명의 휴대폰이 있는 경우)**

1 회원 가입이 완료되었으면 본인 인증을 위해 [본인인증하기] 버튼을 클릭합니다.

꿀팁

· 본인 인증은 개인 접수, 자격증 신청, 성적 확인 시 필요합니다.
· 단체접수의 경우 본인 인증을 하지 않더라도 시험 접수가 가능합니다.

2 본인 명의의 휴대폰이 있는 경우 '휴대폰'을 선택하고 [인증하기] 버튼을 클릭합니다.

3 통신사 선택 창이 뜨면 이용 중인 통신사를 클릭합니다.

4 '간편본인확인(앱)'이나 '휴대폰본인확인(문자)'을 선택하고 필요한 정보를 입력한 후 [확인] 버튼을 클릭합니다.

5 휴대폰본인확인(문자)의 경우 인증번호를 입력하고 [확인] 버튼을 클릭합니다.

6 휴대폰본인확인이 완료되었음이 확인되면 [완료] 버튼을 클릭합니다.

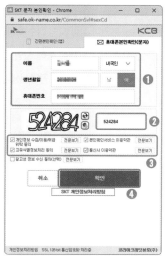

02-2 본인 인증하기(본인 명의 휴대폰이 없는 경우)

1 본인 명의의 휴대폰이 없는 경우 '아이핀'을 선택하고 [인증하기] 버튼을 클릭합니다.

꿀팁

공공 아이핀(I-PIN)은 Internet Personal Identification Number의 약자로, 인터넷상 개인 식별번호를 의미하며, 주민 등록번호를 사용하지 않고도 본인임을 확인할 수 있는 개인정보 보호 서비스입니다.

2 [메인 화면] 창에서 [신규발급] 아이콘을 클릭합니다. 아이핀이 있는 경우 **12** 번으로 건너뜁니다.

3 [약관동의] 창에서 약관 동의에 체크하고 [확인] 버튼을 클릭합니다.

4 [발급자 정보입력] 창에서 발급자 정보를 입력하고, 아이핀 ID는 중복 확인을 한 후에 [발급하기] 버튼을 클릭합니다.

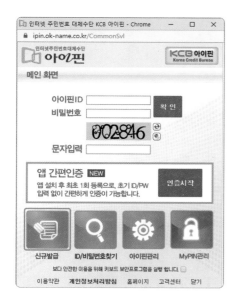
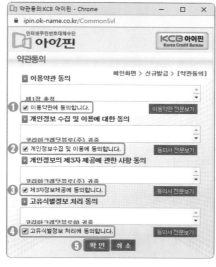

5 [추가 인증수단 설정] 창에서 '2차 비밀번호'를 선택하고 [확인] 버튼을 클릭합니다.

6 [법정대리인 동의] 창에서 법정대리인 성명과 주민번호를 입력하고 동의를 체크한 후에 [확인] 버튼을 클릭합니다.

7 [아이핀 신원확인] 창에서 '휴대폰'이나 '범용 공인인증서'를 선택한 후 정보를 입력하고 [인증번호 확인] 버튼을 클릭합니다.

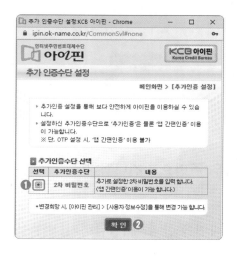 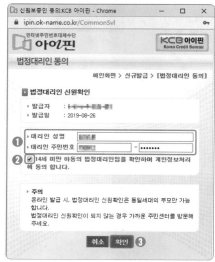 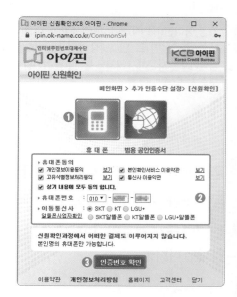

8 전송된 승인번호를 입력하고 [인증번호 확인] 버튼을 클릭합니다.

9 [2차 비밀번호 설정] 창에서 2차 비밀번호를 두 번 입력하고 [확인] 버튼을 클릭합니다.

10 사용자 정보 수정을 묻는 메시지가 뜨면 [확인] 버튼을 클릭합니다.

11 [발급 완료] 창에서 [확인] 버튼을 클릭합니다.

 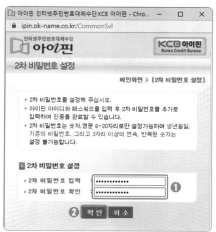 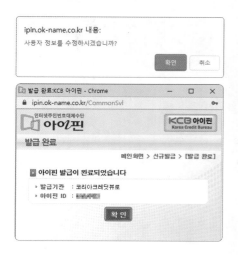

12 [메인 화면] 창에서 아이핀ID, 비밀번호, 문자를 입력하고 [확인] 버튼을 클릭합니다.

13 [추가인증] 창에서 2차 비밀번호를 입력하고 [확인] 버튼을 클릭합니다.

14 [인증 완료] 창이 나타나면 [확인] 버튼을 클릭합니다.

15 본인인증성공 창이 뜨면 [확인] 버튼을 클릭합니다.

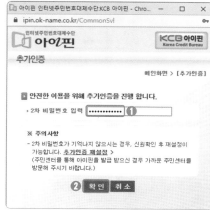
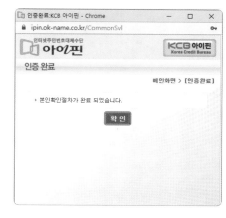

03 사진 등록하기

1 오른쪽 위의 [로그인] 버튼을 클릭합니다.

2 로그인 창에서 아이디와 비밀번호를 입력하고 [로그인] 버튼을 클릭합니다.

3 자격 검정 사이트(www.ihd.or.kr)에서 [마이페이지]를 클릭합니다.

4 왼쪽의 [사진관리]를 클릭합니다.

5 [사진선택] 버튼을 클릭합니다.

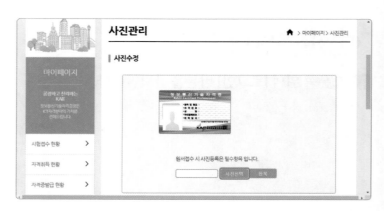

6 [열기] 대화 상자에서 사진 파일을 선택하고 [열기] 버튼을 클릭합니다.

7 [등록] 버튼을 클릭합니다.

8 수정을 묻는 메시지가 뜨면 [확인] 버튼을 클릭합니다.

9 저장 성공 메시지가 뜨면 [확인] 버튼을 클릭합니다.

10 사진 등록이 완료되었습니다.

04 시험 접수하기

1 자격 검정 사이트(www.ihd.or.kr)에서 [시험접수]를 클릭하고 [시험접수신청]을 클릭합니다.

2 접수 중인 시험의 [접수하기] 버튼을 클릭합니다.

3 [시험접수] 화면에서 응시지역, 시험장, 과목선택을 한 후 아래쪽의 [다음] 버튼을 클릭합니다.

 꿀팁

시험 접수 시 다른 과목으로 접수하지 않도록 과목 선택을 정확하게 해야 합니다. 여러 과목을 같이 접수하려면 과목선택에서 추가 버튼을 클릭하여 선택하면 됩니다.

4 [결제하기] 화면에서 결제수단을 선택하고 [결제하기] 버튼을 클릭합니다.

꿀팁

검정수수료

· 1과목 20,000원   · 2과목 36,000원   · 3과목 51,000원

해당 금액은 2021년 1월 적용 기준이며, 정책에 따라 변경될 수 있으니 참고하시기 바랍니다.

---

5 이용 약관 '전체동의' 체크박스를 선택하고 [다음] 버튼을 클릭한 후 결제를 진행합니다.

---

6 결제가 완료되면 시험 접수가 완료됩니다.

Photoshop

03 문제 1

캔버스 크기 변경하기

[문제 1]과 [문제 2]는 Photoshop을 활용하여 이미지를 편집하는 문제가 출제됩니다. 시험이 시작되면 답안 파일을 불러와 가장 먼저 캔버스의 크기를 변경해야 합니다. 문제지에 제시된 크기 대로 캔버스의 크기를 변경하는 방법과 Photoshop CS5의 작업 영역, 패널 및 메뉴, 도구 패널의 이름과 기능을 알아보도록 하겠습니다.

학습목표

1. Photoshop의 기본 구성과 도구 패널의 기능을 알 수 있습니다.
2. 답안 파일을 열고 캔버스의 크기를 변경할 수 있습니다.

실습파일 : dic_01_123456_홍길동.psd   완성파일 : dic_01_123456_홍길동.psd

문제 미리보기

원본 파일을 《처리조건》에 따라 결과 파일로 완성하시오.

《원본 파일》	《결과 파일》
	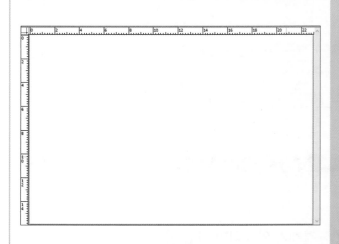

《처리조건》

▶ 다음과 같이 캔버스 크기를 변경하시오.
  · 캔버스 크기[Canvas Size] ⇒ 가로(650 픽셀[Pixels]) × 세로(450 픽셀[Pixels])

과정 미리보기

 Photoshop 실행 ○ 답안 파일 불러오기 ○ 캔버스 크기 변경   미션 성공!

캔버스 크기[Canvas Size] ⇒ 가로(650 픽셀[Pixels]) × 세로(450 픽셀[Pixels])

1 시험이 시작되면 Photoshop 프로그램을 실행하기 위해 [시작()] 버튼을 클릭한 후 앱 뷰에서 'Adobe Photoshop CS5(Ps)'를 클릭하여 실행합니다.

2 답안 파일을 불러오기 위해 [파일(File)]-[열기(Open)] 메뉴를 클릭합니다.

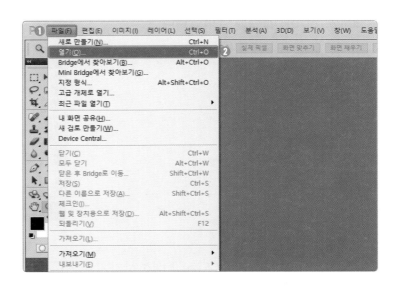

꿀팁

· 단축키 : Ctrl + O
· [KAIT]-[제출파일] 폴더에 있는 답안 파일을 더블클릭하여 실행하는 경우 캔버스 크기 조절 시 오류가 발생할 수 있으므로 Photoshop을 실행한 후 답안 파일을 불러옵니다.

3 [열기(Open)] 대화상자가 나타나면 [바탕화면]-[KAIT]-[제출파일] 폴더에서 'dic_01_123456_홍길동.psd' 파일을 선택하고 [열기(Open)] 버튼을 클릭합니다.

꿀팁

· [제출파일] 폴더 안에 답안 파일이 제공되므로 헷갈리지 않도록 파일을 불러와 캔버스 크기를 변경하도록 합니다.
· 연습할 때는 [실습파일]-[03차시] 폴더에서 파일을 불러옵니다.

 **LEVEL UP** 바탕화면-[KAIT]-[제출파일] 폴더

바탕화면-[KAIT]-[제출파일] 폴더 안에는 '답안 파일(psd 파일 2개, gmep 파일 1개) 3개, 이미지 파일(사진 1~3, 이미지1~3) 6개, 동영상 파일 1개, 음악 파일 1개' 총 11개의 파일이 들어 있습니다.

1 답안 파일이 열리면 캔버스의 크기를 변경하기 위해 [이미지(Image)]-[캔버스 크기(Canvas Size)] 메뉴를 클릭합니다.

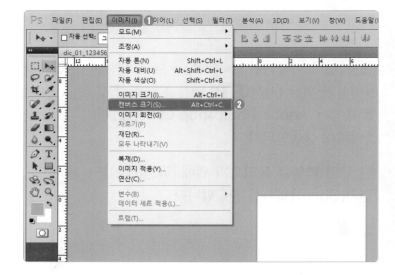

단축키 : Alt + Ctrl + C

2 [캔버스 크기(Canvas Size)] 대화상자가 나타나면 '상대치(Relative)'의 선택을 해제하고 '폭(Width)'은 '650 픽셀(pixels)'을, '높이(Height)'는 '450 픽셀(pixels)'을 입력한 후 [확인(OK)] 버튼을 클릭합니다.

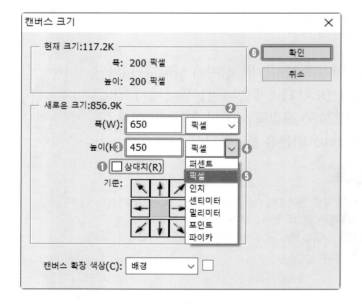

· '폭'과 '높이'의 단위는 반드시 '픽셀(pixels)'로 변경해야 합니다.
· '상대치'는 현재 캔버스 크기에서 늘리거나 줄일 크기를 입력해야 해서 번거로우므로, 체크를 해제한 후 문제지에 제시된 크기를 그대로 입력합니다.

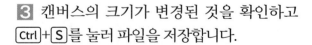

3 캔버스의 크기가 변경된 것을 확인하고 Ctrl + S 를 눌러 파일을 저장합니다.

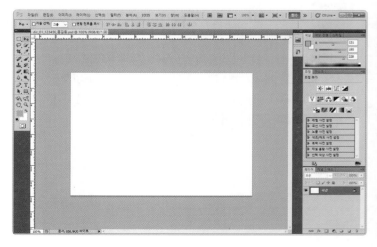

 **LEVEL UP** Photoshop CS5 알아보기

■ Photoshop CS5 화면 구성

멀티미디어제작에서 사용되는 포토샵 버전은 CS2~CS5입니다. 책에서는 Photoshop CS5 한글 버전을 사용하였습니다. 다음 포토샵의 실행 화면은 창의 크기에 따라 구성이 조금씩 달라질 수 있습니다.

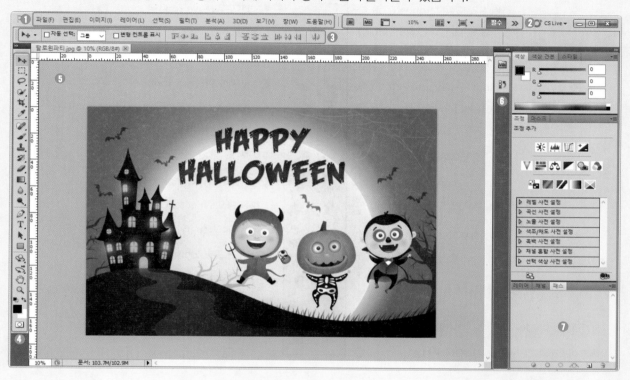

❶ **메뉴 바(Menu bar)** : Photoshop에서 사용하는 주요 기능의 명령어를 모아 놓은 곳으로 '파일, 편집, 이미지, 레이어, 선택, 필터, 분석, 3D, 보기, 창, 도움말'과 같이 총 11개의 메뉴로 구성되어 있습니다.

❷ **애플리케이션 바(Application bar)** : Bridge 시작, Mini Bridge 시작, 표시자 보기, 확대/축소 레벨, 문서 정렬, 화면 모드 등의 기능이 아이콘 형태로 구성되어 빠르게 실행할 수 있습니다.

❸ **옵션 바(Options bar)** : 도구 패널에서 선택한 도구의 세부 옵션을 설정할 수 있는 곳으로, 선택한 도구에 따라 옵션 바의 내용이 다르게 표시됩니다.

❹ **도구 패널(Tools panel)** : 주요 도구들을 편리하게 사용할 수 있도록 아이콘 형태로 표시한 것으로, 도구 상자(Tools box)라고도 합니다.

❺ **작업 창** : 이미지 편집 작업이 이루어지는 공간입니다. 파일명, 화면 배율, 색상 모드 정보 등이 표시되는 파일 정보 탭, 화면의 확대 비율, 파일 크기 등 현재 작업 중인 파일에 대한 정보가 표시되는 상태 표시줄, 이미지 작업을 할 수 있는 캔버스로 구성되어 있습니다.

❻ **패널 확장(Expand Panels)** : 패널을 축소한 아이콘으로, 클릭하면 해당 패널을 펼치거나 숨길 수 있습니다.

❼ **패널(Panel)** : 이미지 작업을 효율적으로 하기 위해 색상 패널, 조정 패널, 레이어 패널 등 자주 사용하는 기능들을 그룹으로 묶어 제공합니다.

■ 도구 패널(Tools panel)

이미지를 편집할 때 자주 사용하는 기능들을 모아 놓은 곳으로 각 도구들의 이름과 기능은 다음과 같습니다.
(★ 표시는 시험에서 자주 사용되는 도구 패널입니다.)

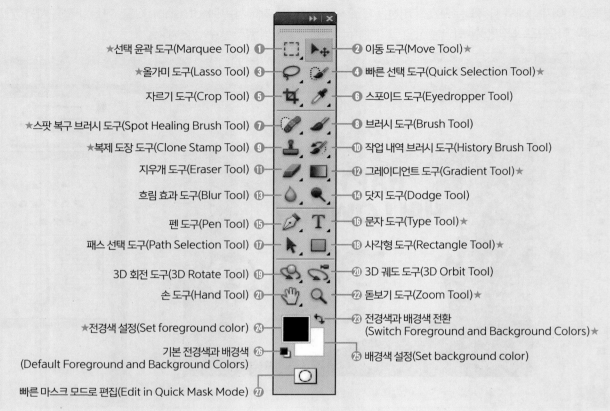

★선택 윤곽 도구(Marquee Tool) ❶ ❷ 이동 도구(Move Tool)★
★올가미 도구(Lasso Tool) ❸ ❹ 빠른 선택 도구(Quick Selection Tool)★
자르기 도구(Crop Tool) ❺ ❻ 스포이드 도구(Eyedropper Tool)
★스팟 복구 브러시 도구(Spot Healing Brush Tool) ❼ ❽ 브러시 도구(Brush Tool)
★복제 도장 도구(Clone Stamp Tool) ❾ ❿ 작업 내역 브러시 도구(History Brush Tool)
지우개 도구(Eraser Tool) ⓫ ⓬ 그레이디언트 도구(Gradient Tool)★
흐림 효과 도구(Blur Tool) ⓭ ⓮ 닷지 도구(Dodge Tool)
펜 도구(Pen Tool) ⓯ ⓰ 문자 도구(Type Tool)★
패스 선택 도구(Path Selection Tool) ⓱ ⓲ 사각형 도구(Rectangle Tool)★
3D 회전 도구(3D Rotate Tool) ⓳ ⓴ 3D 궤도 도구(3D Orbit Tool)
손 도구(Hand Tool) ㉑ ㉒ 돋보기 도구(Zoom Tool)★
★전경색 설정(Set foreground color) ㉔ ㉓ 전경색과 배경색 전환
(Switch Foreground and Background Colors)★
기본 전경색과 배경색 ㉖ ㉕ 배경색 설정(Set background color)
(Default Foreground and Background Colors)
빠른 마스크 모드로 편집(Edit in Quick Mask Mode) ㉗

꼭 알아두기! 시험에서 사용하는 도구 패널

❶ 선택 윤곽 도구(Marquee Tool)

- ▪ ⬚ 사각형 선택 윤곽 도구 M
- ◯ 원형 선택 윤곽 도구 M
- ᠁ 단일 행 선택 윤곽 도구
- ⫴ 단일 열 선택 윤곽 도구

- 사각형 선택 윤곽 도구(Rectangular Marquee Tool) : 사각형으로 선택 영역을 만듭니다.
- 원형 선택 윤곽 도구(Elliptical Marquee Tool) : 원형으로 선택 영역을 만듭니다.
- 단일 행 선택 윤곽 도구(Single Row Marquee Tool) : 1픽셀인 행으로 선택됩니다.
- 단일 열 선택 윤곽 도구(Single Column Marquee Tool) : 1픽셀인 열로 선택됩니다.

❷ 이동 도구(Move Tool) : 선택한 영역이나 레이어를 다른 부분으로 이동할 때 사용합니다.

❸ 올가미 도구(Lasso Tool)

- ▪ ◯ 올가미 도구 L
- ◺ 다각형 올가미 도구 L
- ◿ 자석 올가미 도구 L

- 올가미 도구(Lasso Tool) : 이미지를 자유롭게 드래그하여 원하는 부분을 선택합니다.
- 다각형 올가미 도구(Polygonal Lasso Tool) : 직선으로 원하는 부분을 선택합니다.
- 자석 올가미 도구(Magnetic Lasso Tool) : 이미지의 색상 경계면을 자동으로 인식하여 선택합니다.

❹ 빠른 선택 도구(Quick Selection Tool)

- ▪ ◿ 빠른 선택 도구 W
- ⚚ 자동 선택 도구 W

- 빠른 선택 도구(Quick Selection Tool) : 드래그한 영역에 있는 색상들과 동일한 색상들을 한꺼번에 선택 영역으로 지정합니다.
- 자동 선택 도구(Magic Wand Tool) : 클릭한 부분의 색상과 비슷한 색상을 선택 영역으로 지정합니다.

❼ 스팟 복구 브러시 도구(Spot Healing Brush Tool)

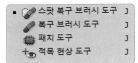

- 스팟 복구 브러시 도구(Spot Healing Brush Tool) : 마우스로 클릭한 지점의 주변 색상과 자연스럽게 어우러지도록 복원합니다.
- 복구 브러시 도구(Healing Brush Tool) : 기존 이미지의 그림자, 빛 등의 속성을 그대로 보존하면서 효율적으로 복제합니다.
- 패치 도구(Patch Tool) : 수정할 부분을 직접 선택하여 이미지를 복사하고, 복사한 이미지를 주위 환경에 최적화시키는 데 사용합니다.
- 적목 현상 도구(Red Eye Tool) : 인물이나 동물 사진에서 나타나는 적목현상이나 흰색/녹색 반사를 제거할 수 있습니다.

❾ 복제 도장 도구(Clone Stamp Tool)

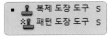

- 복제 도장 도구(Clone Stamp Tool) : 이미지의 한 부분을 다른 부분에 복제합니다.
- 패턴 도장 도구(Pattern Stamp Tool) : 이미지의 한 부분을 패턴으로 등록한 이미지가 반복적으로 채워져 복제됩니다.

⑫ 그레이디언트 도구(Gradient Tool)

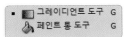

- 그레이디언트 도구(Gradient Tool) : 여러 가지 색상을 직선, 방사형, 반사 등의 패턴을 활용하여 단계적으로 혼합합니다.
- 페인트 통 도구(Paint Bucket Tool) : 유사한 색상 범위 영역으로 전경색이나 패턴으로 칠합니다.

⑯ 문자 도구(Type Tool)

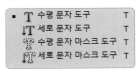

- 수평 문자 도구(Horizontal Type Tool) : 가로로 문자를 입력합니다.
- 세로 문자 도구(Vertical Type Tool) : 세로로 문자를 입력합니다.
- 수평 문자 마스크 도구(Horizontal Type Mask Tool) : 가로로 문자를 입력하고, 입력이 완료되면 선택 영역으로 지정합니다.
- 세로 문자 마스크 도구(Vertical Type Mask Tool) : 세로로 문자를 입력하고, 입력이 완료되면 선택 영역으로 지정합니다.

⑱ 사각형 도구(Rectangle Tool)

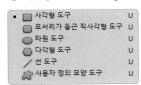

- 사각형 도구(Rectangle Tool) : 사각형 도형을 그립니다.
- 모서리가 둥근 직사각형 도구(Rounded Rectangle Tool) : 모서리가 둥근 사각형 도형을 그립니다.
- 타원 도구(Ellipse Tool) : 원이나 타원 모양의 도형을 그립니다.
- 다각형 도구(Polygon Tool) : 꼭짓점이 여러 개인 다각형 도형을 그립니다.
- 선 도구(Line Tool) : 여러 모양의 선 쉐이프를 그립니다.
- 사용자 정의 모양 도구(Custom Shape Tool) : 미리 등록되어 있는 사용자 정의 모양 목록에서 다양한 모양의 도형을 그립니다.

㉒ 돋보기 도구(Zoom Tool) : 이미지를 확대하거나 축소합니다.

㉓ 전경색과 배경색 전환(Switch Foreground and Background Colors) : 전경색과 배경색을 서로 바꿉니다.

㉔ 전경색 설정(Set foreground color) : 현재 설정된 전경색을 보여주며, [색상 피커]를 이용하여 전경색으로 사용될 색상을 선택합니다.

실력탄탄

Photoshop 프로그램을 실행하고 [실습파일]-[03차시] 폴더에서 파일을 불러와 원본 파일을 《처리조건》에 따라 결과 파일로 완성해 보세요.

실습파일 03차시-1(문제).psd   완성파일 03차시-1(완성).psd   제한시간 **1**분

《원본 파일》	《결과 파일》
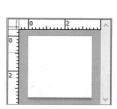	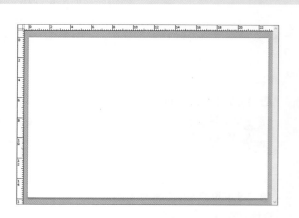

《처리조건》   ▶ 다음과 같이 캔버스 크기를 변경하시오.
· 캔버스 크기[Canvas Size] ⇒ 가로(650 픽셀[Pixels]) × 세로(450 픽셀[Pixels])

실습파일 03차시-2(문제).psd   완성파일 03차시-2(완성).psd   제한시간 **1**분

《원본 파일》	《결과 파일》
	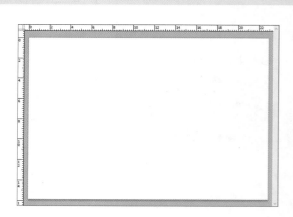

《처리조건》   ▶ 다음과 같이 캔버스 크기를 변경하시오.
· 캔버스 크기[Canvas Size] ⇒ 가로(650 픽셀[Pixels]) × 세로(450 픽셀[Pixels])

실습파일 03차시-3(문제).psd 완성파일 03차시-3(완성).psd 제한시간 **1**분

《원본 파일》	《결과 파일》
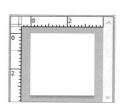	

《처리조건》 ▶ 다음과 같이 캔버스 크기를 변경하시오.

· 캔버스 크기[Canvas Size] ⇒ 가로(600 픽셀[Pixels]) × 세로(350 픽셀[Pixels])

실습파일 03차시-4(문제).psd 완성파일 03차시-4(완성).psd 제한시간 **1**분

《원본 파일》	《결과 파일》
	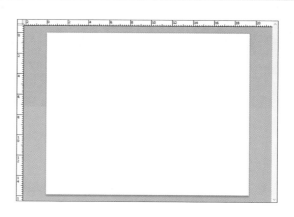

《처리조건》 ▶ 다음과 같이 캔버스 크기를 변경하시오.

· 캔버스 크기[Canvas Size] ⇒ 가로(550 픽셀[Pixels]) × 세로(450 픽셀[Pixels])

이미지 제거 및 복사하기

이미지 파일을 불러와 표시된 부분을 제거하거나 복사하는 문제가 출제됩니다. 두 기능이 번갈아 출제되므로 문제지를 꼭 확인한 후 이미지를 수정해야 하며, 사용할 도구의 이름이 《처리조건》에 제시되므로 해당 도구를 활용하여 이미지를 수정하면 됩니다.

학습목표

1. 이미지 파일을 불러와 캔버스에 복사한 후 붙여 넣기 할 수 있습니다.
2. 복구 브러시 도구를 이용하여 이미지의 특정 부분을 제거할 수 있습니다.
3. 복제 도장 도구를 이용하여 이미지의 특정 부분을 복사할 수 있습니다.

실습파일 : 04차시(문제).psd, 사진1.jpg   완성파일 : 04차시(완성).psd

문제 미리보기

원본 파일을 《처리조건》에 따라 결과 파일로 완성하시오.

《원본 파일》	《결과 파일》

①

《처리조건》

▶ '사진1.jpg' 이미지를 불러와 기존 캔버스에 복사한 후 다음과 같이 처리하시오.
　· ① ⇒ 복구 브러쉬 도구[Healing Brush Tool]를 이용하여 이미지 제거

과정 미리보기

이미지 불러오기　　　이미지 제거　　　이미지 복사　　　미션 성공!

이미지 불러와 복사하기

1 Photoshop 프로그램을 실행하고 [파일 (File)]–[열기(Open)] 메뉴를 클릭합니다.

2 [열기(Open)] 대화상자가 나타나면 [실습 파일]–[04차시] 폴더에서 '04차시(문제).psd' 와 '사진1.jpg'를 Ctrl을 이용하여 한꺼번에 선택한 후 [열기] 버튼을 클릭합니다.

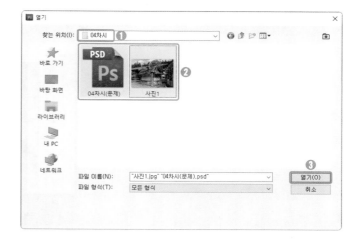

꿀팁

여러 개의 항목을 선택하려면 첫 번째 항목을 선택한 후 Ctrl을 누른 채 다른 항목을 추가로 선택하면 됩니다.

3 두 개의 파일이 열리면 [사진1] 탭을 클릭하여 선택하고 Ctrl+A를 눌러 이미지 전체를 선택한 후 Ctrl+C를 눌러 선택 영역을 복사합니다.

꿀팁

영역이 선택되면 이미지의 테두리에 점선이 표시됩니다.

4 [04차시(문제)] 탭을 클릭한 후 Ctrl+V를 눌러 복사한 영역을 붙여 넣기 합니다.

꿀팁

이미지 복사가 완료되면 [사진1] 탭을 닫습니다.

02 이미지 제거하기

① ⇒ 복구 브러쉬 도구[Healing Brush Tool]를 이용하여 이미지 제거

1 특정 부분의 이미지를 제거하기 위해 [
돋보기 도구(Zoom Tool)]를 선택하고 수정하
고자 하는 영역에 마우스 포인터를 가져가 여
러 번 클릭하여 이미지를 확대합니다.

꿀팁
· Alt 를 누른 채 클릭하면 화면을 축소할 수 있습니다.
· Ctrl + + 를 눌러 확대하고, Ctrl + - 를 눌러 축소해도 됩
  니다.

2 [도구 패널]에서 [복구 브러시 도구
(Healing Brush Tool)]를 선택합니다.

꿀팁
'브러쉬'와 '브러시'는 같은 용어입니다.

3 복사할 부분의 크기에 맞게 브러시의 크
기를 조절하기 위해 옵션 바에서 크기를 '15'
로 조절합니다.

꿀팁
오른쪽 대괄호(])를 누르면 브러시의 크기가 커지고 왼쪽 대
괄호([)를 누르면 작아집니다

4 '○' 모양의 마우스 포인터가 Alt 를 누르면 '⊕' 모양으로 변경됩니다. Alt 를 누른 상태에서 복제할 부분을 클릭합니다.

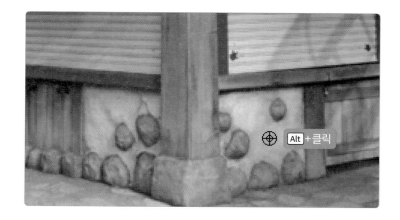

5 이번엔 Alt 를 누르지 않은 상태에서 제거할 부분을 클릭하거나 드래그합니다. 깔끔하게 지워지지 않으면 여러 번 반복하도록 합니다.

 꿀팁

실행 취소(이미지 복구)
· Ctrl + Z 를 누르면 한 단계 전으로 이동할 수 있습니다.
· Ctrl + Alt + Z 를 누르면 누를 때마다 전 단계로 이동할 수 있습니다.
· [작업 내역] 패널에서도 이전 단계로 복구할 수 있습니다.

6 Ctrl + 1 을 눌러 화면 배율을 100%로 변경한 후 이미지가 제거된 것을 확인하고 Ctrl + S 를 눌러 파일을 저장합니다.

이미지 복사하기

시험 유형에 따라 이미지의 특정 부분을 복사하는 문제가 출제되기도 합니다. 복제 도장 도구(Clone Stamp Tool)는 기존 이미지의 속성 값은 무시한 채 도장을 찍는 것처럼 이미지를 복제합니다.

실습파일 : 레벨업-1(문제).psd　　**완성파일** : 레벨업-1(완성).psd

《원본 파일》	《결과 파일》

《처리조건》　① ⇒ 복제 도장 도구[Clone Stamp Tool]를 이용하여 이미지 복사

❶ '레벨업-1(문제).psd' 파일을 열고 도구 패널에서 [🔲 복제 도장 도구(Clone Stamp Tool)]를 선택한 후 브러시의 크기를 조절합니다.

❷ 복사할 원본 이미지에 마우스 포인터를 가져가 Alt +클릭합니다. Alt 를 누르지 않은 상태에서 복제하고자 할 위치에 드래그합니다.

❸ 여러 번 드래그하여 이미지를 복사합니다.

- 시험에서는 이미지의 작은 부분을 복사하기 때문에 드래그 없이 클릭만으로도 복제를 완료할 수 있습니다.
- 여러 번 드래그하면 색이 진해집니다.

실력탄탄

Photoshop 프로그램을 실행하고 [실습파일]-[04차시] 폴더에서 파일을 불러와 원본 파일을 《처리조건》에 따라 결과 파일로 완성해 보세요.

실습파일 04차시-1(문제).psd, 사진1-1.jpg 완성파일 04차시-1(완성).psd 제한시간 3분

《원본 파일》	《결과 파일》

	①

《처리조건》 ▶ '사진1-1.jpg' 이미지를 불러와 기존 캔버스에 복사한 후 다음과 같이 처리하시오.
・① ⇒ 복구 브러쉬 도구[Healing Brush Tool]를 이용하여 이미지 제거

실습파일 04차시-2(문제).psd, 사진1-2.jpg 완성파일 04차시-2(완성).psd 제한시간 3분

《원본 파일》	《결과 파일》

	①

《처리조건》 ▶ '사진1-2.jpg' 이미지를 불러와 기존 캔버스에 복사한 후 다음과 같이 처리하시오.
・① ⇒ 복구 브러쉬 도구[Healing Brush Tool]를 이용하여 이미지 제거

실습파일 04차시-3(문제).psd, 사진1-3.jpg　완성파일 04차시-3(완성).psd　제한시간 **3**분

《원본 파일》	《결과 파일》
	①

《처리조건》　▶ '사진1-3.jpg' 이미지를 불러와 기존 캔버스에 복사한 후 다음과 같이 처리하시오.
　　　　　　　・① ⇒ 복구 브러쉬 도구[Healing Brush Tool]를 이용하여 이미지 제거

실습파일 04차시-4(문제).psd, 사진1-4.jpg　완성파일 04차시-4(완성).psd　제한시간 **3**분

《원본 파일》	《결과 파일》

《처리조건》　▶ '사진1-4.jpg' 이미지를 불러와 기존 캔버스에 복사한 후 다음과 같이 처리하시오.
　　　　　　　・① ⇒ 복구 브러쉬 도구[Healing Brush Tool]를 이용하여 이미지 제거

실습파일 04차시-5(문제).psd, 사진1-5.jpg   완성파일 04차시-5(완성).psd   제한시간 **3분**

《원본 파일》	《결과 파일》

《처리조건》   ▶ '사진1-5.jpg' 이미지를 불러와 기존 캔버스에 복사한 후 다음과 같이 처리하시오.
· ① ⇒ 복제 도장 도구[Clone Stamp Tool]를 이용하여 이미지 복사

실습파일 04차시-6(문제).psd, 사진1-6.jpg   완성파일 04차시-6(완성).psd   제한시간 **3분**

《원본 파일》	《결과 파일》

《처리조건》   ▶ '사진1-6.jpg' 이미지를 불러와 기존 캔버스에 복사한 후 다음과 같이 처리하시오.
· ① ⇒ 복제 도장 도구[Clone Stamp Tool]을 이용하여 이미지 복사

Photoshop

05 문제 1

색상 보정하기

표시된 부분의 색상을 변경하는 문제가 출제됩니다. 어떤 도구를 사용해야 하는지에 대한 지시사항이 없으므로 가장 적합한 도구를 사용하여 특정 부분을 선택하고 제시된 메뉴를 이용하여 색상을 변경하면 됩니다. '다각형 올가미 도구', '자석 올가미 도구', '자동 선택 도구'의 사용 방법을 정확하게 이해하고 있으면 어렵지 않게 완성할 수 있습니다.

학습목표
1. 다각형 올가미 도구, 자동 선택 도구, 자석 올가미 도구를 이용하여 특정 부분을 선택할 수 있습니다.
2. 색조/채도, 색상 균형 메뉴를 이용하여 선택 영역을 특정 계열의 색상으로 변경할 수 있습니다.

실습파일 : 05차시(문제).psd   완성파일 : 05차시(완성).psd

문제 미리보기

원본 파일을 《처리조건》에 따라 결과 파일로 완성하시오.

《원본 파일》	《결과 파일》
	 ② ③

《처리조건》
· ② ⇒ 색조/채도[Hue/Saturation]를 이용하여 노란색 계열로 보정
· ③ ⇒ 색상 균형[Color Balance]을 이용하여 빨간색 계열로 보정

과정 미리보기

이미지 영역 지정하기 → 색조/채도로 색 보정하기 → 색상 균형으로 색 보정하기 → 미션 성공!

01 색조/채도(Hue/Saturation)로 색상 보정하기

② ⇒ 색조/채도[Hue/Saturation]를 이용하여 노란색 계열로 보정

1 [실습파일]-[05차시] 폴더에서 '05차시(문제).psd' 파일을 불러옵니다.

2 파일이 실행되면 도구 패널에서 [🔍 돋보기 도구(Zoom Tool)]를 선택하고 색을 변경하고자 하는 곳을 클릭하여 이미지를 확대합니다.

3 도구 패널에서 [🔽 다각형 올가미 도구(Polygonal Lasso Tool)]를 선택합니다.

꿀팁

다각형 올가미 도구는 마우스로 클릭하는 곳마다 점이 생기면서 영역이 선택됩니다. 면이나 평평한 곳을 선택할 때 사용하기에 적당합니다.

4 마우스 포인터의 모양이 '🔽'으로 바뀌면 선택 영역의 시작 위치에 마우스 포인터를 가져가 클릭하고, 모서리마다 클릭한 후 처음 클릭한 위치를 클릭하면 다각형 형태의 영역이 선택됩니다.

꿀팁

선택 영역 해제 단축키 : Ctrl + D

5 영역이 선택된 상태에서 [이미지(Image)] –[조정(Adjustments)]–[색조/채도(Hue/ Saturation)] 메뉴를 클릭합니다.

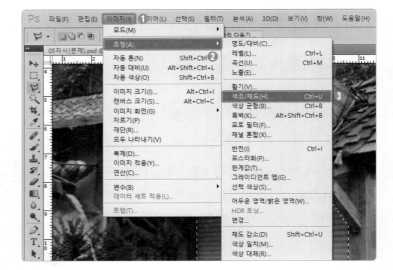

색조/채도 단축키 : Ctrl + U

6 [색조/채도(Hue/Saturation)] 대화상자가 나타나면 '**색상화(Colorize)**'에 체크하고 '**색조 (Hue)**'와 '**채도(Saturation)**'의 슬라이더를 좌우로 조절하여 '**노란색 계열**'로 보정한 후 [확인 (OK)] 버튼을 클릭합니다.

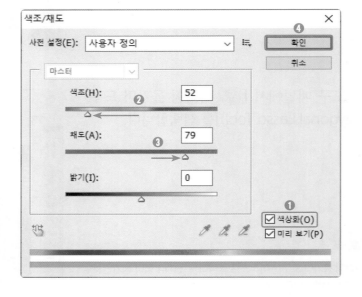

- 색상 값이 지정되어 있지 않으므로 문제지에 제시된 색상과 비슷하게만 설정하면 됩니다.
- 색상화(Colorize)는 단일 색상으로 변경하고자 할 때 체크합니다.

7 선택된 부분의 색이 노란색 계열로 변경된 것을 확인하고 Ctrl + D 를 눌러 선택을 해제합니다.

02 색상 균형(Color Balance)으로 색상 보정하기

③ ⇒ 색상 균형[Color Balance]을 이용하여 빨간색 계열로 보정

1 이번엔 색상 균형을 이용하여 색을 보정해 보도록 하겠습니다. 화면을 확대한 후 도구 패널에서 [자석 올가미 도구(Magnetic Lasso Tool)]를 선택하고, 옵션 바에서 '빈도 수(Frequency)'를 '100'으로 설정합니다.

🔔 꿀팁

· 자석 올가미 도구는 이미지의 윤곽선을 따라 마우스를 움직일 때마다 자석처럼 달라붙어 윤곽선 그대로 선택될 수 있도록 해주는 도구입니다. 색상 차이가 뚜렷한 이미지에 사용하기 적합합니다.

· 빈도 수(Frequency)는 고정점이 생기는 속도를 말하는 것으로 빈도 수가 높을수록 정교하게 테두리를 선택할 수 있습니다.

2 마우스 포인터의 모양이 '🔖'으로 바뀌면 선택 영역의 시작 위치에 마우스 포인터를 가져가 클릭하고, 마우스를 움직이면 자동으로 고정점이 만들어집니다.

🔔 꿀팁

고정점이 잘못 찍혔으면 마우스 포인터를 이전 점으로 이동한 후 키보드의 Back Space 나 Delete 를 누르면 이전 고정점으로 이동합니다.

3 처음 클릭했던 위치를 다시 클릭하면 선택 영역으로 지정됩니다.

4 영역이 선택된 상태에서 [이미지(Image)]
-[조정(Adjustments)]-[색상 균형(Color
Balance)] 메뉴를 클릭합니다.

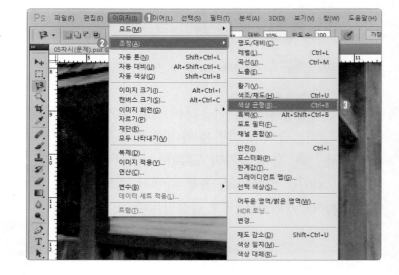

색상 균형 단축키 : Ctrl + B

5 [색상 균형(Color Balance)] 대화상자가
나타나면 '녹청(Cyan)', '마젠타(Magenta)',
'노랑(Yellow)'의 슬라이더를 드래그하여 '빨간
색 계열'로 보정한 후 [확인(OK)] 버튼을 클릭
합니다.

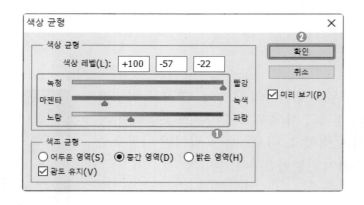

슬라이더를 조절할 때마다 캔버스의 선택된 영역의 색이 변하는
것을 확인할 수 있습니다.

6 선택된 부분의 색이 빨간색 계열로 변경된
것을 확인하고 Ctrl + D 를 눌러 선택을 해제합
니다. Ctrl + 1 을 눌러 화면 배율을 '100%'로 변
경하고 Ctrl + S 를 눌러 파일을 저장합니다.

 **LEVEL UP** 자동 선택 도구(Magic Wand Tool)

'자동 선택 도구(Magic Wand Tool)'를 이용하여 이미지의 특정 영역을 선택할 수 있습니다. 앞에서 배운 '다각형 올가미 도구(Polygonal Lasso Tool)', '자석 올가미 도구(Magnetic Lasso Tool)'와 '자동 선택 도구(Magic Wand Tool)' 중 이미지 선택 영역의 모양에 따라 선택하여 사용하면 됩니다.

실습파일 : 레벨업-2(문제).psd　　**완성파일** : 레벨업-2(완성).psd

❶ '레벨업-2(문제).psd' 파일을 실행하고 도구 패널에서 [🔮 자동 선택 도구(Magic Wand Tool)]를 선택하고 옵션 바에서 '허용치(Tolerance)'를 '40'으로 설정합니다.

 꿀팁

허용치(Tolerance)는 0~255의 값으로 설정하며, 값이 클수록 넓은 범위가 선택됩니다.

❷ 마우스 포인터의 모양이 '🪄'로 바뀌면 색을 변경할 파란색 부분을 클릭합니다. 선택 영역을 추가하기 위해 Shift를 누른 상태에서 파란색의 다른 부분을 클릭합니다.

 꿀팁

선택된 영역에서 빼고 싶은 영역이 있다면 Alt를 누른 상태에서 클릭하면 됩니다.

❸ 색상을 변경할 부분이 모두 선택된 것을 확인하고 문제지의 지시사항대로 [색조/채도]나 [색상 균형] 메뉴에서 색상 계열을 변경합니다.

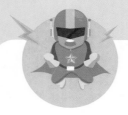

실력탄탄

Photoshop 프로그램을 실행하고 [실습파일]-[05차시] 폴더에서 파일을 불러와 원본 파일을 《처리조건》에 따라 결과 파일로 완성해 보세요.

실습파일 05차시-1(문제).psd 완성파일 05차시-1(완성).psd 제한시간 **5분**

《원본 파일》	《결과 파일》

《처리조건》
- ② ⇒ 색조/채도[Hue/Saturation]를 이용하여 파란색 계열로 보정
- ③ ⇒ 색상 균형[Color Balance]을 이용하여 연두색 계열로 보정

 [자석 올가미 도구(Magnetic Lasso Tool)]를 이용해 보세요.

실습파일 05차시-2(문제).psd 완성파일 05차시-2(완성).psd 제한시간 **5분**

《원본 파일》	《결과 파일》

《처리조건》
- ② ⇒ 색조/채도[Hue/Saturation]를 이용하여 파란색 계열로 보정
- ③ ⇒ 색상 균형[Color Balance]을 이용하여 빨간색 계열로 보정

- [🪄 자동 선택 도구(Magic Wand Tool)]와 [🧲 자석 올가미 도구(Magnetic Lasso Tool)]를 이용해 보세요.
- Shift 를 이용하면 같은 계열의 색을 연속하여 선택할 수 있습니다.

실습파일 05차시-3(문제).psd 완성파일 05차시-3(완성).psd 제한시간 **5분**

《원본 파일》	《결과 파일》

《처리조건》
· ② ⇒ 색조/채도[Hue/Saturation]를 이용하여 보라색 계열로 보정
· ③ ⇒ 색상 균형[Color Balance]을 이용하여 빨간색 계열로 보정

실습파일 05차시-4(문제).psd 완성파일 05차시-4(완성).psd 제한시간 **5분**

《원본 파일》	《결과 파일》

《처리조건》
· ② ⇒ 색조/채도[Hue/Saturation]를 이용하여 주황색 계열로 보정
· ③ ⇒ 색상 균형[Color Balance]을 이용하여 초록색 계열로 보정

Photoshop

06 문제 1

이미지 효과주기

이미지의 밝기 변화를 주고, 필터 효과를 적용하는 문제도 출제됩니다. 처리조건에 작성 값이 제시되므로 값을 정확하게 입력하기만 하면 어렵지 않게 완성할 수 있습니다. 필터 효과는 보통 4~5개의 유형이 번갈아 출제되고 있으므로 Level Up을 통해 필터 종류에 대해서 알아두도록 합니다.

학습목표
1. 입력 값과 출력 값을 정확하게 입력하여 이미지의 밝기를 변경할 수 있습니다.
2. 이미지에 문제지와 동일한 필터 효과를 적용할 수 있습니다.

실습파일 : 06차시(문제).psd　　완성파일 : 06차시(완성).psd

문제 미리보기

원본 파일을 《처리조건》에 따라 결과 파일로 완성하시오.

《원본 파일》	《결과 파일》

《처리조건》

· 밝기 조정 ⇒ 곡선[Curves]을 이용하여 이미지 조정 (입력[Input] : 80, 출력[Output] : 110)
· 필터 효과 ⇒ 텍스처화[Texturizer]를 이용하여 필터 적용 (텍스처[Texture] : 캔버스[Canvas], 비율[Scaling] : 120%, 부조[Relief] : 5, 조명[Light] : 위[Top])

과정 미리보기

그래프 드래그　　　　Input/Output 입력　　　　필터 효과 적용　　　　미션 성공♡

01 밝기 조정하기

밝기 조정 ⇒ 곡선[Curves]을 이용하여 이미지 조정 (입력[Input] : 80, 출력[Output] : 110)

1 [실습파일]-[06차시] 폴더에서 '06차시(문제).psd' 파일을 불러옵니다.

2 밝기를 조정하기 위해 [이미지(Image)]-[조정(Adjustments)]-[곡선(Curves)] 메뉴를 클릭합니다.

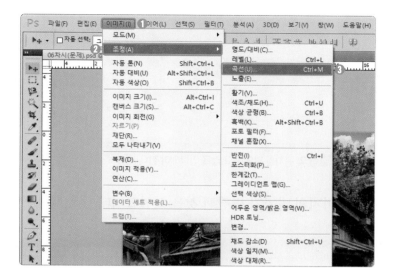

3 [곡선(Curves)] 대화상자가 나타나면 그래프의 대각선에 마우스 포인터를 가져가 모양이 '＋'로 변하면 왼쪽 위나 오른쪽 아래로 드래그합니다.

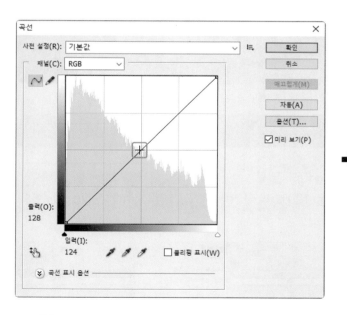 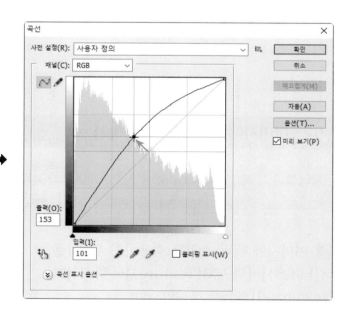

· 대각선을 왼쪽 위로 드래그하면 이미지가 밝아지고 오른쪽 아래로 드래그하면 이미지가 어두워집니다.
· 대각선을 클릭하거나 조금이라도 움직여야 값을 입력할 수 있는 상태로 변경됩니다.

4 《처리조건》에 제시된 '**입력(Input)**' 값과 '**출력(Output)**' 값을 각각 입력한 후 [확인 (OK)] 버튼을 클릭합니다.

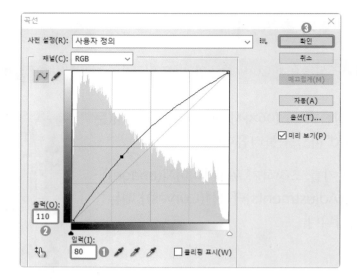

 '입력'과 '출력'의 위치를 확인하고 값을 입력해야 합니다.

5 이미지의 밝기가 변경된 것을 확인합니다.

02 이미지에 필터 효과 적용하기

필터 효과 ⇨ 텍스처화[Texturizer]를 이용하여 필터 적용
　　　　　　(텍스처[Texture] : 캔버스[Canvas], 비율[Scaling] : 120%, 부조[Relief] : 5, 조명[Light] : 위[Top])

1 이미지에 필터 효과를 적용하기 위해 [필 터(Filter)]-[텍스처(Texture)]-[텍스처화 (Texturizer)] 메뉴를 클릭합니다.

2 [텍스처화(Texturizer)] 대화상자가 나타나면 《처리조건》에 제시된 값을 정확하게 입력하고 [확인(OK)] 버튼을 클릭합니다.

· 텍스처[Texture] : 캔버스[Canvas]   · 비율[Scaling] : 120%
· 부조[Relief] : 5   · 조명[Light] : 위[Top]

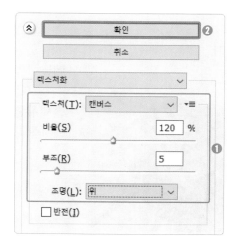

 꿀팁

· 텍스처[Texture] : 텍스처 유형 선택
· 비율[Scaling] : 텍스처 패턴 크기 조정
· 부조[Relief] : 텍스처 표면의 깊이 조정
· 조명[Light] : 텍스처에 대한 광원의 방향 지정

3 이미지에 필터가 적용된 것을 확인하고 Ctrl + S 를 눌러 파일을 저장합니다.

 **다양한 필터 효과**

DIAT 멀티미디어제작 시험에서 필터 효과는 '텍스처화(Texturizer), 그물눈(Crosshatch), 렌즈 플레어(Lens Flare), 그레인(Grain), 드라이 브러시(Dry Brush)'가 주로 출제됩니다. 각각의 필터가 어느 그룹에 속해 있는지 알아두면 빠르게 작업할 수 있습니다.

실습파일 : 필터(문제).psd   **완성파일** : 그물눈(완성).psd, 렌즈플레어(완성).psd, 그레인(완성).psd, 드라이브러시(완성).psd

■ **원본**

■ 그물눈[Crosshatch]

· **메뉴** : [필터(Filter)]–[브러시 획(Brush Strokes)]–[그물눈(Crosshatch)]
· **출제 유형**
  필터 효과 ⇒ 그물눈[Crosshatch]을 이용하여 필터 적용
      (선/획 길이[Stroke Length] : 14,
       선명도[Sharpness] : 9,
       강도[Strength] : 1)

■ 렌즈 플레어[Lens Flare]

· **메뉴** : [필터(Filter)]–[렌더(Render)]–[렌즈 플레어(Lens Flare)]
· **출제 유형**
  필터 효과 ⇒ 렌즈 플레어[Lens Flare]를 이용하여 필터 적용
      (렌즈 유형[Lens Type] : 35mm 프라임[35mm Prime], 명도[Brightness] : 120%)
· **설정 방법** : [렌즈 플레어] 대화상자에서
      효과를 줄 위치로 드래그한 후
      세부 조건 지정

■ 그레인[Grain]

· **메뉴** : [필터(Filter)]–[텍스처(Texture)]–[그레인(Grain)]
· **출제 유형**
  필터 효과 ⇒ 그레인[Grain]을 이용하여 필터 적용
      (강도[Intensity] : 40,
       대비[Contrast] : 50,
       그레인 유형[Grain Type] : 부드럽게[Soft])

■ 드라이 브러시[Dry Brush]

· **메뉴** : [필터(Filter)]–[예술효과(Artistic)]–[드라이 브러시(Dry Brush)]
· **출제 유형**
  필터 효과 ⇒ 드라이 브러쉬[Dry Brush]를 이용하여 필터 적용
      (브러쉬 크기[Brush Size] : 3,
       브러쉬 세부[Brush Detail] : 10,
       텍스처[Texture] : 1)

실력탄탄

Photoshop 프로그램을 실행하고 [실습파일]-[06차시] 폴더에서 파일을 불러와 《처리조건》에 따라 결과파일로 완성해 보세요.

실습파일 06차시-1(문제).psd　완성파일 06차시-1(완성).psd　제한시간 **3분**

《원본 파일》	《결과 파일》
	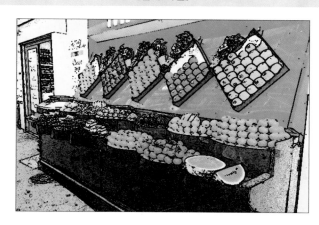

《처리조건》
- 밝기 조정 ⇒ 곡선[Curves]을 이용하여 이미지 조정 (입력[Input] : 90, 출력[Output] : 110)
- 필터 효과 ⇒ 그레인[Grain]을 이용하여 필터 적용
  (강도[Intensity] : 55, 대비[Contrast] : 60, 그레인 유형[Grain Type] : 반점[Speckle])

실습파일 06차시-2(문제).psd　완성파일 06차시-2(완성).psd　제한시간 **3분**

《원본 파일》	《결과 파일》

《처리조건》
- 밝기 조정 ⇒ 곡선[Curves]을 이용하여 이미지 조정 (입력[Input] : 100, 출력[Output] : 140)
- 필터 효과 ⇒ 드라이 브러쉬[Dry Brush]를 이용하여 필터 적용
  (브러쉬 크기[Brush Size] : 2, 브러쉬 세부[Brush Detail] : 9, 텍스처[Texture] : 1)

실습파일 06차시-3(문제).psd   완성파일 06차시-3(완성).psd   제한시간 **3분**

《원본 파일》	《결과 파일》

《처리조건》
- 밝기 조정 ⇒ 곡선[Curves]을 이용하여 이미지 조정 (입력[Input] : 120, 출력[Output] : 150)
- 필터 효과 ⇒ 그물눈[Crosshatch]을 이용하여 필터 적용
  (선/획 길이[Stroke Length] : 13, 선명도[Sharpness] : 10, 강도[Strength] : 1)

실습파일 06차시-4(문제).psd   완성파일 06차시-4(완성).psd   제한시간 **3분**

《원본 파일》	《결과 파일》

《처리조건》
- 밝기 조정 ⇒ 곡선[Curves]을 이용하여 이미지 조정 (입력[Input] : 90, 출력[Output] : 120)
- 필터 효과 ⇒ 렌즈 플레어[Lens Flare]를 이용하여 필터 적용
  (렌즈 유형[Lens Type] : 35mm 프라임[35mm Prime], 명도[Brightness] : 120%)

07 문제 1

JPG와 PSD로 저장하기

[문제1]의 작업을 완료하고 저장하기를 제대로 하지 못해 "0"점 처리되는 일이 종종 발생합니다. [문제1]의 답안 파일은 이미지로 저장한 'jpg' 파일 1개와 캔버스의 크기를 줄여 저장한 'psd 파일 1개' 총 2개의 파일을 만들어야 합니다. 복잡해 보이지만 어렵지 않으니 천천히 따라해보세요.

학습목표

1. 완성한 파일을 jpg 파일로 변환하여 저장할 수 있습니다.
2. 완성한 psd 파일의 캔버스 크기를 변경한 후 저장할 수 있습니다.

실습파일 : dic_01_123456_홍길동.psd　　완성파일 : dic_01_123456_홍길동.psd, dic_01_123456_홍길동.jpg

문제 미리보기

《처리조건》

▶ 다음과 같은 규칙으로 JPG 파일과 PSD 파일을 각각 저장하시오.

　· 저장위치 : 바탕화면 - KAIT - 제출파일 폴더

JPG	파일명	dic_01_123456_홍길동.JPG	PSD	파일명	dic_01_123456_홍길동.PSD
	이미지 크기	600×400 픽셀[Pixels]		이미지 크기	65×45 픽셀[Pixels]

(예 : 수검번호가 DIC-20XX-000000인 경우 "dic_01_000000_이름.JPG"와 "dic_01_000000_이름.PSD"로 저장할 것)

(* dic_01_000000_이름.JPG와 dic_01_000000_이름.PSD 파일 중 하나라도 누락시 "0점" 처리됨)

과정 미리보기

이미지 크기 변경　　jpg 파일로 저장　　이미지 크기 변경　　psd 파일로 저장　　미션 성공!

01 이미지 크기 변경하기(JPG 저장용)

JPG	파일명	dic_01_123456_홍길동.JPG
	이미지 크기	600×400 픽셀[Pixels]

1 [실습파일]-[07차시] 폴더에서 '**dic_01_123456_홍길동.psd**' 파일을 불러옵니다.

이미지의 크기를 변경하고 나면 수정 작업이 어려우므로 파일 크기 변경 전에 누락된 것은 없는지 지시사항과 꼼꼼히 대조하여 확인합니다.

2 파일이 열리면 JPG 파일로 저장하기 전에 이미지 크기를 변경해야 합니다. [이미지 (Image)]-[이미지 크기(Image Size)] 메뉴를 클릭합니다.

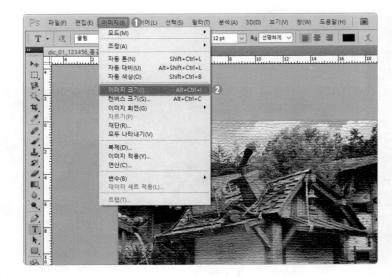

이미지 크기 조정 단축키 : Alt + Ctrl + I

3 [이미지 크기(Image Size)] 대화상자가 나타나면 '**비율 제한(Constrain Proportions)**'에 **체크를 해제**하고 '**폭(Width)**'과 '**높이(Height)**' 값을 변경한 후 [확인(OK)] 버튼을 클릭합니다.

· 폭(Width) : 600 픽셀[Pixels]
· 높이(Height) : 400 픽셀[Pixels]

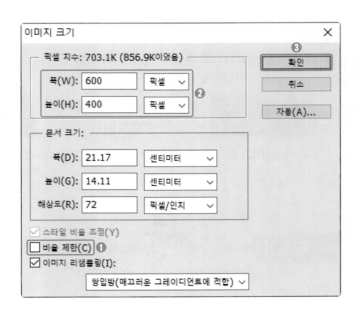

· 지시사항에 외에 나머지 값은 기본 값 그대로 둡니다.
· '비율 제한'은 이미지를 동일한 비율로 크기를 조절하게 되므로 반드시 체크를 해제한 후 '폭'과 '높이' 값을 입력해야 합니다.
· psd 파일로 저장하기 전에 반드시 jpg 파일로 먼저 저장해야 합니다.

4 이미지의 크기가 변경된 것을 확인합니다.

02 JPG로 저장하기

1 JPG 파일로 저장하기 위해 **[파일(File)]-[다른 이름으로 저장(Save As)]** 메뉴를 클릭합니다.

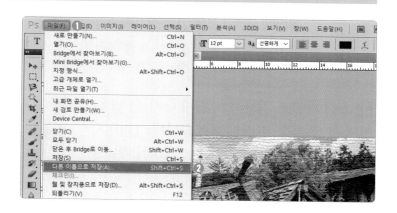

2 [다른 이름으로 저장(Save As)] 대화상자가 나타나면 [바탕화면]-[KAIT]-[제출파일] 폴더를 클릭합니다. **'형식(Format)'** 항목의 확장 버튼을 클릭하여 **'JPEG (*.JPG;*.JPEG;*.JPE)'** 를 선택하고, 파일명을 확인한 후 [저장] 버튼을 클릭합니다.

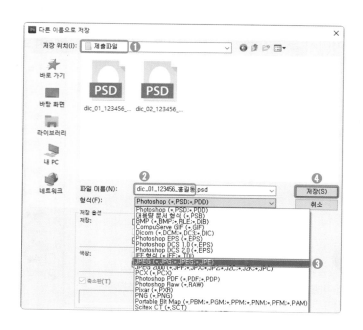

· 시험장에서는 미리 만들어져 있는 'dic_01_123456_홍길동.psd' 파일을 실행하여 이미지를 편집했으므로 자동으로 저장 경로가 [제출파일] 폴더로 설정됩니다. 폴더명만 확인한 후 다음 과정을 진행하면 됩니다.

· '123456_홍길동'은 실제 시험장에서는 자신의 수험번호와 이름으로 표시됩니다.

3 [JPEG 옵션(JPEG Options)] 창이 나타나면 별도의 설정 없이 [확인(OK)] 버튼을 클릭하여 저장을 완료합니다.

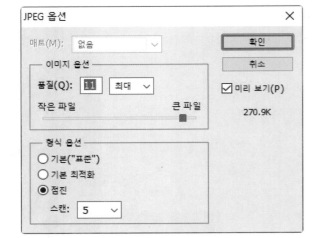

[바탕화면]–[KAIT]–[제출파일] 폴더에 제대로 저장되었는지 확인합니다.

03 이미지 크기 변경하기(PSD 저장용)

PSD	파일명	dic_01_123456_홍길동.PSD
	이미지 크기	65×45 픽셀[Pixels]

1 psd 파일로 저장하기 전에 다시 한 번 더 이미지 크기를 변경해보겠습니다. [이미지(Image)]–[이미지 크기(Image Size)] 메뉴를 클릭합니다.

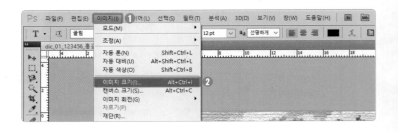

2 [이미지 크기(Image Size)] 대화상자가 나타나면 '폭(Width)'과 '높이(Height)' 값을 변경한 후 [확인(OK)] 버튼을 클릭합니다.

· 폭(Width) : 65 픽셀[Pixels]
· 높이(Height) : 45 픽셀[Pixels]

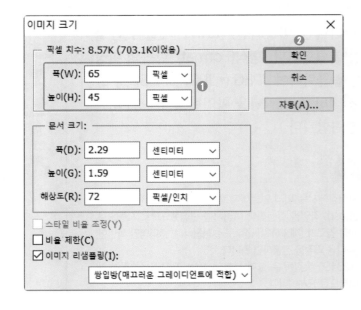

앞에서 '비율 제한(Constrain Proportions)'을 해제하였으므로 설정이 그대로 유지됩니다.

3 이미지의 크기가 변경된 것을 확인합니다.
레이어는 그대로 살아 있습니다.

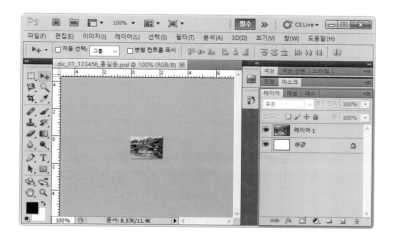

04 PSD로 저장하기

1 psd 파일로 저장하기 위해 [파일(File)]-[저장(Save)] 메뉴를 클릭하거나 Ctrl+S를 클릭하여 파일을 저장합니다.

만약 [파일(File)]-[다른 이름으로 저장(Save As)] 메뉴를 클릭하여 저장을 하게 되면 다음과 같이 파일 대체 여부를 묻는 팝업창이 뜨는데, 반드시 [확인(OK)] 버튼을 클릭해야만 동일한 파일명으로 저장됩니다.

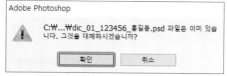

▲ 한글 버전 팝업 창

▲ 영문 버전 팝업 창

2 파일의 크기가 작아진 상태로 저장되었으므로 화질이 떨어져 더 이상 이미지 수정은 불가능합니다. 탭의 '닫기(⊠)'를 클릭하여 캔버스 창을 닫습니다.

· PSD로 저장 후에 이미지 수정이 필요하다면 캔버스 창을 닫기 전 [작업 내역(History)] 패널에서 이전 작업 내역을 복구한 후 수정해야 합니다.
· 이미지 수정이 끝난 후에는 다시 한 번 이미지 크기를 변경하고 JPG와 PSD 파일로 저장해야 합니다.

실력탄탄

Photoshop 프로그램을 실행하고 [실습파일]-[07차시] 폴더에서 파일을 불러와 《처리조건》에 따라 이미지를 저장해 보세요.

실습파일 dic_01_123456_김타요.psd   완성파일 dic_01_123456_김타요.psd, dic_01_123456_김타요.jpg   제한시간 3분

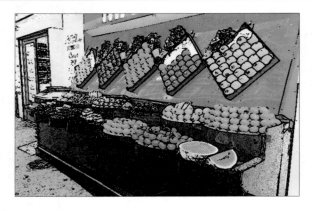 

《처리조건》

▶ 다음과 같은 규칙으로 JPG 파일과 PSD 파일을 각각 저장하시오.

　· 저장위치 : 바탕화면 – KAIT – 제출파일 폴더

JPG	파일명	dic_01_123456_김타요.JPG	PSD	파일명	dic_01_123456_김타요.PSD
	이미지 크기	600×400 픽셀[Pixels]		이미지 크기	65×45 픽셀[Pixels]

(예 : 수검번호가 DIC–20XX–000000인 경우 "dic_01_000000_이름.JPG"와 "dic_01_000000_이름.PSD"로 저장할 것)

(* dic_01_000000_이름.JPG와 dic_01_000000_이름.PSD 파일 중 하나라도 누락시 "0점" 처리됨)

실습파일 dic_01_123456_뽀로로.psd   완성파일 dic_01_123456_뽀로로.psd, dic_01_123456_뽀로로.jpg   제한시간 3분

 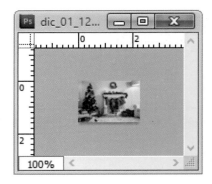

《처리조건》

▶ 다음과 같은 규칙으로 JPG 파일과 PSD 파일을 각각 저장하시오.

　· 저장위치 : 바탕화면 – KAIT – 제출파일 폴더

JPG	파일명	dic_01_123456_뽀로로.JPG	PSD	파일명	dic_01_123456_뽀로로.PSD
	이미지 크기	600×400 픽셀[Pixels]		이미지 크기	65×45 픽셀[Pixels]

(예 : 수검번호가 DIC–20XX–000000인 경우 "dic_01_000000_이름.JPG"와 "dic_01_000000_이름.PSD"로 저장할 것)

(* dic_01_000000_이름.JPG와 dic_01_000000_이름.PSD 파일 중 하나라도 누락시 "0점" 처리됨)

실습파일 dic_01_123456_BTS.psd 완성파일 dic_01_123456_BTS.psd, dic_01_123456_BTS.jpg 제한시간 3분

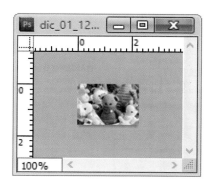

《처리조건》

▶ 다음과 같은 규칙으로 JPG 파일과 PSD 파일을 각각 저장하시오.
  ・저장위치 : 바탕화면 – KAIT – 제출파일 폴더

JPG	파일명	dic_01_123456_BTS.JPG	PSD	파일명	dic_01_123456_BTS.PSD
	이미지 크기	600×400 픽셀[Pixels]		이미지 크기	65×45 픽셀[Pixels]

(예 : 수검번호가 DIC–20XX–000000인 경우 "dic_01_000000_이름.JPG"와 "dic_01_000000_이름.PSD"로 저장할 것)

(* dic_01_000000_이름.JPG와 dic_01_000000_이름.PSD 파일 중 하나라도 누락시 "0점" 처리됨)

실습파일 dic_01_123456_아이유.psd 완성파일 dic_01_123456_아이유.psd, dic_01_123456_아이유.jpg 제한시간 3분

《처리조건》

▶ 다음과 같은 규칙으로 JPG 파일과 PSD 파일을 각각 저장하시오.
  ・저장위치 : 바탕화면 – KAIT – 제출파일 폴더

JPG	파일명	dic_01_123456_아이유.JPG	PSD	파일명	dic_01_123456_아이유.PSD
	이미지 크기	600×400 픽셀[Pixels]		이미지 크기	65×45 픽셀[Pixels]

(예 : 수검번호가 DIC–20XX–000000인 경우 "dic_01_000000_이름.JPG"와 "dic_01_000000_이름.PSD"로 저장할 것)

(* dic_01_000000_이름.JPG와 dic_01_000000_이름.PSD 파일 중 하나라도 누락시 "0점" 처리됨)

Photoshop

08 문제 2

캔버스 크기 변경 및 모양 삽입하기

이제 [문제 2]를 풀어보겠습니다. 답안 파일을 불러와 캔버스 크기를 변경한 후 문제지와 동일한 모양을 삽입하고 레이어 스타일을 지정하는 문제가 출제됩니다. 또는 자유 변형을 이용하여 이미지의 크기를 변경하고 레이어 마스크를 설정하는 문제가 출제되기도 합니다. 두 개의 문제 유형을 모두 알아두세요.

학습목표

1. 캔버스의 크기를 변경하고 이미지 파일을 복사할 수 있습니다.
2. 사용자 정의 모양 도구를 선택하여 문제지와 동일한 모양을 삽입할 수 있습니다.
3. 자유 변형을 이용하여 이미지의 크기를 변경하고, 레이어 마스크를 설정할 수 있습니다.

실습파일 : dic_02_123456_홍길동.psd, 사진2.jpg　　완성파일 : dic_02_123456_홍길동.psd

문제 미리보기

원본 파일을 《처리조건》에 따라 결과 파일로 완성하시오.

《원본 파일》	《결과 파일》

《처리조건》

▶ 다음과 같이 캔버스 크기를 변경하시오.
- 캔버스 조정 ⇒ 캔버스 크기[Canvas Size] ⇒ 가로(650 픽셀[Pixels]) × 세로(450 픽셀[Pixels])

▶ '사진2.jpg' 이미지를 불러와 기존 캔버스에 복사한 후 다음과 같이 처리하시오.
- ① ⇒ 모양 도구[Shape Tool] 이용
  레이어 스타일 - 선/획[Stroke] (크기 : 2px, 색상 : #ffae45),
  　　　　　　　 그라디언트 오버레이[Gradient Overlay] (색상 : #fff000-#2575cf)

과정 미리보기

캔버스 크기 변경　　이미지 복사　　모양 삽입　　레이어 스타일 지정　　모양 삽입　　위치 및 크기 변경　　미션 성공!

01 답안 파일 불러와 캔버스 크기 변경하기

캔버스 조정 ⇒ 캔버스 크기[Canvas Size] ⇒ 가로(650 픽셀[Pixels] × 세로(450 픽셀[Pixels])

1 두 번째 답안 파일을 불러오기 위해 [파일 (File)]–[열기(Open)] 메뉴를 클릭합니다.

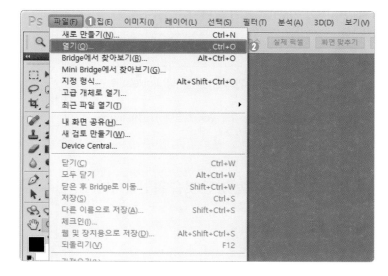

파일 열기 단축키 : Ctrl + O

2 [열기(Open)] 대화상자가 나타나면 [바탕화면]–[KAIT]–[제출파일] 폴더에 자동으로 생성된 'dic_02_123456_홍길동.psd' 파일을 선택하고 [열기] 버튼을 클릭합니다.

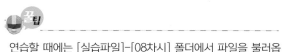
연습할 때에는 [실습파일]–[08차시] 폴더에서 파일을 불러옵니다.

3 답안 파일이 열리면 캔버스의 크기를 변경하기 위해 [이미지(Image)]–[캔버스 크기 (Canvas Size)] 메뉴를 클릭합니다.

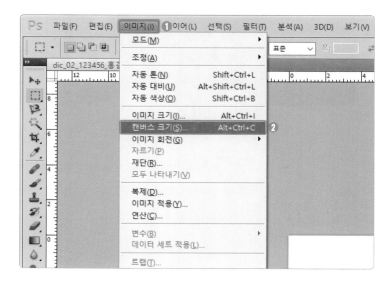

단축키 : Alt + Ctrl + C

4 [캔버스 크기(Canvas Size)] 대화상자가 나타나면 '상대치(Relative)' 항목의 선택을 해제하고 '폭(Width)'은 '650 픽셀(pixels)'을, '높이(Height)'는 '450 픽셀(pixels)'을 입력한 후 [확인(OK)] 버튼을 클릭합니다.

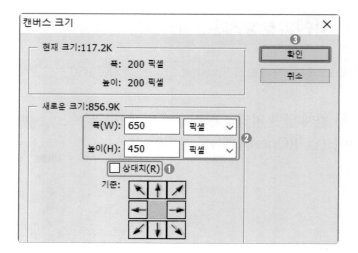

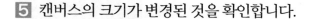

· '폭'과 '높이'를 입력한 후 반드시 단위를 '픽셀(pixels)'로 변경해야 합니다.
· 캔버스 크기가 [문제 1]과 다를 수도 있습니다. 문제지를 꼭 확인하여 입력합니다.

5 캔버스의 크기가 변경된 것을 확인합니다.

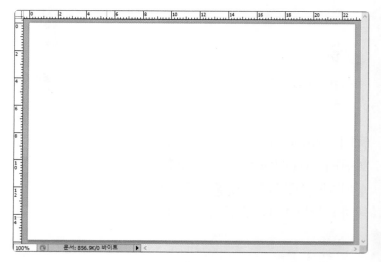

다른 출제 유형 알아보기 : 캔버스 배경색 지정하기

캔버스 배경색을 지정하는 문제가 출제되기도 합니다. 캔버스의 크기를 변경한 후 문제지에서 제시한 색상 값을 입력하여 변경하면 됩니다.

실습파일 : 08차시-레벨업(문제).psd　　**완성파일** : 08차시-레벨업(완성).psd

《원본 파일》	《결과 파일》
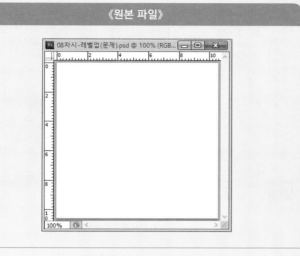	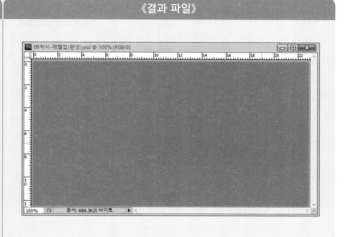

《처리조건》　캔버스 조정 ⇒ 캔버스 크기[Canvas Size] ⇒ 가로(650 픽셀[Pixels] × 세로(350 픽셀[Pixels])
　　　　　　　캔버스 배경색 (색상 : #0fa3c3)

· 앞으로 배울 '자유 변형으로 크기 변경 후 레이어 마스크 설정하기', '선택된 영역만 복사한 후 레이어 스타일 지정하기'와 짝을 이뤄 출제됩니다.
· 캔버스의 '세로' 크기를 '350 픽셀[Pixels]'로 지정하도록 출제됩니다.

❶ [실습파일]-[08차시] 폴더에서 '08차시-레벨업(문제).psd' 파일을 불러와 캔버스 크기를 변경합니다.

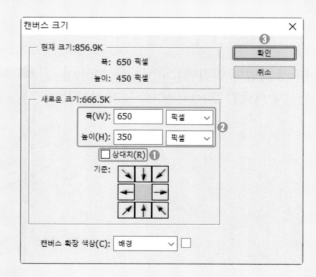

캔버스에 배경색을 지정하는 문제가 출제되는 경우 캔버스 크기도 달라지니 꼭 확인해야 합니다.

❷ 도구 패널에서 [■ 전경색 설정(Set foreground color)]을 클릭하여 [색상 피커(전경색)(Color Picker(Foreground Color))] 대화상자가 나타나면 문제지에서 제시한 색상 값(#0fa3c3)을 입력한 후 [확인(OK)] 버튼을 클릭합니다.

❸ 전경색이 변경된 것을 확인하고 도구 패널에서 [🪣 페인트 통 도구(Paint Bucket Tool)]를 선택한 후 캔버스 위에서 마우스를 클릭하거나 Alt + Delete 를 눌러 캔버스 색을 변경합니다.

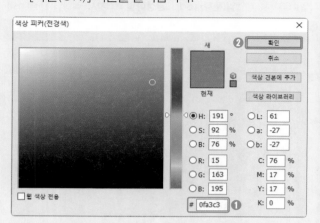

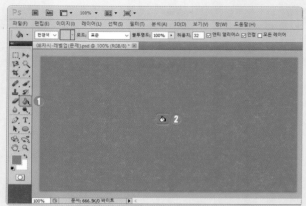

⑫ 이미지 파일 캔버스에 복사하기

'사진2.jpg' 이미지를 불러와 기존 캔버스에 복사한 후 다음과 같이 처리하시오.

1 '사진2.jpg' 파일을 불러오기 위해 [파일(File)]-[열기(Open)] 메뉴를 클릭합니다. [열기(Open)] 대화상 자가 나타나면 [실습파일]-[08차시] 폴더에서 '사진2.jpg'를 선택한 후 [열기] 버튼을 클릭합니다.

'dic_02_123456_홍길동.psd' 파일을 열 때 함께 열어도 됩니다.

2 이미지 파일이 열리면 Ctrl + A 를 눌러 이 미지를 전체 선택한 후 Ctrl + C 를 눌러 복사합 니다.

영역이 선택되면 테두리에 이미지의 점선이 표시됩니다.

3 [dic_02_123456_홍길동] 탭을 클릭한 후 Ctrl+V 를 눌러 선택한 영역을 붙여 넣기 합니다.

 꿀팁

이미지 복사가 완료되면 [사진2] 탭을 닫습니다.

03 사용자 정의 모양 삽입하기

① ⇒ 모양 도구[Shape Tool] 이용

1 사용자 정의 모양을 삽입하기 위해 도구 패널에서 [🔧. 사용자 정의 모양 도구(Custom Shape Tool)]를 선택합니다.

2 옵션 바에서 '모양(Shape)'의 확장 버튼 (ㆍ)을 클릭하여 문제지와 동일한 모양을 더블 클릭합니다.

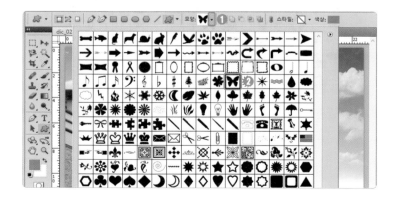

 **LEVEL UP** 사용자 정의 모양 '모두' 보기

❶ '모양' 확장 버튼을 클릭했을 때 모양이 모두 보이지 않을 수도 있습니다. '▶'를 클릭하여 확장 메뉴에서 '모두(all)'를 선택합니다. 현재 모양을 '모두' 모양으로 대체 여부를 묻는 창이 나타나면 [확인(OK)] 버튼을 클릭합니다.

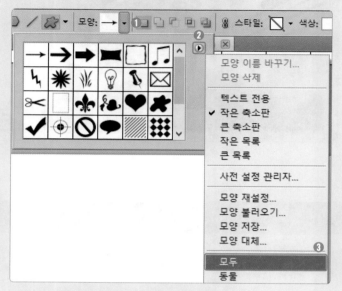

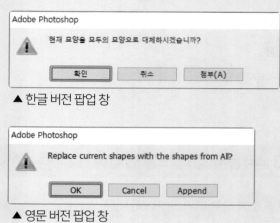

▲ 한글 버전 팝업 창

▲ 영문 버전 팝업 창

❷ 한 화면에 모양이 모두 보이도록 하기 위해 오른쪽 아래 모서리에 마우스 포인터를 가져가 모양이 '⬂'로 변하면 드래그하여 모양이 한 화면에 보이도록 크기를 조절합니다.

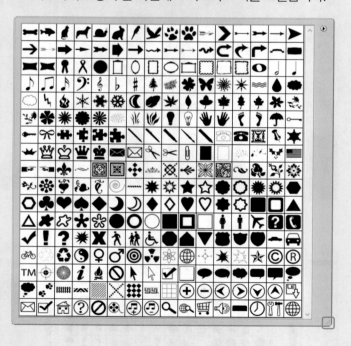

3 마우스 포인터의 모양이 '＋'로 바뀌면 드래그하여 모양을 삽입합니다.

 꿀팁

· Shift 를 누른 상태에서 드래그하면 동일한 비율로 삽입할 수 있습니다.
· 모양을 삽입하면 채우기 색상은 전경색으로 지정됩니다.

04 레이어 스타일 지정하기

레이어 스타일-선/획[Stroke] (크기 : 2px, 색상 : #ff9000),
그라디언트 오버레이[Gradient Overlay] (색상 : #fff000-#2575cf)

1 레이어 스타일을 지정하기 위해 [레이어] 패널에서 '**모양 1(Shape 1)**' 레이어가 선택된 상태에서 레이어(Layers)] 패널의 [**fx** 레이어 스타일 추가(Add a layer style)] 아이콘을 클릭한 후 바로 가기 메뉴에서 [**선(Stroke)**] 메뉴를 클릭합니다.

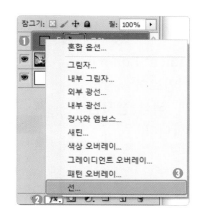

2 [레이어 스타일(Layer Style)] 대화상자가 나타나면 [스타일(Styles)] 목록에서 '**획 (Stroke)**'이 선택된 것을 확인하고 크기(2px)를 입력한 후 획 '**색상(Color)**' 아이콘을 클릭합니다.

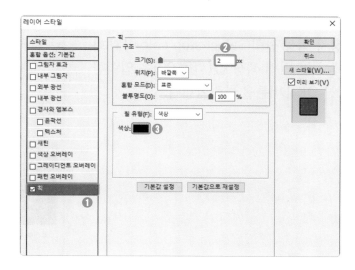

3 [획 색상 선택(Select stroke color)] 대화상자가 나타나면 색상 입력란에 '#'을 제외한 값을 정확하게 입력하고 [확인(OK)] 버튼을 클릭합니다. [레이어 스타일(Layer Style)] 대화상자에서 색상이 변경된 것을 확인합니다.

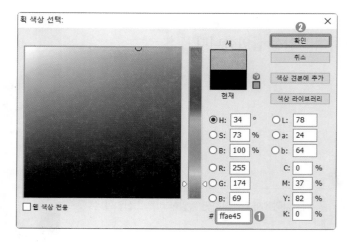

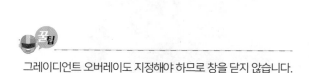

그레이디언트 오버레이도 지정해야 하므로 창을 닫지 않습니다.

4 다시 [레이어 스타일(Layer Style)] 대화상자의 [스타일(Styles)] 목록에서 '**그레이디언트 오버레이(Gradient Overlay)**'를 선택하고 세부 항목에서 '**그레이디언트(Gradient)**'의 색상을 클릭합니다.

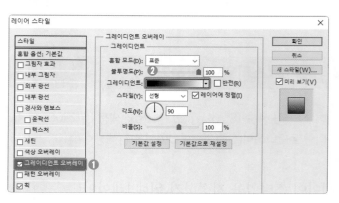

'그라디언트'와 '그레이디언트'는 같은 용어입니다.

5 [그레이디언트 편집기(Gradient Editor)] 대화상자가 나타나면 그레이디언트의 시작점을 정의하기 위해 왼쪽 아래 '**색상 정지점 (Color Stop)(🞂)**'을 더블클릭합니다.

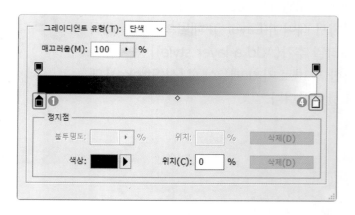

6 [정지 색상 선택(Select stop color)] 대화상자에서 첫 번째 색상 값(#fff000)을 입력한 후 [확인(OK)] 버튼을 클릭합니다.

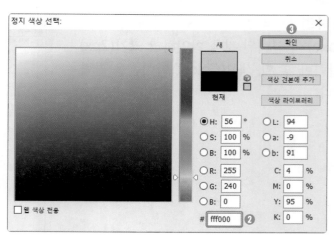

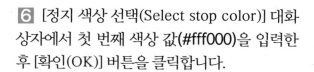

7 다시 [그레이디언트 편집기(Gradient Editor)] 대화상자에서 그레이디언트의 끝점을 정의하기 위해 오른쪽 아래 '색상 정지점(Color Stop)(⌂)'을 더블클릭합니다. [정지 색상 선택(Select stop color)] 창에서 문제지와 동일한 두 번째 색상 값(#2575cf)을 입력한 후 [확인(OK)] 버튼을 클릭합니다. [그레이디언트 편집기(Gradient Editor)] 대화상자에서 다시 한 번 [확인(OK)] 버튼을 클릭합니다.

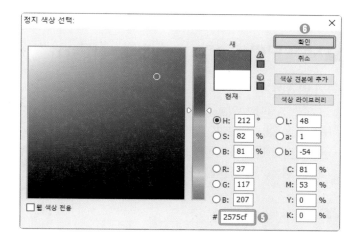

8 [레이어 스타일(Layer Style)] 대화상자로 돌아오면 설정한 그레이디언트 색을 확인한 후 [확인(OK)] 버튼을 클릭합니다.

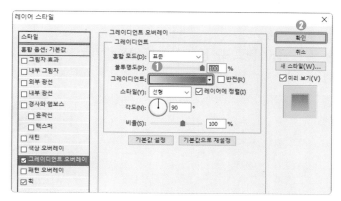

9 모양에 레이어 스타일이 지정된 것을 확인합니다. 같은 방법으로 [🌸 사용자 정의 모양 도구(Custom Shape Tool)]를 선택하여 모양을 하나 더 삽입합니다.

· 두 번째 사용자 정의 모양을 삽입할 때에는 [Shift]를 누르지 않고 삽입해야만 새로운 레이어가 생성되면서 사용자 정의 모양이 삽입됩니다.
· 연속하여 모양을 삽입하면 직전에 적용한 레이어 스타일이 적용됩니다.

10 레이어 스타일이 적용된 것을 확인하고 [Ctrl]+[T]를 눌러 크기를 변경한 후 방향을 회전하여 문제지와 동일하게 배치합니다.

텍스트를 입력한 후 크기와 위치를 세부적으로 한 번 더 조절해야 합니다.

 **오양의 크기 변경 · 회전하기**

■ 크기 변경하기

❶ 크기를 조절할 모양의 레이어를 클릭하고 Ctrl +T를 누릅니다. 모양의 테두리에 사각형 조절점이 생기면 Shift를 누른 상태에서 마우스로 드래그하여 크기를 조절합니다.

 꿀팁

[편집(Edit)]-[자유 변형(Free Transform)] 메뉴를 클릭해도 됩니다.

❷ 크기 조절이 완료되면 Enter를 눌러 편집을 완료합니다.

 꿀팁

조절점 안쪽을 더블클릭해도 편집이 완료됩니다.

■ 회전하기

❶ 모양을 회전하기 위해서는 회전할 모양의 레이어를 선택하고 Ctrl +T를 누릅니다.

❷ 테두리에 사각형 조절점이 생기면 네 모서리에 마우스 포인터를 가져가 모양이 '↱'로 바뀌면 좌우로 드래그하여 모양을 회전합니다. 회전이 완료되면 Enter를 눌러 편집을 완료합니다.

이미지 크기 변경 및 레이어 마스크 설정하기

시험에는 보통 사용자 정의 모양을 삽입하고 레이어 스타일을 지정하는 문제가 출제되지만 가끔씩 자유 변형을 이용하여 이미지의 크기를 변경하고 레이어 마스크를 설정하는 문제가 출제됩니다. 어떤 유형의 문제가 나올지 잘 모르니 두 가지 유형을 모두 알아두어야 합니다.

실습파일 : 08차시-레벨업2(문제).psd, 사진2-5.jpg　　**완성파일** : 08차시-레벨업2(완성).psd

《원본 파일》	《결과 파일》

《처리조건》 　이미지 복사 ⇒ 자유 변형[Free Transform]으로 크기 변형, 레이어 이름-'바다'
레이어 마스크[Layer Mask] 설정, 세로 방향으로 흐릿하게

꿀팁

· 앞에서 배운 '캔버스 배경색 채우기'와 함께 짝을 이뤄 출제됩니다.
· 10차시에서 배울 '선택된 영역만 복사한 후 레이어 스타일 지정하기'와 짝을 이뤄 출제됩니다.

■ 자유 변형으로 이미지 크기 변경하고 레이어 이름 바꾸기

❶ [실습파일]-[08차시] 폴더에서 '08차시-레벨업2(문제).psd', '사진2-5.jpg' 파일을 불러옵니다. '사진2-5.jpg' 파일을 Ctrl+A를 눌러 선택하고 Ctrl+C를 눌러 복사합니다. '08차시-레벨업2(문제).psd' 파일의 캔버스를 선택하고 Ctrl+V를 눌러 붙여 넣기 합니다.

❷ 캔버스의 크기와 이미지의 크기가 다르므로 '레이어 1(Layer 1)' 레이어를 선택하고 Ctrl+T를 눌러 조절점을 드래그하여 캔버스 크기에 맞게 변형한 후 Enter를 누르거나 더블클릭하여 완료합니다.

 ➡

드래그

❸ '레이어 1(Layer 1)' 레이어의 이름을 변경하기
위해 레이어 이름을 더블클릭하여 편집 상태가
되면 문제지에 제시된 이름으로 변경한 후 Enter
를 눌러 편집을 완료합니다.

■ 레이어 마스크 설정하기

❶ 이미지에 레이어 마스크를 설정하기 위해 '바다'
레이어를 선택하고 [레이어(Layers)] 패널에서
[🔲 레이어 마스크(Add layer mask)]를 클릭
합니다.

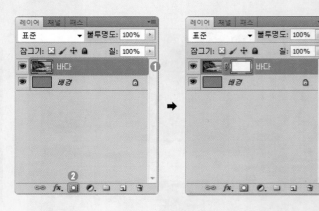

 꿀팁

레이어 마스크는 레이어의 일부를 가리고 아래쪽 레이어를 표시
하는 기능입니다.

❷ 도구 패널에서 [🔲 그레이디언트 도구(Gradient
Tool)]를 클릭하고 캔버스 위에서 Shift 를 누른 채
드래그하여 문제지와 동일하게 그라데이션을 설
정합니다.

 꿀팁

· 그라데이션의 방향은 지시사항에 없으므로 문제지를 참고하
여 동일하게 설정하면 됩니다.
· 그라데이션 색은 문제지와 동일하게 설정하기 위해 여러 번
드래그하여 반복합니다.
· 그라데이션의 진하기 방향이 문제지와 다르다면 도구 패널에
서 [전경색과 배경색 전환(Switch Colors Icon)]을 클릭한
후 다시 설정해 봅니다.

❸ 레이어 마스크가 설정된 것을 확인합니다.

실력탄탄

Photoshop 프로그램을 실행하고 [실습파일]-[08차시] 폴더에서 파일을 불러와 원본 파일을 《처리조건》에 따라 결과 파일로 완성해 보세요.

실습파일 08차시-1(문제).psd, 사진2-1.jpg 완성파일 08차시-1(완성).psd 제한시간 **3**분

《원본 파일》	《결과 파일》

《처리조건》

▶ 다음과 같이 캔버스 크기를 변경하시오.
  · 캔버스 조정 ⇒ 캔버스 크기[Canvas Size] ⇒ 가로(650 픽셀[Pixels]) X 세로(450 픽셀[Pixels])

▶ '사진2-1.jpg' 이미지를 불러와 기존 캔버스에 복사한 후 다음과 같이 처리하시오.
  · ① ⇒ 모양 도구[Shape Tool] 이용
    레이어 스타일-선/획[Stroke] (크기 : 1px, 색상 : #c1bbb3),
    그라디언트 오버레이[Gradient Overlay] (색상 : #fff000-#ca3742)

실습파일 08차시-2(문제).psd, 사진2-2.jpg 완성파일 08차시-2(완성).psd 제한시간 **3**분

《원본 파일》	《결과 파일》

《처리조건》

▶ 다음과 같이 캔버스 크기를 변경하시오.
  · 캔버스 조정 ⇒ 캔버스 크기[Canvas Size] ⇒ 가로(650 픽셀[Pixels]) X 세로(450 픽셀[Pixels])

▶ '사진2-2.jpg' 이미지를 불러와 기존 캔버스에 복사한 후 다음과 같이 처리하시오.
  · ① ⇒ 모양 도구[Shape Tool] 이용
    레이어 스타일-선/획[Stroke] (크기 : 2px, 색상 : #35560a),
    그라디언트 오버레이[Gradient Overlay] (색상 : #35a72c-#fcff00)

실습파일 08차시-3(문제).psd, 사진2-3.jpg　완성파일 08차시-3(완성).psd　제한시간 **3분**

《원본 파일》	《결과 파일》

《처리조건》

▶ 다음과 같이 캔버스 크기를 변경하시오.
- 캔버스 조정 ⇒ 캔버스 크기[Canvas Size] ⇒ 가로(650 픽셀[Pixels]) X 세로(450 픽셀[Pixels])

▶ '사진2-3.jpg' 이미지를 불러와 기존 캔버스에 복사한 후 다음과 같이 처리하시오.
- ① ⇒ 모양 도구[Shape Tool] 이용
　레이어 스타일-선/획[Stroke] (크기 : 2px, 색상 : #6e3a26),
　　　　그라디언트 오버레이[Gradient Overlay] (색상 : #ff6600-#fff000)

실습파일 08차시-4(문제).psd, 사진2-4.jpg　완성파일 08차시-4(완성).psd　제한시간 **3분**

《원본 파일》	《결과 파일》 ①

《처리조건》

▶ 다음과 같이 캔버스 크기를 변경하시오.
- 캔버스 조정 ⇒ 캔버스 크기[Canvas Size] ⇒ 가로(650 픽셀[Pixels]) X 세로(450 픽셀[Pixels])

▶ '사진2-4.jpg' 이미지를 불러와 기존 캔버스에 복사한 후 다음과 같이 처리하시오.
- ① ⇒ 모양 도구[Shape Tool] 이용
　레이어 스타일-선/획[Stroke] (크기 : 2px, 색상 : #ffdc18),
　　　　그라디언트 오버레이[Gradient Overlay] (색상 : #20a997-#f5f3cf)

실습파일 08차시-5(문제).psd, 사진2-6.jpg   완성파일 08차시-5(완성).psd   제한시간 3분

《원본 파일》	《결과 파일》

《처리조건》   ▶ 다음과 같이 캔버스 크기를 변경하시오.
· 캔버스 조정 ⇒ 캔버스 크기[Canvas Size] ⇒ 가로(650 픽셀[Pixels]) X 세로(350 픽셀[Pixels])
· 캔버스 배경색 (색상 : #9e8d6b)

▶ '사진2-6.jpg' 이미지를 불러와 기존 캔버스에 복사한 후 다음과 같이 처리하시오.
· 이미지 복사 ⇒ 자유 변형[Free Transform]으로 크기 변형, 레이어 이름-'트리'
레이어 마스크[Layer Mask] 설정, 가로 방향으로 흐릿하게

실습파일 08차시-6(문제).psd, 사진2-7.jpg   완성파일 08차시-6(완성).psd   제한시간 3분

《원본 파일》	《결과 파일》

《처리조건》   ▶ 다음과 같이 캔버스 크기를 변경하시오.
· 캔버스 조정 ⇒ 캔버스 크기[Canvas Size] ⇒ 가로(650 픽셀[Pixels]) X 세로(350 픽셀[Pixels])
· 캔버스 배경색 (색상 : #2478ea)

▶ '사진2-7.jpg' 이미지를 불러와 기존 캔버스에 복사한 후 다음과 같이 처리하시오.
· 이미지 복사 ⇒ 자유 변형[Free Transform]으로 크기 변형, 레이어 이름-'불국사'
레이어 마스크[Layer Mask] 설정, 가로 방향으로 흐릿하게

09 문제 2

텍스트 입력하기

영문과 한글 텍스트를 입력하고 간단하게 레이어 스타일을 지정하는 문제가 출제됩니다. 오타 없이 텍스트를 입력하는 것이 가장 중요하고, 처리조건에 맞춰 레이어 스타일을 지정하면 되는 비교적 간단한 문제입니다.

학습목표

1. 텍스트를 오타 없이 입력하고 글자 모양, 크기, 색상 등을 지정할 수 있습니다.
2. 텍스트에 레이어 스타일을 적용할 수 있습니다.
3. 모양과 텍스트의 위치를 변경할 수 있습니다.

실습파일 : 09차시(문제).psd   완성파일 : 09차시(완성).psd

문제 미리보기

원본 파일을 《처리조건》에 따라 결과 파일로 완성하시오.

《원본 파일》	《결과 파일》

《처리조건》

· "Halloween Day Party" ⇒ 글꼴(Arial), 글꼴 스타일(Bold Italic), 크기(48pt), 색상(#fffd64), 앤티 앨리어싱 : 선명하게[Sharp], 레이어 스타일 – 선/획[Stroke] (크기 : 5px, 색상 : #da3a3a)

· "해피 할로윈 축제" ⇒ 글꼴(궁서체), 크기(36pt), 색상(#0fc017), 앤티 앨리어싱 : 선명하게[Sharp], 레이어 스타일 – 선/획[Stroke] (크기 : 2px, 색상 : #ffffff)

과정 미리보기

영문 텍스트 입력, 속성 지정 → 레이어 스타일 지정 → 한글 텍스트 입력, 속성 지정 → 레이어 스타일 지정 → 미션 성공!

"Halloween Day Party" ⇒ 글꼴(Arial), 글꼴 스타일(Bold Italic), 크기(48pt), 색상(#fffd64),
앤티 앨리어싱 : 선명하게[Sharp]

1 [실습파일]-[09차시] 폴더에서 '09차시(문제).psd' 파일을 불러옵니다. 텍스트를 입력하기 위해 도구 패널에서 [**T.** 수평 문자 도구 (Horizontal Type Tool)]를 선택하고, 글자를 입력할 곳을 클릭한 후 문제지와 동일하게 입력합니다.

꿀팁

텍스트 입력 후 위치를 옮길 수 있으므로 100% 동일한 위치에 입력하지 않아도 됩니다.

2 입력한 텍스트에 속성을 지정하기 위해 텍스트를 블록으로 지정하고 상단 옵션 바에서 속성을 지정합니다.

· 글꼴(Arial), 글꼴 스타일(Bold Italic), 크기(48pt), 색상(#fffd64), 앤티 앨리어싱 : 선명하게[Sharp]

꿀팁

앤티 앨리어싱(anti-aliasing)은 텍스트 가장자리의 선명도를 설정하는 기능입니다.

 **LEVEL UP**   글자 색상 지정하기

글자 색은 옵션 바의 '텍스트 색상 설정(Set the text color)'을 클릭하여 설정할 수 있습니다. [텍스트 색상 선택(Select text color)] 창이 나타나면 하단의 색상 값 입력란에 '#'을 제외한 나머지 값을 정확하게 입력한 후 [확인(OK)] 버튼을 클릭합니다.

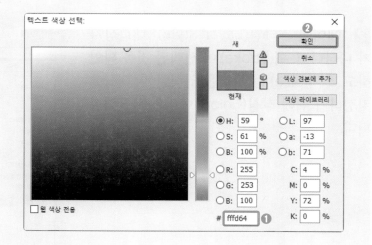

꿀팁

색상 값은 대소문자를 구분하지 않습니다.

3 Esc를 눌러 블록을 해제한 후 속성이 설정된 것을 확인합니다. 도구 패널의 [이동 도구(Move Tool)]를 선택하여 입력한 텍스트를 문제지와 동일한 위치로 이동합니다.

꿀팁

텍스트 레이어가 선택된 상태여야만 텍스트를 이동할 수 있습니다.

02 텍스트에 레이어 스타일 지정하기

"Halloween Day Party" ⇒ 레이어 스타일 – 선/획[Stroke] (크기 : 5px, 색상 : #da3a3a)

1 입력한 영문 텍스트에 레이어 스타일을 지정해 보겠습니다. [레이어(Layers)] 패널에서 텍스트 레이어가 선택된 것을 확인하고 하단의 [*fx.* 레이어 스타일 추가(Add a layer style)] 아이콘을 클릭한 후 바로 가기 메뉴에서 [선(Stroke)] 메뉴를 클릭합니다.

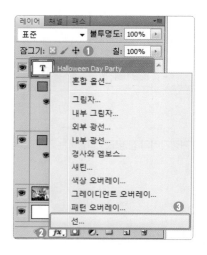

2 [레이어 스타일(Layer Style)] 대화상자가 나타나면 '획(Stroke)'이 선택된 것을 확인하고 '크기(Size)'는 '5px'를 입력한 후 색상을 지정하기 위해 '색상(Color)' 아이콘을 클릭합니다.

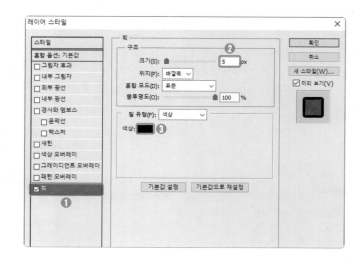

3 [획 색상 선택(Select stroke color)] 창이 나타나면 문제지에 제시된 색상 값(**#da3a3a**)을 입력하고 [확인(OK)] 버튼을 클릭합니다. 다시 [레이어 스타일(Layer Style)] 대화상자로 돌아오면 [확인(OK)] 버튼을 클릭합니다.

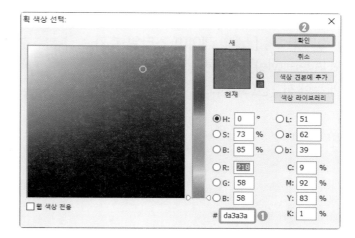

4 텍스트에 레이어 스타일이 지정된 것을 확인합니다.

---

03 **한글 텍스트 입력하고 레이어 스타일 지정하기**

"해피 할로윈 축제" ⇒ 글꼴(궁서체), 크기(36pt), 색상(#0fc017), 앤티 앨리어싱 : 선명하게[Sharp],
레이어 스타일 – 선/획[Stroke] (크기 : 2px, 색상 : #ffffff)

1 영문 텍스트와 같은 방법으로 도구 패널에서 [**T.** 수평 문자 도구(Horizontal Type Tool)]를 선택하고 한글 텍스트를 입력한 후 옵션 바에서 속성을 설정합니다.

· 글꼴(궁서체), 크기(36pt), 색상(#0fc017), 앤티 앨리어싱 : 선명하게[Sharp]

2 레이어 스타일을 지정하기 위해 [레이어(Layers)] 패널의 [*fx* 레이어 스타일 추가(Add a layer style)] 아이콘을 클릭한 후 바로가기 메뉴에서 [선(Stroke)] 메뉴를 클릭합니다.

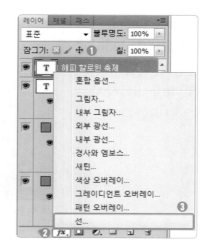

3 [레이어 스타일(Layer Style)] 대화상자가 나타나면 크기와 색상을 지정한 후 [확인(OK)] 버튼을 클릭합니다.

· 크기 : 2px
· 색상 : #ffffff

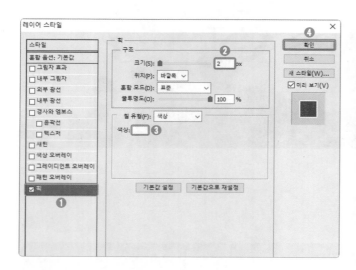

4 한글과 영문 텍스트 입력이 모두 완료되었습니다. [▶✛ 이동 도구(Move Tool)]를 이용하여 위치를 조절합니다.

실력탄탄

Photoshop 프로그램을 실행하고 [실습파일]-[09차시] 폴더에서 파일을 불러와 원본 파일을 《처리조건》에 따라 결과 파일로 완성해 보세요.

실습파일 09차시-1(문제).psd 완성파일 09차시-1(완성).psd 제한시간 3분

《원본 파일》	《결과 파일》

《처리조건》
- "Happy holidays" ⇒ 글꼴(Arial), 글꼴 스타일(Bold Italic), 크기(48pt), 색상(#ffffff),
  앤티 앨리어싱 : 선명하게[Sharp],
  레이어 스타일 – 선/획[Stroke] (크기 : 3px, 색상 : #ea3535)
- "경주로 여행을 왔어요" ⇒ 글꼴(휴먼엑스포), 크기(36pt), 색상(#ffde00), 앤티 앨리어싱 : 선명하게[Sharp],
  레이어 스타일 – 선/획[Stroke] (크기 : 3px, 색상 : #43b80a)

실습파일 09차시-2(문제).psd 완성파일 09차시-2(완성).psd 제한시간 3분

《원본 파일》	《결과 파일》

《처리조건》
- "Home Interior" ⇒ 글꼴(Arial), 글꼴 스타일(Bold Italic), 크기(48pt), 색상(#136adf),
  앤티 앨리어싱 : 선명하게[Sharp],
  레이어 스타일 – 선/획[Stroke] (크기 : 5px, 색상 : #e4ff00)
- "행복한 우리집" ⇒ 글꼴(궁서체), 크기(36pt), 색상(#167392), 앤티 앨리어싱 : 선명하게[Sharp],
  레이어 스타일 – 선/획[Stroke] (크기 : 2px, 색상 : #ffffff)

실습파일 09차시-3(문제).psd 완성파일 09차시-3(완성).psd 제한시간 3분

《원본 파일》	《결과 파일》

《처리조건》
- "Jeju Island" ⇒ 글꼴(Arial), 글꼴 스타일(Bold Italic), 크기(48pt), 색상(#ffffff),
  앤티 앨리어싱 : 선명하게[Sharp],
  레이어 스타일 – 선/획[Stroke] (크기 : 5px, 색상 : #000000)
- "제주도 어디까지 가봤니?" ⇒ 글꼴(휴먼엑스포), 크기(36pt), 색상(#e4ff00), 앤티 앨리어싱 : 선명하게[Sharp],
  레이어 스타일 – 선/획[Stroke] (크기 : 5px, 색상 : #223fef)

실습파일 09차시-4(문제).psd 완성파일 09차시-4(완성).psd 제한시간 3분

《원본 파일》	《결과 파일》

《처리조건》
- "Paint a mural" ⇒ 글꼴(Arial), 글꼴 스타일(Bold Italic), 크기(48pt), 색상(#34c1da),
  앤티 앨리어싱 : 선명하게[Sharp],
  레이어 스타일 – 선/획[Stroke] (크기 : 5px, 색상 : #fff000)
- "우리는 왁자지껄 친구들" ⇒ 글꼴(궁서체), 크기(36pt), 색상(#fcff01), 앤티 앨리어싱 : 선명하게[Sharp],
  레이어 스타일 – 선/획[Stroke] (크기 : 4px, 색상 : #000000)

실습파일 09차시-5(문제).psd   완성파일 09차시-5(완성).psd   제한시간 3분

《원본 파일》	《결과 파일》

《처리조건》
- "Merry Christmas" ⇒ 글꼴(Arial), 글꼴 스타일(Bold Italic), 크기(48pt), 색상(#f04018),
  앤티 앨리어싱 : 선명하게[Sharp],
  레이어 스타일 – 선/획[Stroke] (크기 : 5px, 색상 : #ffffff)
- "크리스마스 트리" ⇒ 글꼴(궁서체), 크기(36pt), 색상(#ffffff), 앤티 앨리어싱 : 선명하게[Sharp],
  레이어 스타일 – 선/획[Stroke] (크기 : 3px, 색상 : #016dff)

실습파일 09차시-6(문제).psd   완성파일 09차시-6(완성).psd   제한시간 3분

《원본 파일》	《결과 파일》

《처리조건》
- "Gyeongju, Blue Sky" ⇒ 글꼴(Arial), 글꼴 스타일(Bold Italic), 크기(48pt), 색상(#ffffff),
  앤티 앨리어싱 : 선명하게[Sharp],
  레이어 스타일 – 선/획[Stroke] (크기 : 5px, 색상 : #16988a)
- "경주의 파란 하늘" ⇒ 글꼴(궁서체), 크기(36pt), 색상(#fffd64), 앤티 앨리어싱 : 선명하게[Sharp],
  레이어 스타일 – 선/획[Stroke] (크기 : 3px, 색상 : #e03939)

문제 2

도형 안에 이미지 삽입하기

클리핑 마스크 기능으로 도형 안에 이미지를 삽입하고 레이어 스타일을 지정하는 문제가 출제됩니다. 주로 원이나 사각형 도형 안에 이미지를 삽입하는 형태로 출제됩니다. 이미지의 특정 부분을 선택하여 합성하는 문제가 출제되기도 하므로 다른 유형도 꼭 확인하세요.

학습목표

1. 원을 삽입하고 특정 크기로 지정할 수 있습니다.
2. 원 도형에 레이어 스타일을 지정할 수 있습니다.
3. 클리핑 마스크로 원 안에 이미지를 삽입할 수 있습니다.
4. 이미지의 특정 부분을 캔버스에 붙여 넣고 레이어 스타일을 지정할 수 있습니다.

실습파일 : 10차시(문제).psd, 사진3.jpg 완성파일 : 10차시(완성).psd

문제 미리보기

원본 파일을 《처리조건》에 따라 결과 파일로 완성하시오.

《원본 파일》	《결과 파일》

《처리조건》

▶ 타원 도구[Ellipse Tool]와 '사진3.jpg'를 이용하여 새로운 레이어를 생성하시오.

· 원의 크기 ⇒ 180 px × 180 px (단, 클리핑 마스크 기능을 이용할 것)

레이어 스타일 – 선/획[Stroke] (크기 : 5px, 색상 : #00a8ff, 위치 : 안쪽[Inside]),

그림자 효과[Drop Shadow] (혼합 모드[Blend Mode] : 곱하기[Multiply],

각도[Angle] : 20˚)

과정 미리보기

타원 삽입　　　크기 지정　　　이미지 복사　　　클리핑 마스크 설정　　　레이어 스타일 지정　　　미션 성공!

01 타원 도형 삽입하고 크기 지정하기

▶ 타원 도구[Ellipse Tool]와 '사진3.jpg'를 이용하여 새로운 레이어를 생성하시오.
· 원의 크기 ⇒ 180 px × 180 px (단, 클리핑 마스크 기능을 이용할 것)

1 [실습파일]-[10차시] 폴더에서 '**10차시(문제).psd**' 파일을 불러옵니다.

2 파일이 열리면 도구 패널에서 [🔘 타원 도구(Ellipse Tool)]를 선택한 후 이전 작업에서 적용된 스타일을 없애기 위해 옵션 바의 [스타일(Style)]을 클릭하여 [초기 스타일(없음)(Default Style(None))]을 더블클릭합니다.

3 마우스를 드래그하여 타원을 삽입합니다. 타원의 크기를 지정하기 위해 Ctrl+T를 눌러 자유 변형 상태로 만든 후 상단 옵션 바에서 [W]와 [H]에 각각 '**180px**'를 입력합니다.

 꿀팁

기본 단위가 '%'로 설정되어 있으므로 반드시 숫자 뒤에 'px'까지 입력해야 합니다.

4 원 내부에서 마우스를 드래그하여 문제지와 동일한 위치로 이동한 후 Enter를 누르거나 원 내부에서 더블클릭하여 설정을 완료합니다.

 꿀팁

크기를 지정한 상태에서 원을 그렸기 때문에 자동으로 정원이 그려집니다.

02 도형에 레이어 스타일 지정하기

레이어 스타일 – 선/획[Stroke] (크기 : 5px, 색상 : #00a8ff, 위치 : 안쪽[Inside]),
그림자 효과[Drop Shadow] (혼합 모드[Blend Mode] : 곱하기[Multiply], 각도[Angle] : 20°)

1 원 도형에 레이어 스타일을 지정해 보겠습니다. [레이어(Layers)] 패널에서 [*fx.* 레이어 스타일 추가(Add a layer style)] 아이콘을 클릭한 후 바로 가기 메뉴에서 [선(Stroke)] 메뉴를 클릭합니다.

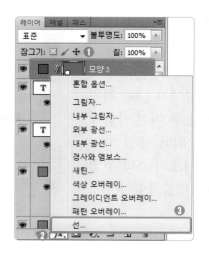

2 [레이어 스타일(Layer Style)] 대화상자가 나타나면 [스타일(Styles)] 목록에서 '획(Stroke)'이 선택된 것을 확인하고 세부 설정 항목을 문제지와 동일하게 설정합니다.

· 크기(Size) : 5px
· 위치(Position) : 안쪽[Inside]
· 색상(Color) : #00a8ff

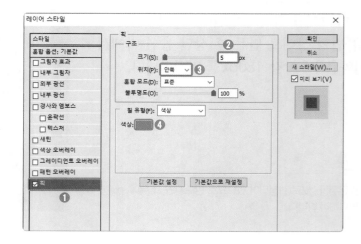

3 [스타일(Style)] 목록에서 '그림자 효과(Drop Shadow)'를 클릭하고 세부 항목을 문제지와 동일하게 설정한 후 [확인(OK)] 버튼을 클릭합니다.

· 혼합 모드[Blend Mode] : 곱하기[Multiply]
· 각도[Angle] : 20°

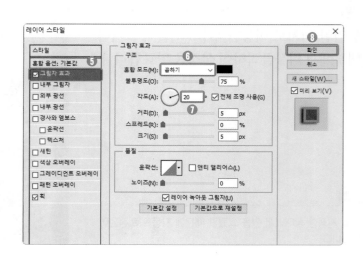

제시된 조건 외의 내용은 기본 값 그대로 둡니다.

4 타원 모양에 테두리와 그림자 효과가 지정된 것을 확인합니다.

 꿀팁

적용된 레이어 스타일은 [레이어(Layer)] 패널에서 지정된 '효과'를 더블클릭하면 수정할 수 있습니다.

---

03 클리핑 마스크 적용하기

▶ 타원 도구[Ellipse Tool]와 '사진3.jpg'를 이용하여 새로운 레이어를 생성하시오.
 · 단, 클리핑 마스크 기능을 이용할 것

 **LEVEL UP** 클리핑 마스크(Clipping Mask)

· 클리핑 마스크는 위쪽 레이어를 아래쪽 레이어의 모양대로 표시하는 기능으로, 도형 안에 이미지를 넣거나, 글자 안에 이미지를 입히고 싶을 때 사용합니다.
· 클리핑 마스크를 사용할 때 가장 중요한 점은 삽입할 이미지 레이어가 도형이나 텍스트 레이어의 위쪽에 위치해야 한다는 점입니다.

■ 텍스트에 클리핑 마스크 적용하기

 +  →

▲ 위쪽 레이어 : 이미지　　　▲ 아래쪽 레이어 : 텍스트　　　▲ 클리핑 마스크 적용 결과

원 안에 이미지를 삽입하기 위해 [실습파일]-[10차시] 폴더에서 '사진3.jpg'를 불러옵니다. 이미지가 열리면 Ctrl+A, Ctrl+C를 눌러 이미지를 복사합니다. 다시 [10차시(문제)] 탭을 클릭하고 Ctrl+V를 눌러 이미지를 붙여넣기 합니다.

꿀팁

복사한 이미지의 크기가 캔버스의 크기와 동일해 캔버스 전체에 가득찹니다.

 원 도형 안에 이미지를 삽입하기 위해 [레이어(Layers)] 패널에서 '레이어 2(Layer 2)' 레이어를 선택하고 마우스 오른쪽 버튼을 클릭하여 바로 가기 메뉴에서 [클리핑 마스크 만들기(Create Clipping Mask)] 메뉴를 클릭합니다.

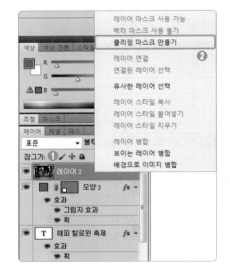

꿀팁

레이어를 선택하고 상단 메뉴에서 [레이어(Layer)]-[클리핑 마스크 만들기(Create Clipping Mask)]를 클릭해도 됩니다.

3 원 안에 이미지가 삽입된 것을 확인합니다.

4 이미지의 크기와 위치를 문제지와 동일하게 만들어주기 위해 Ctrl + T 를 눌러 자유 변형 상태로 만든 후 조절점을 드래그하여 조절합니다.

 꿀팁

조절이 완료되면 이미지 내부를 더블클릭하거나 Enter 를 눌러 편집을 마무리합니다.

5 작업이 완료된 것을 확인합니다. 위치를 이동하고 싶다면 [레이어(Layer)] 패널에서 '모양 3(Shape 3)' 레이어와 '레이어 2(Layer 2)' 레이어를 Ctrl 을 이용하여 함께 선택한 후 [⊹ 이동 도구(Move Tool)]로 드래그하면 됩니다.

선택된 영역만 복사한 후 레이어 스타일 지정하기

보통 도형 안에 이미지를 삽입하는 문제가 출제되지만 가끔씩 이미지의 일부분을 선택하여 복사한 후 레이어 스타일을 지정하는 문제가 출제됩니다. 어떤 유형의 문제가 나올지 알 수 없으므로 두 가지 유형을 모두 알아두어야 합니다.

실습파일 : 10차시-레벨업(문제).psd, 사진3-7.jpg　**완성파일** : 10차시-레벨업(완성).psd

《원본 파일》	《결과 파일》

《처리조건》　▶ '사진3-7.jpg'를 이용하여 새로운 레이어를 생성하시오.

- 이미지 복사 ⇒ 자유 변형[Free Transform]으로 크기 변형, 레이어 이름-'섬'

레이어 스타일 – 그림자 효과[Drop Shadow] (혼합 모드[Blend Mode] : 곱하기[Multiply],

각도[Angle] : 90°)

- '사진3.jpg'의 자유 변형[Free Transform] 후, 이미지의 형태는 결과 파일과 동일할 것

09차시의 레벨업에서 배운 '캔버스 배경색 채우기', '자유 변형으로 크기 변형한 후 레이어 마스크 설정하기'와 짝을 이뤄 출제됩니다.

■ 선택 영역을 지정하여 복사하고 크기 변경하기

❶ [실습파일]-[10차시] 폴더에서 '10차시-레벨업(문제).psd'와 '사진3-7.jpg'를 Ctrl 을 이용하여 한꺼번에 선택한 후 [열기] 버튼을 클릭합니다.

❷ 복사할 '사진3-7.jpg'를 선택하고 [　] 자석 올가미 도구(Magnetic Lasso Tool)]를 이용하여 복사할 영역을 선택합니다.

❸ Ctrl+C를 눌러 복사하고 [10차시−레벨업 (문제)] 창을 클릭한 후 Ctrl+V를 눌러 붙여넣기 합니다.

❹ 이미지가 삽입되면 크기를 변경하기 위해 Ctrl+T를 눌러 선택하고 조절점을 드래그 하여 문제지와 동일하게 크기를 변경한 후 드래그하여 문제지와 동일한 곳에 위치시킵 니다.

Shift를 누른 상태에서 드래그하면 동일한 비율로 확대/축소가 가능합니다.

❺ 크기 변경과 위치 설정이 완료되면 이미지 내부를 더블클릭하거나 Enter를 눌러 마무 리합니다.

❻ '레이어 1(Layer 1)' 레이어의 이름을 변경 하기 위해 레이어를 더블클릭하여 '섬'으로 변경합니다.

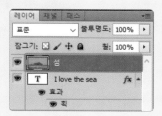

■ 레이어 스타일 지정하기

❶ 합성한 이미지에 레이어 스타일을 지정하기 위해 [레이어(Layers)] 패널에서 '섬' 레이어를 선택하고 [*fx.* 레이어 스타일 추가 (Add a layer style)] 아이콘을 클릭한 후 바로 가기 메뉴에서 [그림자(Drop Shadow] 를 클릭합니다.

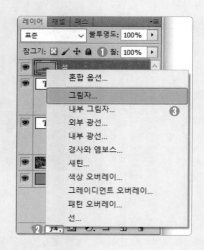

❷ [레이어 스타일(Layer Style)] 대화상자가 나타나면 '그림자 효과(Drop Shadow)'에 체크된 것을 확인하고 세부 항목에서 문제지의 지시사항대로 설정한 후 [확인(OK)] 버튼을 클릭합니다.

· 혼합 모드[Blend Mode] : 곱하기[Multiply]
· 각도[Angle] : 90˚

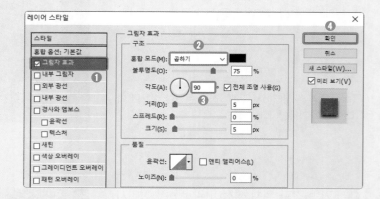

❸ 그림자 효과가 지정된 것을 확인합니다.

실력탄탄

Photoshop 프로그램을 실행하고 [실습파일]-[10차시] 폴더에서 파일을 불러와 원본 파일을 《처리조건》에 따라 결과 파일로 완성해 보세요.

실습파일 10-1(문제).psd, 사진3-1.jpg   완성파일 10-1(완성).psd   제한시간 **3분**

《원본 파일》	《결과 파일》

《처리조건》 ▶ 타원 도구[Ellipse Tool]와 '사진3-1.jpg'를 이용하여 새로운 레이어를 생성하시오.

- 원의 크기 ⇒ 200 px × 200 px (단, 클리핑 마스크 기능을 이용할 것)

  레이어 스타일 – 선/획[Stroke] (크기 : 5px, 색상 : #ffffff, 위치 : 안쪽[Inside]),

  그림자 효과[Drop Shadow] (혼합 모드[Blend Mode] : 곱하기[Multiply],

  각도[Angle] : 150°)

실습파일 10-2(문제).psd, 사진3-2.jpg   완성파일 10-2(완성).psd   제한시간 **3분**

《원본 파일》	《결과 파일》

《처리조건》 ▶ '타원 도구[Ellipse Tool]와 '사진3-2.jpg'를 이용하여 새로운 레이어를 생성하시오.

- 원의 크기 ⇒ 180 px × 180 px (단, 클리핑 마스크 기능을 이용할 것)

  레이어 스타일 – 선/획[Stroke] (크기 : 3px, 색상 : #ffea00, 위치 : 안쪽[Inside]),

  그림자 효과[Drop Shadow] (혼합 모드[Blend Mode] : 곱하기[Multiply],

  각도[Angle] : 120°)

실습파일 10-3(문제).psd, 사진3-3.jpg 완성파일 10-3(완성).psd 제한시간 3분

《원본 파일》	《결과 파일》

《처리조건》 ▶ 사각형 도구[Rectangle Tool]와 '사진3-3.jpg'를 이용하여 새로운 레이어를 생성하시오.
  · 원의 크기 ⇒ 240 px × 150 px (단, 클리핑 마스크 기능을 이용할 것)
    레이어 스타일 – 선/획[Stroke] (크기 : 3px, 색상 : #bcc5c6, 위치 : 안쪽[Inside]),
      그림자 효과[Drop Shadow] (혼합 모드[Blend Mode] : 곱하기[Multiply],
      각도[Angle] : 120°)

실습파일 10-4(문제).psd, 사진3-4.jpg 완성파일 10-4(완성).psd 제한시간 3분

《원본 파일》	《결과 파일》

《처리조건》 ▶ 사각형 도구[Rectangle Tool]와 '사진3-4.jpg'를 이용하여 새로운 레이어를 생성하시오.
  · 원의 크기 ⇒ 180 px × 180 px (단, 클리핑 마스크 기능을 이용할 것)
    레이어 스타일 – 선/획[Stroke] (크기 : 3px, 색상 : #ffffff, 위치 : 안쪽[Inside]),
      그림자 효과[Drop Shadow] (혼합 모드[Blend Mode] : 곱하기[Multiply],
      각도[Angle] : 100°)

실습파일 10-5(문제).psd, 사진3-5.jpg   완성파일 10-5(완성).psd   제한시간 3분

《원본 파일》	《결과 파일》

《처리조건》   ▶ '사진3-5.jpg'를 이용하여 새로운 레이어를 생성하시오.
  · 이미지 복사 ⇒ 자유 변형[Free Transform]으로 크기 변형, 레이어 이름-'선물'
    레이어 스타일 – 그림자 효과[Drop Shadow] (혼합 모드[Blend Mode] : 곱하기[Multiply],
    각도[Angle] : 110°)

실습파일 10-6(문제).psd, 사진3-6.jpg   완성파일 10-6(완성).psd   제한시간 3분

《원본 파일》	《결과 파일》

《처리조건》   ▶ '사진3-6.jpg'를 이용하여 새로운 레이어를 생성하시오.
  · 이미지 복사 ⇒ 자유 변형[Free Transform]으로 크기 변형, 레이어 이름-'코스모스'
    레이어 스타일 – 그림자 효과[Drop Shadow] (혼합 모드[Blend Mode] : 곱하기[Multiply],
    각도[Angle] : 120°)

Photoshop

11

문제 2

JPG와 PSD로 저장하기

[문제 2]의 마지막 단계는 저장하기입니다. [문제1]에서 저장한 것과 같은 방법으로 이미지로 저장한 'jpg 파일' 1개와 캔버스의 크기를 줄여 저장한 'psd 파일' 1개, 총 2개의 파일을 만들면 됩니다. 앞에서 한 번 해 봤으니 복습한다는 마음으로 다시 한 번 정리해보세요.

학습목표

1. 완성한 파일을 jpg 파일로 변환하여 저장할 수 있습니다.
2. 완성한 psd 파일의 이미지 크기를 변환한 후 저장할 수 있습니다.

실습파일 : dic_02_123456_홍길동.psd   완성파일 : dic_02_123456_홍길동.psd, dic_02_123456_홍길동.jpg

문제 미리보기

《처리조건》

▶ 다음과 같은 규칙으로 JPG 파일과 PSD 파일을 각각 저장하시오.
   · 저장위치 : 바탕화면 – KAIT – 제출파일 폴더

JPG	파일명	dic_02_123456_홍길동.JPG	PSD	파일명	dic_02_123456_홍길동.PSD
	이미지 크기	600×400 픽셀[Pixels]		이미지 크기	65×45 픽셀[Pixels]

(예 : 수검번호가 DIC-20XX-000000인 경우 "dic_02_000000_이름.JPG"와 "dic_02_000000_이름.PSD"로 저장할 것)
(* dic_02_000000_이름.JPG와 dic_02_000000_이름.PSD 파일 중 하나라도 누락시 "0점" 처리됨)

과정 미리보기

이미지 크기 변경 ○ jpg 파일로 저장 ○ 캔버스 크기 변경 ○ psd 저장 ○ 미션 성공!

01 이미지 크기 변경하기(JPG 저장용)

JPG	파일명	dic_02_123456_홍길동.JPG
	이미지 크기	600×400 픽셀[Pixels]

1 [실습파일]-[11차시] 폴더에서 '**dic_02_123456_홍길동.psd**' 파일을 불러옵니다.

2 JPG 파일로 저장하기 전에 이미지 크기를 변경하기 위해 [이미지(Image)]-[이미지 크기(Image Size)]
메뉴를 클릭합니다.

 꿀팁

- 이미지의 크기를 변경하고 나면 수정 작업이 번거로우므로 파일 크기 변경 전에 누락된 것은 없는지 지시사항과 꼼꼼히 대조하여 확인하는 것이 좋습니다.
- 이미지 크기 조정 단축키 : Alt + Ctrl + I

3 [이미지 크기(Image Size)] 대화상자가 나
타나면 '**비율 제한(Constrain Proportions)**'에
체크를 해제하고 '**폭(Width)**'과 '**높이(Height)**'
값을 변경한 후 [확인(OK)] 버튼을 클릭합니
다. 이미지의 크기가 변경된 것을 확인합니다.

- 폭(Width) : 600 픽셀[Pixels]
- 높이(Height) : 400 픽셀[Pixels]

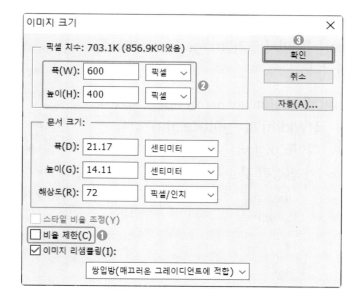

 꿀팁

지시사항에 외에 나머지 값은 기본 값 그대로 둡니다.

02 JPG로 저장하기

1 [파일(File)]-[다른 이름으로 저장(Save
As)] 메뉴를 클릭합니다. [다른 이름으로 저장
(Save As)] 대화상자가 나타나면 [KAIT]-[제
출파일] 폴더를 클릭하여 '**형식(Format)**'을
'**JPEG**'로 지정하고, 파일명을 확인한 후 [저장]
버튼을 클릭합니다.

 꿀팁

시험에서는 [KAIT]-[제출파일] 폴더에서 답안 파일을 불러왔
으므로 자동으로 경로가 지정됩니다.

2 [JPEG 옵션(JPEG Options)] 창이 나타나면 별도의 설정 없이 [확인(OK)] 버튼을 클릭하여 저장을 완료합니다.

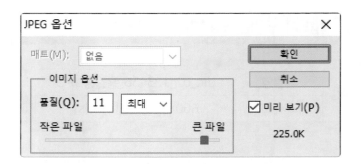

03 이미지 크기 변경하기(PSD 저장용)

PSD	파일명	dic_02_123456_홍길동.PSD
	이미지 크기	65×45 픽셀[Pixels]

1 psd 파일로 저장하기 위해 [이미지 (Image)]-[이미지 크기(Image Size)] 메뉴를 클릭합니다.

2 [이미지 크기(Image Size)] 대화상자가 나타나면 '폭(Width)'과 '높이(Height)' 값을 변경한 후 [확인(OK)] 버튼을 클릭합니다. 이미지의 크기가 변경된 것을 확인합니다.

· 폭(Width) : 65 픽셀[Pixels]
· 높이(Height) : 45 픽셀[Pixels]

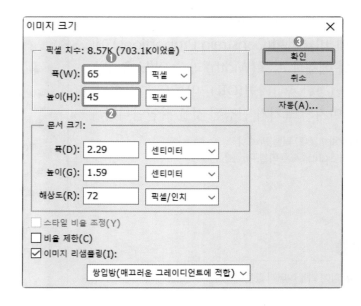

04 PSD로 저장하기

1 psd 파일로 저장하기 위해 [파일(File)]-[저장(Save)] 메뉴를 클릭하거나 Ctrl+S를 클릭하여 파일을 저장합니다.

2 파일의 크기가 작아진 상태로 저장되었으므로 화질이 떨어져 더 이상 이미지 수정은 불가능합니다. 탭의 '닫기(⊠)'를 클릭하여 캔버스 창을 닫습니다.

 꿀팁

· PSD로 저장 후 이미지 수정이 필요하다면 [작업 내역(History)] 패널에서 이전 작업 내역을 복구한 후 수정해야 합니다.
· 이미지 수정이 끝난 후에는 다시 한 번 이미지 크기를 변경하고 JPG와 PSD 파일로 저장해야 합니다.
· 만약 [파일(File)]-[다른 이름으로 저장(Save As)] 메뉴를 클릭하여 저장을 하게 되면 파일 대체 여부를 묻는 팝업창이 뜨는데, 반드시 [확인(OK)] 버튼을 클릭해야만 동일한 파일명으로 저장됩니다.

실력탄탄

Photoshop 프로그램을 실행하고 [실습파일]-[11차시] 폴더에서 파일을 불러와 《처리조건》에 따라 이미지를 저장해 보세요.

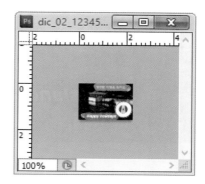

《처리조건》

▶ 다음과 같은 규칙으로 JPG 파일과 PSD 파일을 각각 저장하시오.

· 저장위치 : 바탕화면 – KAIT – 제출파일 폴더

JPG	파일명	dic_02_123456_김타요.JPG	PSD	파일명	dic_02_123456_김타요.PSD
	이미지 크기	600×400 픽셀[Pixels]		이미지 크기	65×45 픽셀[Pixels]

(예 : 수검번호가 DIC-20XX-000000인 경우 "dic_02_000000_이름.JPG"와 "dic_02_000000_이름.PSD"로 저장할 것)

(* dic_02_000000_이름.JPG와 dic_02_000000_이름.PSD 파일 중 하나라도 누락시 "0점" 처리됨)

《처리조건》

▶ 다음과 같은 규칙으로 JPG 파일과 PSD 파일을 각각 저장하시오.

· 저장위치 : 바탕화면 – KAIT – 제출파일 폴더

JPG	파일명	dic_02_123456_뽀로로.JPG	PSD	파일명	dic_02_123456_뽀로로.PSD
	이미지 크기	600×400 픽셀[Pixels]		이미지 크기	65×45 픽셀[Pixels]

(예 : 수검번호가 DIC-20XX-000000인 경우 "dic_02_000000_이름.JPG"와 "dic_02_000000_이름.PSD"로 저장할 것)

(* dic_02_000000_이름.JPG와 dic_02_000000_이름.PSD 파일 중 하나라도 누락시 "0점" 처리됨)

실습파일 dic_02_123456_BTS.psd   완성파일 dic_02_123456_BTS.psd, dic_02_123456_BTS.jpg   제한시간 **2분**

《처리조건》

▶ 다음과 같은 규칙으로 JPG 파일과 PSD 파일을 각각 저장하시오.

　· 저장위치 : 바탕화면 - KAIT - 제출파일 폴더

JPG	파일명	dic_02_123456_BTS.JPG	PSD	파일명	dic_02_123456_BTS.PSD
	이미지 크기	600×400 픽셀[Pixels]		이미지 크기	65×45 픽셀[Pixels]

(예 : 수검번호가 DIC-20XX-000000인 경우 "dic_02_000000_이름.JPG"와 "dic_02_000000_이름.PSD"로 저장할 것)

(＊ dic_02_000000_이름.JPG와 dic_02_000000_이름.PSD 파일 중 하나라도 누락시 "0점" 처리됨)

실습파일 dic_02_123456_아이유.psd   완성파일 dic_02_123456_아이유.psd, dic_02_123456_아이유.jpg   제한시간 **2분**

《처리조건》

▶ 다음과 같은 규칙으로 JPG 파일과 PSD 파일을 각각 저장하시오.

　· 저장위치 : 바탕화면 - KAIT - 제출파일 폴더

JPG	파일명	dic_02_123456_아이유.JPG	Psd	파일명	dic_02_123456_아이유.PSD
	이미지 크기	600×400 픽셀[Pixels]		이미지 크기	65×45 픽셀[Pixels]

(예 : 수검번호가 DIC-20XX-000000인 경우 "dic_02_000000_이름.JPG"와 "dic_02_000000_이름.PSD"로 저장할 것)

(＊ dic_02_000000_이름.JPG와 dic_02_000000_이름.PSD 파일 중 하나라도 누락시 "0점" 처리됨)

실습파일 dic_02_123456_워너원.psd 완성파일 dic_02_123456_워너원.psd, dic_02_123456_워너원.jpg 제한시간 **2분**

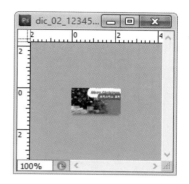

《처리조건》

▶ 다음과 같은 규칙으로 JPG 파일과 PSD 파일을 각각 저장하시오.

　・저장위치 : 바탕화면 – KAIT – 제출파일 폴더

JPG	파일명	dic_02_123456_워너원.JPG	PSD	파일명	dic_02_123456_워너원.PSD
	이미지 크기	600×300 픽셀[Pixels]		이미지 크기	65×35 픽셀[Pixels]

(예 : 수검번호가 DIC-20XX-000000인 경우 "dic_02_000000_이름.JPG"와 "dic_02_000000_이름.PSD"로 저장할 것)

(* dic_02_000000_이름.JPG와 dic_02_000000_이름.PSD 파일 중 하나라도 누락시 "0점" 처리됨

실습파일 dic_02_123456_김마린.psd 완성파일 dic_02_123456_김마린.psd, dic_02_123456_김마린.jpg 제한시간 **2분**

《처리조건》

▶ 다음과 같은 규칙으로 JPG 파일과 PSD 파일을 각각 저장하시오.

　・저장위치 : 바탕화면 – KAIT – 제출파일 폴더

JPG	파일명	dic_02_123456_김마린.JPG	PSD	파일명	dic_02_123456_김마린.PSD
	이미지 크기	600×300 픽셀[Pixels]		이미지 크기	65×35 픽셀[Pixels]

(예 : 수검번호가 DIC-20XX-000000인 경우 "dic_02_000000_이름.JPG"와 "dic_02_000000_이름.PSD"로 저장할 것)

(* dic_02_000000_이름.JPG와 dic_02_000000_이름.PSD 파일 중 하나라도 누락시 "0점" 처리됨)

GOM Mix for DIAT

12 문제 3

파일 추가 및 순서 지정하기

[문제 3]은 GOM Mix for DIAT 프로그램을 이용하여 영상을 편집하는 문제가 출제됩니다. 바탕화면의 [KAIT]-[제출파일] 폴더에 있는 답안 파일을 불러와 문제에 제시된 동영상, 이미지, 음악 파일을 삽입하여 하나의 영상으로 만들면 됩니다. GOM Mix for DIAT 프로그램의 실행 화면에 대해서 알아보고 동영상과 이미지를 불러와 《처리조건》대로 배치하는 방법을 알아보도록 하겠습니다.

학습목표

1. GOM Mix for DIAT 프로그램의 기본 구성을 알 수 있습니다.
2. 동영상과 이미지를 삽입하고 《처리조건》에 따라 순서를 지정할 수 있습니다.

실습파일 : dic_03_123456_홍길동.gmep, 이미지1~3.jpg, 동영상.mp4   완성파일 : dic_03_123456_홍길동.gmep

문제 미리보기

《처리조건》에 따라 《출력형태》와 같이 완성하시오.

《출력형태》

《처리조건》

원본 파일	이미지1.jpg, 이미지2.jpg, 이미지3.jpg, 동영상.mp4, 음악.mp3

▶ 미디어 소스의 순서를 다음과 같이 지정하시오.
  · 미디어 소스 순서 ⇒ 동영상.mp4 > 이미지1.jpg > 이미지3.jpg > 이미지2.jpg

과정 미리보기

GOM mix for DIAT 실행 → 파일 불러오기 → 동영상/이미지 삽입 → 순서 지정 → 미션 성공♡

01 곰믹스 for DIAT 프로그램을 실행하고 원본 파일 불러오기

원본 파일	이미지1.jpg, 이미지2.jpg, 이미지3.jpg, 동영상.mp4, 음악.mp3

1 바탕화면에 있는 [KAIT]-[제출파일] 폴더에서 'dic_03_123456_홍길동.gmep' 파일을 더블클릭합니다.

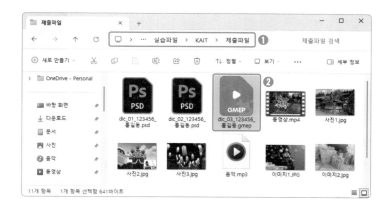

꿀팁

책에서는 [실습파일]-[12차시] 폴더에서 '12차시(문제).gmep' 파일을 실행합니다.

2 곰믹스 for DIAT가 실행되면 [미디어 파일 추가하기]를 클릭하여 [KAIT]-[제출파일] 폴더에서 필요한 파일을 불러옵니다.

연습할 때에는 [실습파일]-[12차시] 폴더에서 파일을 찾을 수 있습니다.

LEVEL UP 주의하세요!

만약 곰믹스 for DIAT 프로그램을 직접 실행하여 작업하는 경우, 새 프로젝트가 아닌 [DIAT 시험 프로젝트 생성하기] 단추를 눌러 답안 파일을 작성합니다.

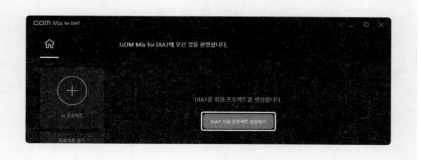

3 선택한 미디어 파일이 클립으로 추가된
것을 확인할 수 있습니다.

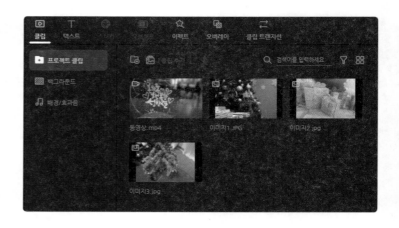

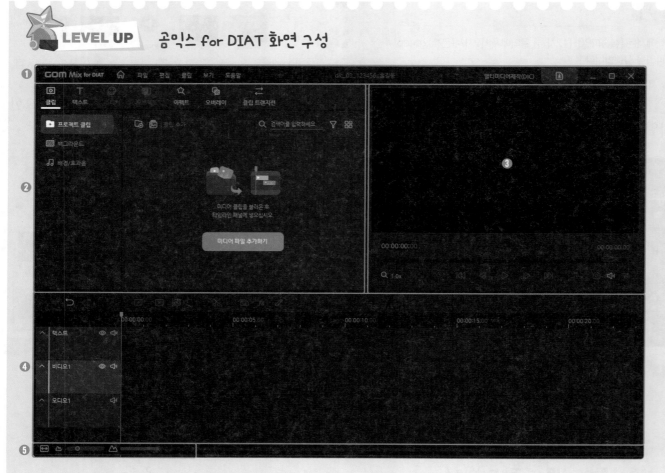

LEVEL UP 곰믹스 for DIAT 화면 구성

① [탑바 영역] : 프로그램과 관련된 기본 메뉴 목록과 현재 프로젝트 이름이 표시됩니다.

② [소스 및 효과 영역] : 작업할 파일 목록을 관리하거나 텍스트 또는 다양한 효과를 추가할 수 있습니다.

③ [미리보기 영역] : 현재 편집 중인 프로젝트의 영상을 확인할 수 있습니다.

④ [타임라인 영역] : 영상 작업을 위해 추가한 클립이나 효과를 편집할 수 있습니다.

⑤ [화면 조절 영역] : 프로그램의 화면을 확대/축소하거나 타임라인의 위치를 맞출 수 있습니다.

▶ 미디어 소스의 순서를 다음과 같이 지정하시오.
· 미디어 소스 순서 ⇒ 동영상.mp4 > 이미지1.jpg > 이미지3.jpg > 이미지2.jpg

1 문제지에 제시된 순서대로 [타임라인]에 클립을 배치해 보겠습니다. 먼저 동영상을 삽입하기 위해 **'동영상.mp4'** 파일을 [타임라인]의 [비디오1] 트랙으로 드래그합니다.

동영상 파일을 타임라인 맨 왼쪽 가장자리 쪽으로 붙여서 드래그해야 0초부터 영상이 시작됩니다.

2 [비디오1] 트랙에 동영상 파일의 길이만큼 표시되고 상단 미리보기 화면에도 영상이 표시되는 것을 확인합니다.

3 같은 방법으로 '이미지1.jpg', '이미지3.jpg', '이미지2.jpg'를 차례로 드래그하여 '**동영상.mp4**' 뒤로 배치합니다.

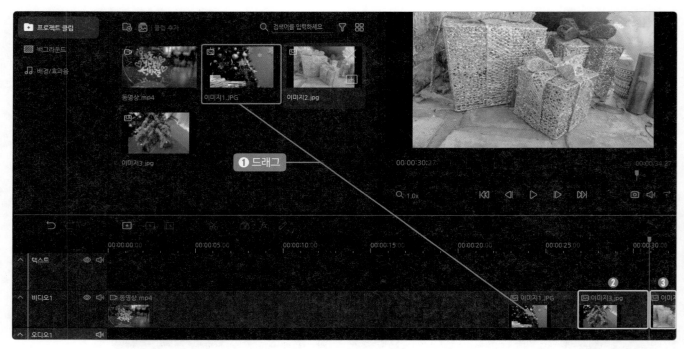

· 이미지의 배치 순서가 이미지 번호 순서대로가 아니므로 꼭 《처리조건》을 확인해야 합니다.
· 배치 순서가 잘못되었을 경우 [비디오1] 트랙에서 변경할 파일을 선택하여 원하는 위치로 드래그합니다.

4 원활한 편집을 위해 미디어 소스가 충분한 크기로 표시되도록 타임라인 하단에서 타임라인 확대/축소를 이용합니다.

· Ctrl+마우스 휠을 돌려도 화면 확대/축소가 가능하며, 스크롤 막대를 이용하지 않는 범위 내에서 확대하여 작업하도록 합니다.
· [비디오1] 트랙에 삽입된 파일 위에 마우스를 가져가면 해당 파일의 이름, 시작 시간, 재생 시간 정보를 확인할 수 있습니다.

실력탄탄

[실습파일]-[12차시] 폴더에서 파일을 불러와 《처리조건》에 따라 《출력형태》와 같이 완성해 보세요.

실습파일 12차시-1(문제).gmep, 이미지4.jpg, 이미지5.jpg, 이미지6.jpg, 동영상2.mp4 완성파일 12차시-1(완성).gmep 제한시간 1분

《출력형태》

《처리조건》

원본 파일	이미지4.jpg, 이미지5.jpg, 이미지6.jpg, 동영상2.mp4

▶ 미디어 소스의 순서를 다음과 같이 지정하시오.
  · 미디어 소스 순서 ⇒ 동영상2.mp4 > 이미지4.jpg > 이미지6.jpg > 이미지5.jpg

실습파일 12차시-2(문제).gmep, 이미지7.jpg, 이미지8.jpg, 이미지9.jpg, 동영상3.mp4 완성파일 12차시-2(완성).gmep 제한시간 1분

《출력형태》

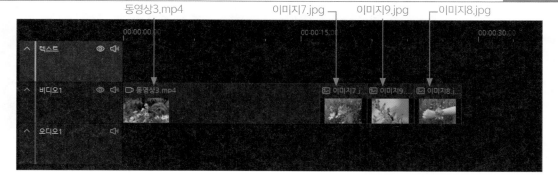

《처리조건》

원본 파일	이미지7.jpg, 이미지8.jpg, 이미지9.jpg, 동영상3.mp4

▶ 미디어 소스의 순서를 다음과 같이 지정하시오.
  · 미디어 소스 순서 ⇒ 동영상3.mp4 > 이미지7.jpg > 이미지9.jpg > 이미지8.jpg

실력**탄탄**

| 실습파일 12차시-3(문제).gmep, 이미지10.jpg, 이미지11.jpg, 이미지12.jpg, 동영상4.mp4 | 완성파일 12차시-3(완성).gmep | 제한시간 **1분** |

《출력형태》

동영상4.mp4　　　　　　　　　　　　　　　　　　　이미지10.jpg　　이미지11.jpg　　이미지12.jpg

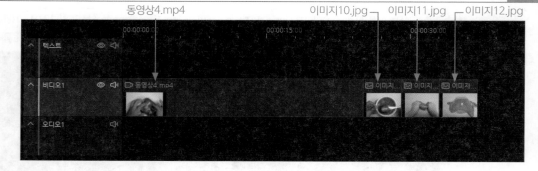

《처리조건》

| 원본 파일 | 이미지10.jpg, 이미지11.jpg, 이미지12.jpg 동영상4.mp4 |

▶ 미디어 소스의 순서를 다음과 같이 지정하시오.
　　・미디어 소스 순서 ⇒ 동영상4.mp4 > 이미지10.jpg > 이미지11.jpg > 이미지12.jpg

| 실습파일 12차시-4(문제).gmep, 이미지13.jpg, 이미지14.jpg, 이미지15.jpg, 동영상5.mp4 | 완성파일 12차시-4(완성).gmep | 제한시간 **1분** |

《출력형태》

동영상5.mp4　　　　　　　　　　　　　　　　　　이미지15.jpg　　이미지14.jpg　　이미지13.jpg

《처리조건》

| 원본 파일 | 이미지13.jpg, 이미지14.jpg, 이미지15.jpg, 동영상5.mp4 |

▶ 미디어 소스의 순서를 다음과 같이 지정하시오.
　　・미디어 소스 순서 ⇒ 동영상5.mp4 > 이미지15.jpg > 이미지14.jpg > 이미지13.jpg

13 문제 3

동영상 파일 편집하기

이번 차시에는 동영상 파일을 편집하는 방법을 알아보겠습니다. 재생 속도를 조절하고 영상의 필요한 부분만 자른 후 이펙트와 텍스트를 적용하는 문제가 출제됩니다.

학습목표

1. 동영상의 소리를 없앨 수 있습니다.
2. 동영상의 재생 속도를 설정하고 시작 시간과 재생 시간을 지정하여 자를 수 있습니다.
3. 동영상에 이펙트를 적용합니다.
4. 텍스트를 입력하고 서식을 설정한 후 동영상에 표시합니다.

실습파일 : 13차시(문제).gmep   완성파일 : 13차시(완성).gmep

문제 미리보기

《출력형태》

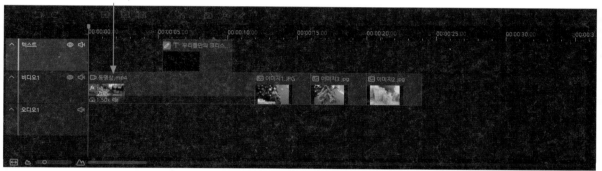

《처리조건》

▶ 동영상 파일('동영상.mp4)을 다음과 같이 처리하시오.
- 배속 : 1.5x
- 자르기 : 시작 시간(0.00), 재생 시간(12.00)
- 이펙트 : LUT 필터-맑은 햇살-맑은 햇살 04(노출 : 15, 감마 : 0.5)
- 텍스트 ⇒ 텍스트 입력 : 우리들만의 크리스마스

    텍스트 서식 : 기본자막(바탕체, 크기 100, 47d8ff), 윤곽선 설정(없음),
    위치 설정(화면 정가운데 아래), 시작 시간(5.10), 클립 길이(5.00)
- 재생 속도 설정 후 자르기를 하여야 하며, 잘라진 뒷부분의 동영상 및 트랙의 모든 공백을 삭제할 것
- 원본 동영상에 포함된 오디오는 모두 음소거 할 것

과정 미리보기

음소거 설정   재생 속도 설정   자르기   이펙트 적용   텍스트 입력   미션 성공!

원본 동영상에 포함된 오디오는 모두 음소거 할 것

1 문제 파일을 실행하기 위해 [실습파일]-[13차시]-[13차시(문제)] 폴더에서 '**13차시(문제).gmep**' 파일을
더블클릭합니다.

 꿀팁

곰믹스 for DIAT 프로그램 실행 후 [실습파일]-[13차시]-[13차시(문제)] 폴더에서 '13차시(문제).gmep' 파일을 선택할 수도 있어요. 단, [DIAT 시험
프로젝트 생성하기] 단추를 눌러 시작하도록 합니다.

2 파일이 열리면 음소거를 설정하기 위해 [타임라인]의 '**동영상.mp4**' 클립을 마우스 오른쪽 버튼으로 눌러
[음소거]를 선택합니다.

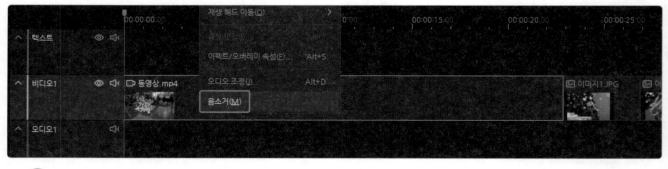

 꿀팁

음소거가 설정되면 클립 하단에 음소거가 표시됩니다.

02 재생 속도 설정하고 동영상 자르기

· 배속 : 1.5x   · 자르기 : 시작 시간(0.00), 재생 시간(12.00)
· 재생 속도 설정 후 자르기를 하여야 하며, 잘라진 뒷부분의 동영상 및 트랙의 모든 공백을 삭제할 것

1 동영상 파일의 재생 속도를 설정하기 위해 [타임라인]의 [비디오1] 트랙에서 '**동영상.mp4**' 클립을 선택하고 ⬚(배속) 아이콘을 클릭합니다.

2 '**배속**'을 '**1.5배속**'으로 설정한 후 [**확인**] 버튼을 클릭합니다.

 꿀팁

[타임라인]의 '동영상.mp4'에 배속이 '1.5x'로 설정된 것을 확인합니다.

3 동영상을 자르기 위해 [미리보기]의 재생위치를 '**12.00**'으로 지정합니다.

4 [타임라인]의 빨간색 선이 '**12.00**'에 위치한 것을 확인하고 메뉴 바의 '**클립 자르기(✂)**' 아이콘을 클릭하여 동영상을 잘라줍니다.

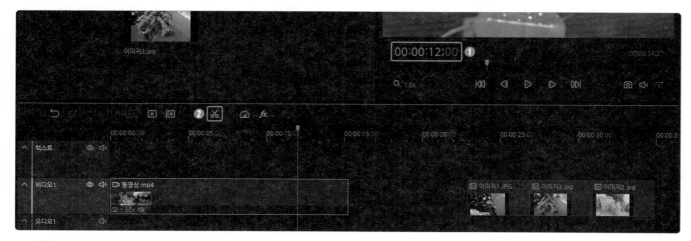

 꿀팁

· 빨간색 선을 기준으로 동영상이 둘로 나뉩니다.
· 배속 설정을 먼저 완료한 후 동영상 자르기를 작업합니다.

5 잘려진 뒤쪽 동영상을 선택한 후 `Delete`를 눌러 삭제한 다음 트랙의 공백을 삭제해 줍니다.

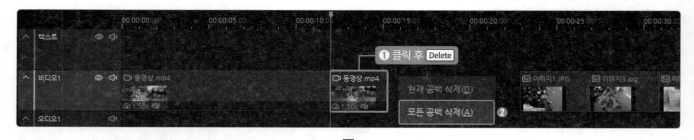

---

03 이펙트 지정하기

이펙트 : LUT 필터-맑은 햇살-맑은 햇살 04(노출 : 15, 감마 : 0.5)

1 [타임라인]에서 '동영상.mp4' 클립을 선택하고 상단에서 [이펙트] 탭을 클릭한 다음 '**햇살**'을 검색하여 효과를 선택합니다.

2 표시되는 목록 중 [**맑은 햇살 04**]를 선택하고 '**노출**'과 '**감마**' 값을 지정합니다.

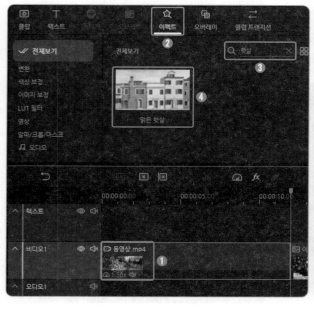

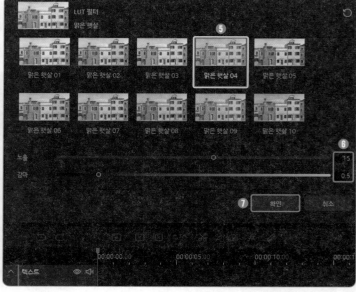

3 [미리보기] 화면에서 이펙트가 적용된 것을 확인합니다.

04 텍스트 입력하기

텍스트 ⇒ 텍스트 입력 : 우리들만의 크리스마스
　　　　텍스트 서식 : 기본자막(바탕체, 100, 47d8ff), 윤곽선 설정(없음),
　　　　위치 설정(화면 정가운데 아래), 시작 시간(5.10), 클립 길이(5.00)

1 동영상에 텍스트를 입력하기 위해 [타임라인]-[텍스트]를 선택한 후 [텍스트] 탭에서 [기본자막]을 찾아 ➕ 을 클릭합니다.

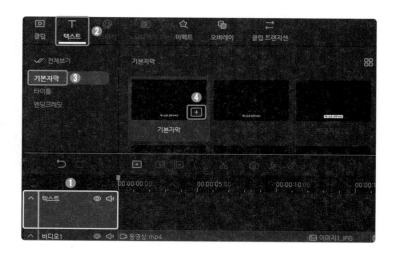

2 [타임라인]에 추가된 텍스트 클립을 더블클릭한 다음 《처리조건》에 제시된 '우리들만의 크리스마스'를 입력한 후 폰트 종류(바탕체), 폰트 크기(100), 위치 설정(화면 정가운데 아래)을 지정합니다.

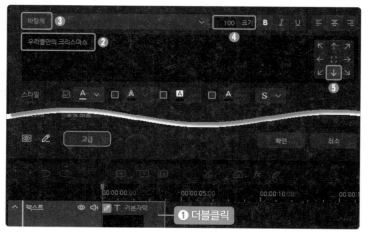

3️⃣ 텍스트 색을 설정하기 위해 스타일에서 첫 번째  단추를 클릭한 후 [다른 색상]을 선택합니다.

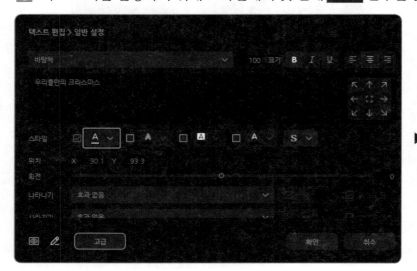
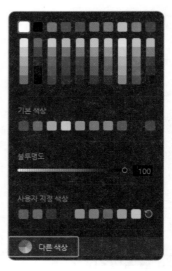

4️⃣ [색상 선택] 대화상자가 나타나면 《처리조건》에 표시된 색상 값(47d8ff)을 입력한 다음 [확인] 단추를 눌러 텍스트 편집을 완료합니다.

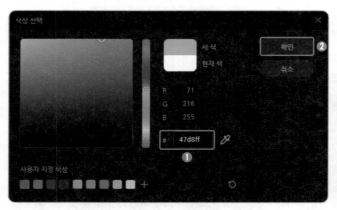

현재 DIAT 멀티미디어 시험에서는 텍스트 색상과 윤곽선 서식을 변경하는 문제가 출제되고 있습니다. 《처리조건》을 확인하여 관련 없는 스타일이 선택되어 있다면 반드시 체크 표시를 해제해 주세요.

❶ 텍스트 스타일　　❷ 윤곽선 스타일　　❸ 음영 스타일　　❹ 그림자 스타일　　❺ 스타일 목록

5 텍스트의 재생 시간을 설정하기 위해 재생 위치를 '5.10'으로 지정한 다음 텍스트 클립을 빨간색 선 뒤쪽으로 드래그합니다.

6 이동된 텍스트 클립 위에서 마우스 오른쪽 버튼을 눌러 [길이 변경]을 클릭한 후 클립 길이를 '5.00'로 지정합니다.

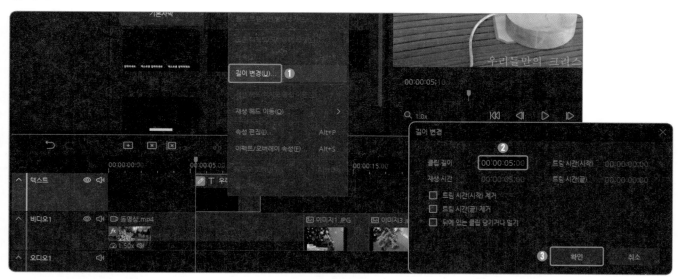

7 [미리보기 영역]에서 재생 단추를 눌러 편집된 영상을 확인해 보세요.

실력탄탄

[실습파일]-[13차시] 폴더에서 파일을 실행하고 《처리조건》에 따라 《출력형태》와 같이 완성해 보세요.

실습파일 13차시-1(문제).gmep   완성파일 13차시-1(완성).gmep   제한시간 **3분**

《출력형태》

동영상2.mp4

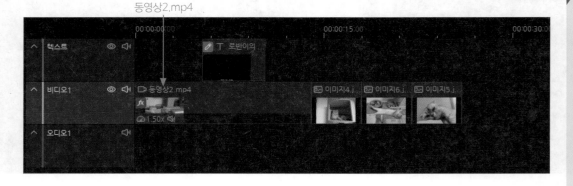

《처리조건》

▶ 동영상 파일('동영상2.mp4')을 다음과 같이 처리하시오.

- 배속 : 1.5x
- 자르기 : 시작 시간(0.00), 재생 시간(14.00)
- 이펙트 : 이미지 보정-톤맵(채도 : -15)
- 텍스트 ⇒ 텍스트 입력 : 로빈이의 하루

  텍스트 서식 : 기본자막(휴먼엑스포, 110, ffff02), 윤곽선 설정(없음)
  위치 설정(화면 정가운데 아래), 시작 시간(5.10), 클립 길이(5.00)
- 재생 속도 설정 후 자르기를 하여야 하며, 잘라진 뒷부분의 동영상 및 트랙의 모든 공백을 삭제할 것
- 원본 동영상에 포함된 오디오는 모두 음소거 할 것

실습파일 13차시-2(문제).gmep   완성파일 13차시-2(완성).gmep   제한시간 **3분**

《출력형태》

동영상3.mp4

《처리조건》

▶ 동영상 파일('동영상3.mp4')을 다음과 같이 처리하시오.

- 배속 : 1.2x
- 자르기 : 시작 시간(0.00), 재생 시간(12.20)
- 이펙트 : LUT 필터-파스텔-파스텔 02(노출 : 10, 감마 : 0.5)
- 텍스트 ⇒ 텍스트 입력 : 팔랑팔랑 나비

  텍스트 서식 : 기본자막(궁서체, 100, 000000), 윤곽선 설정(없음)
  위치 설정(화면 정가운데 아래), 시작 시간(4.20), 클립 길이(5.00)
- 재생 속도 설정 후 자르기를 하여야 하며, 잘라진 뒷부분의 동영상 및 트랙의 모든 공백을 삭제할 것
- 원본 동영상에 포함된 오디오는 모두 음소거 할 것

실습파일 13차시-3(문제).gmep   완성파일 13차시-3(완성).gmep   제한시간 **3분**

《출력형태》

《처리조건》

▶ 동영상 파일('동영상4.mp4')을 다음과 같이 처리하시오.

- 배속 : 1.4x
- 자르기 : 시작 시간(0.00), 재생 시간(14.00)
- 이펙트 : 이미지 보정-부드럽게(강도 : 20)
- 텍스트 ⇒ 텍스트 입력 : 요즘 대세 슬라임

  텍스트 서식 : 기본자막(휴먼옛체, 120, aff32a), 윤곽선 설정(없음)

  위치 설정(화면 정가운데 아래), 시작 시간(5.20), 클립 길이(5.00)
- 재생 속도 설정 후 자르기를 하여야 하며, 잘라진 뒷부분의 동영상 및 트랙의 모든 공백을 삭제할 것
- 원본 동영상에 포함된 오디오는 모두 음소거 할 것

실습파일 13차시-4(문제).gmep   완성파일 13차시-4(완성).gmep   제한시간 **3분**

《출력형태》

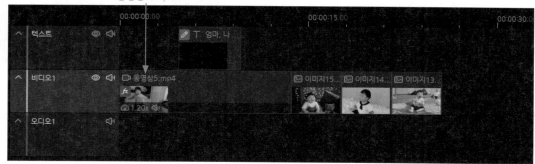

《처리조건》

▶ 동영상 파일('동영상5.mp4')을 다음과 같이 처리하시오.

- 배속 : 1.2x
- 자르기 : 시작 시간(0.00), 재생 시간(13.20)
- 이펙트 : LUT 필터-맑은 햇살-맑은 햇살 03(노출 : 30, 감마 : 0.8)
- 텍스트 ⇒ 텍스트 입력 : 엄마, 나 잡아봐요

  텍스트 서식 : 기본자막(돋움체, 110, fcdf35), 윤곽선 설정(없음)

  위치 설정(화면 정가운데 아래), 시작 시간(4.20), 클립 길이(5.00)
- 재생 속도 설정 후 자르기를 하여야 하며, 잘라진 뒷부분의 동영상 및 트랙의 모든 공백을 삭제할 것
- 원본 동영상에 포함된 오디오는 모두 음소거 할 것

GOM Mix for DIAT

문제 3

이미지 파일 편집하기

이번 차시에는 이미지 파일을 편집해 보겠습니다. 3개의 이미지 각각에 클립 길이, 오버레이, 클립 트랜지션 효과를 적용하는 문제가 출제됩니다. 배치 순서대로 《처리조건》에 따라 편집하면 어렵지 않게 완성할 수 있습니다.

학습목표

1. 이미지 클립의 길이를 조절할 수 있습니다.
2. 이미지에 오버레이 효과를 적용하고, 효과의 옵션을 변경할 수 있습니다.
3. 트랜지션을 적용해 영상 전환 효과를 추가할 수 있습니다.

실습파일 : 14차시(문제).gmep   완성파일 : 14차시(완성).gmep

문제 미리보기

《출력형태》

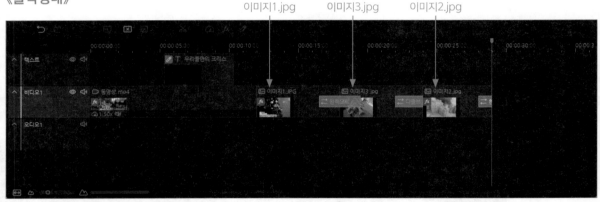

《처리조건》

▶ 이미지 파일을 다음과 같이 처리하시오.
- '이미지1.jpg' ⇒ 이미지 클립 길이 : 6.00, 오버레이 : 비누 방울(크기 : 7, 속도 : 2),
   클립 트랜지션 : 왼쪽으로 스크롤(오버랩, 재생 시간 : 2.30)
- '이미지3.jpg' ⇒ 이미지 클립 길이 : 6.00, 오버레이 : 가랜드(줄 색상 : ff00ff),
   클립 트랜지션 : 디졸브(앞으로 이동, 재생 시간 : 2.00)
- '이미지2.jpg' ⇒ 이미지 클립 길이 : 5.00, 오버레이 : 원형 비넷(반경 : 60, 페더 : 80),
   클립 트랜지션 : 흰색 페이드(앞으로 이동, 재생 시간 : 1.00)
- 지시사항이 없는 경우는 기본 값을 적용하시오.

과정 미리보기

'이미지1.jpg' 편집하기   '이미지3.jpg' 편집하기   '이미지2.jpg' 편집하기   미션 성공!

01 '이미지1.jpg' 편집하기

'이미지1.jpg' ⇒ 이미지 클립 길이 : 6.00, 오버레이 : 비누 방울(크기 : 7, 속도 : 2),
클립 트랜지션 : 왼쪽으로 스크롤(오버랩, 재생 시간 : 2.30)

1 [실습파일]-[14차시]-[14차시(문제)] 폴더에서 '**14차시(문제).gmep**' 파일을 더블클릭합니다.

2 파일이 실행되면 [타임라인]의 '이미지1.jpg' 클립 위에서 마우스 오른쪽 버튼을 눌러 [**길이 변경**]을 클릭한 후 클립 길이를 '**6.00**'으로 지정합니다.

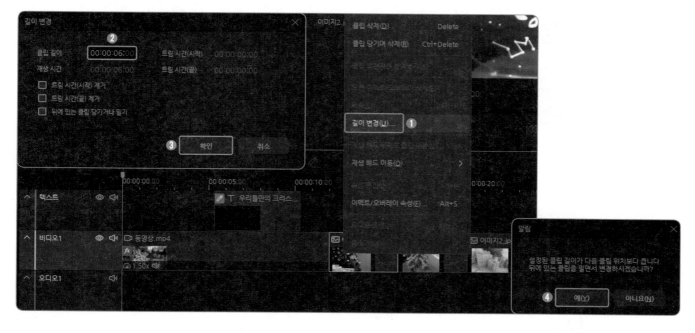

3 다음과 같이 '이미지1.jpg'의 클립시간이 변경된 것을 확인해 보세요.

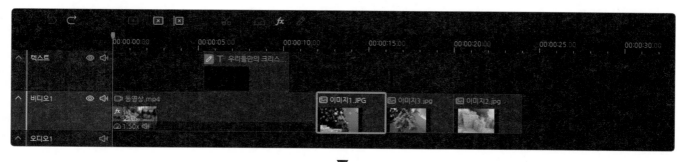

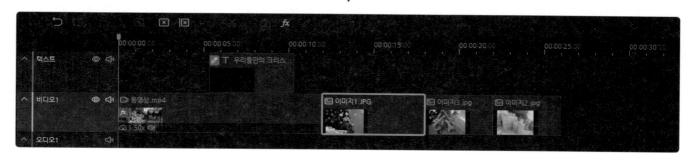

4 '이미지1.jpg'의 클립이 선택된 상태에서 상단의 [오버레이] 탭-[비누 방울]을 찾아 더블클릭합니다.

5 《처리조건》에 따라 크기(7)와 속도(2)를 조절한 후 [확인]을 클릭하세요.

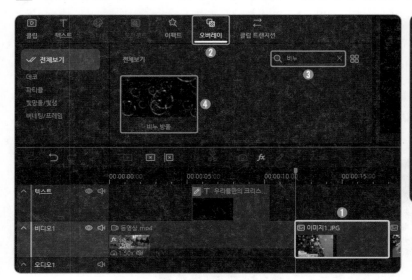

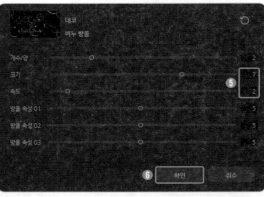

6 '이미지1.jpg'의 클립이 선택된 상태에서 상단의 [클립 트랜지션] 탭을 클릭하여 [왼쪽으로 스크롤]의
⊞ 를 클릭합니다.

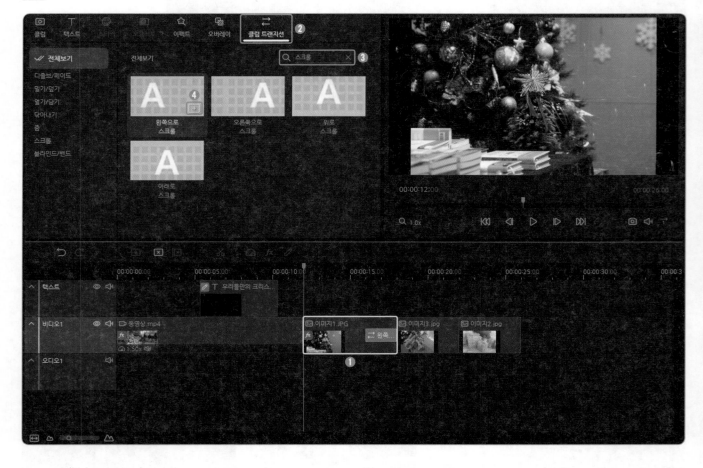

7 [타임라인]의 '이미지1.jpg' 클립에 적용된 효과 아이콘을 더블클릭하여 위치(**오버랩**)와 재생 시간(**2.30**)을 지정한 다음 [**확인**]을 클릭합니다.

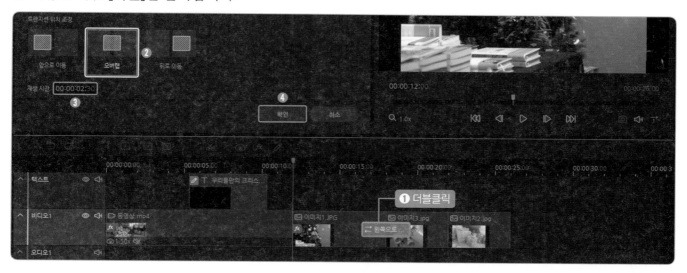

02 '이미지3.jpg', '이미지2.jpg' 편집하기

'이미지3.jpg' ⇒ 이미지 클립 길이 : 6.00, 오버레이 : 가랜드(줄 색상 : ff00ff),
　　　　　　　　 클립 트랜지션 : 디졸브(앞으로 이동, 재생 시간 : 2.00)

'이미지2.jpg' ⇒ 이미지 클립 길이 : 5.00, 오버레이 : 원형 비넷(반경 : 60, 페더 : 80),
　　　　　　　　 클립 트랜지션 : 흰색 페이드(앞으로 이동, 재생 시간 : 1.00)

1 [타임라인]의 '이미지3.jpg', '이미지2.jpg' 클립의 길이를 각각 '6.00', '5.00'으로 변경합니다.

▼

이미지 클립 위에서 마우스 오른쪽 버튼을 클릭한 후 [길이 변경]을 눌러 작업합니다.

2 '이미지3.jpg' 클립이 선택된 상태에서 [오버레이] 탭-[가랜드]를 찾아 더블클릭합니다.

3 《처리조건》에 맞추어 줄 색상을 'ff00ff'으로 변경한 후 [확인]을 클릭합니다.

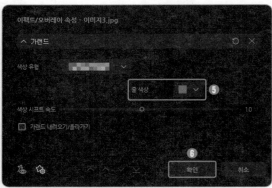

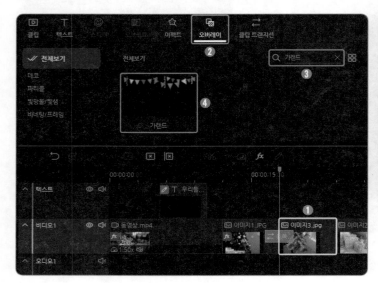

4 '이미지3.jpg' 클립이 선택된 상태에서 [클립 트랜지션] 탭을 클릭하여 [디졸브]의 ⊞를 클릭합니다.

5 [타임라인]의 '이미지3.jpg' 클립에 적용된 효과 아이콘을 더블클릭하여 위치(**앞으로 이동**)와 재생 시간(**2.00**)을 지정한 다음 [**확인**]을 클릭합니다.

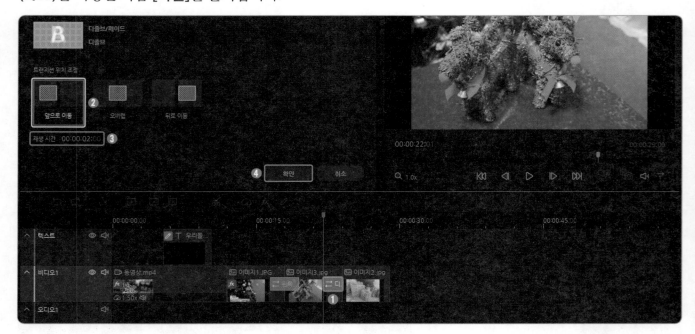

6 아래 조건을 참고하여 '이미지2.jpg' 클립에 오버레이와 클립트랜지션 효과를 적용해 보세요.

> • '이미지2.jpg' ⇒ 이미지 클립 길이 : 5.00, 오버레이 : 원형 비넷(반경 : 60, 페더 : 80),
> 클립 트랜지션 : 흰색 페이드(앞으로 이동, 재생 시간 : 1.00)

실력탄탄

[실습파일]-[14차시] 폴더에서 파일을 실행하고 《처리조건》에 따라 《출력형태》와 같이 완성해 보세요.

실습파일 14차시-1(문제).gmep 완성파일 14차시-1(완성).gmep 제한시간 **3**분

《출력형태》

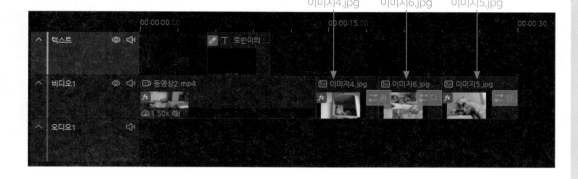

《처리조건》

▶ 이미지 파일을 다음과 같이 처리하시오.
- '이미지4.jpg' ⇒ 이미지 클립 길이 : 5.00, 오버레이 : 비누 방울(크기 : 7, 속도 : 2), 클립 트랜지션 : 왼쪽으로 스크롤(오버랩, 재생 시간 : 2.00)
- '이미지6.jpg' ⇒ 이미지 클립 길이 : 5.00, 오버레이 : 원형 비넷(반경 : 45, 페더 : 20), 클립 트랜지션 : 디졸브(앞으로 이동, 재생 시간 : 2.00)
- '이미지5.jpg' ⇒ 이미지 클립 길이 : 6.00, 오버레이 : 흩날림(개수/양 : 50), 클립 트랜지션 : 타원 열기(앞으로 이동, 재생 시간 : 2.00)
- 지시사항이 없는 경우는 기본 값을 적용하시오.

실습파일 14차시-2(문제).gmep 완성파일 14차시-2(완성).gmep 제한시간 **3**분

《출력형태》

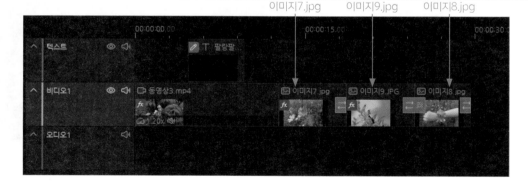

《처리조건》

▶ 이미지 파일을 다음과 같이 처리하시오.
- '이미지7.jpg' ⇒ 이미지 클립 길이 : 6.00, 오버레이 : 가우스(강도 : 40, 속도 : 6), 클립 트랜지션 : 타원 닫기(앞으로 이동, 재생 시간 : 1.00)
- '이미지9.jpg' ⇒ 이미지 클립 길이 : 6.00, 오버레이 : 좋아요(개수/양 : 30), 클립 트랜지션 : 디졸브(오버랩, 재생 시간 : 2.00)
- '이미지8.jpg' ⇒ 이미지 클립 길이 : 5.00, 오버레이 : 가랜드(줄 색상 : fe00ba), 클립 트랜지션 : 줌 인(앞으로 이동, 재생 시간 : 1.00)
- 지시사항이 없는 경우는 기본 값을 적용하시오.

실습파일 14차시-3(문제).gmep 완성파일 14차시-3(완성).gmep 제한시간 **3분**

《출력형태》

이미지10.jpg 이미지11.jpg 이미지12.jpg

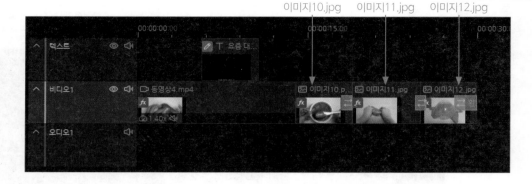

《처리조건》 ▶ 이미지 파일을 다음과 같이 처리하시오.
- '이미지10.jpg' ⇒ 이미지 클립 길이 : 5.00, 오버레이 : 사각 비넷(페더 : 80),
  클립 트랜지션 : 위로 덮기(앞으로 이동, 재생 시간 : 1.00)
- '이미지11.jpg' ⇒ 이미지 클립 길이 : 6.00, 오버레이 : 영롱한(크기 : 15, 밝기 강도 : 50),
  클립 트랜지션 : 문 열기(오버랩, 재생 시간 : 1.00)
- '이미지12.jpg' ⇒ 이미지 클립 길이 : 5.00, 오버레이 : 스페이스 01(속도 : 10),
  클립 트랜지션 : 왼쪽으로 스크롤(앞으로 이동, 재생 시간 : 2.00)
- 지시사항이 없는 경우는 기본 값을 적용하시오.

실습파일 14차시-4(문제).gmep 완성파일 14차시-4(완성).gmep 제한시간 **3분**

《출력형태》

이미지15.jpg 이미지14.jpg 이미지13.jpg

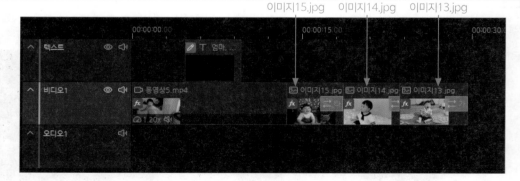

《처리조건》 ▶ 이미지 파일을 다음과 같이 처리하시오.
- '이미지15.jpg' ⇒ 이미지 클립 길이 : 5.00, 오버레이 : 후광 프레임(내부 반경 : 50),
  클립 트랜지션 : 타원 열기(앞으로 이동, 재생 시간 : 2.00)
- '이미지14.jpg' ⇒ 이미지 클립 길이 : 5.00, 오버레이 : 집중선 01(선 굵기 : 10),
  클립 트랜지션 : 교차 줌(앞으로 이동, 재생 시간 : 1.00)
- '이미지13.jpg' ⇒ 이미지 클립 길이 : 6.00, 오버레이 : 레디얼 라이트(노출 : -55),
  클립 트랜지션 : 가로 순차 블라인드(앞으로 이동, 재생 시간 : 2.00)
- 지시사항이 없는 경우는 기본 값을 적용하시오.

15 문제 3

텍스트 삽입하기

이번 차시에는 영상의 시작 부분에 텍스트를 삽입하고 효과를 지정하는 방법을 알아보도록 하겠습니다. 앞에서 배운 텍스트 삽입에서는 사용하지 않았던 윤곽선의 서식을 변경한 후 나타나기 효과를 적용해야 합니다. 천천히 《처리조건》을 따라 하나씩 적용하면 어렵지 않게 완성할 수 있습니다.

학습 목표

1. 텍스트를 입력하고 속성 값을 지정할 수 있습니다.
2. 텍스트에 나타나기 효과와 지속 시간을 설정할 수 있습니다.
3. 시작 시간, 텍스트 클립 길이를 변경할 수 있습니다.

실습파일 : 15차시(문제).gmep   완성파일 : 15차시(완성).gmep

문제 미리보기

《출력형태》

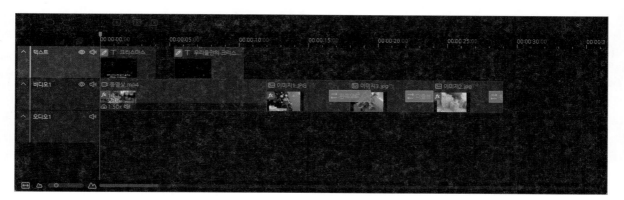

《처리조건》

▶ 다음 조건에 따라 동영상 시작 부분에 텍스트를 지정하시오.

· 텍스트 ⇒ 텍스트 입력 :
크리스마스에 눈이 올까요 (White Christmas)

텍스트 서식(휴먼옛체, 크기 150, ffff02), 윤곽선 설정(색상 : 000000, 두께 : 40),
나타나기(왼쪽으로 닦아내기, 지속 시간 : 2.00), 시작 시간(0.00), 텍스트 클립 길이(4.00)

과정 미리보기

텍스트 입력   서식 지정   나타나기 효과 지정   시작 시간, 텍스트 클립 길이 설정   미션 성공!

· 텍스트 ⇒ 텍스트 입력 : 크리스마스에 눈이 올까요
(White Christmas)

텍스트 서식(휴먼옛체, 크기 150, ffff02), 윤곽선 설정(색상 : 000000, 두께 : 40)
나타나기(왼쪽으로 닦아내기, 지속 시간 : 2.00), 시작 시간(0.00), 텍스트 클립 길이(4.00)

1 [실습파일]–[15차시]–[15차시(문제)] 폴더에서 '15차시(문제).gmep' 파일을 더블클릭합니다.

2 동영상에 텍스트를 입력하기 위해 [타임라인]–[텍스트]를 선택한 후 [텍스트] 탭에서 [기본자막]을 찾아
⊞ 을 클릭합니다.

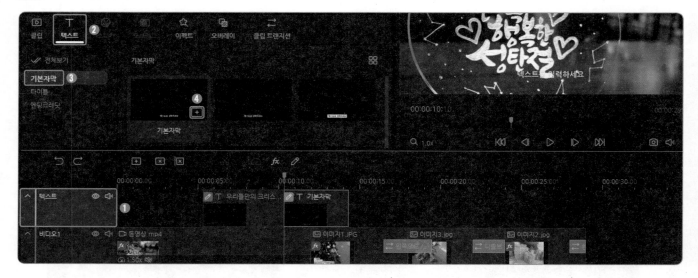

3 [타임라인]에 추가된 텍스트 클립을 더블클릭한 다음 《처리조건》에 제시된 '크리스마스에 눈이 올까요
(White Christmas)'를 입력한 후 '폰트 종류(휴먼옛체), 크기(150), 색상(ffff02)'을 지정합니다.

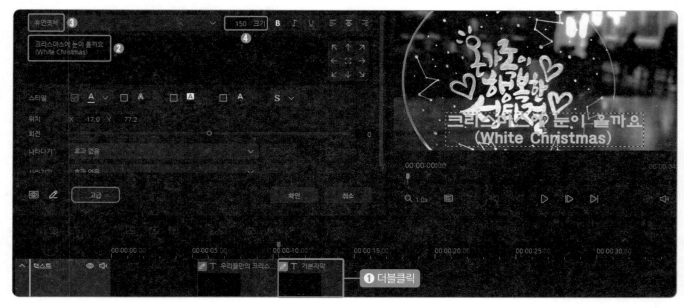

- 한글 텍스트 입력 후 Enter 를 눌러 줄바꿈한 후 영문 텍스트를 입력합니다.
- 영문 텍스트의 앞뒤에 괄호도 모두 입력해야 합니다.
- 색상을 변경할 때는 [다른 색상]에 들어가 제시된 색상 코드를 입력합니다.

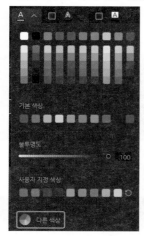

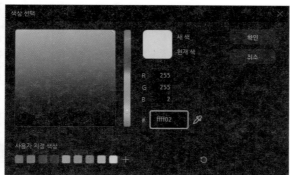

4️⃣ 텍스트 편집 창 하단에 [고급] 단추를 눌러 윤곽선 설정을 변경해 보겠습니다.

5️⃣ 아래와 같은 창이 나오면 '윤곽선 설정' 항목에서 색상(000000)과 두께(40)를 변경한 후 다시 '**일반 설정**' 화면으로 이동합니다.

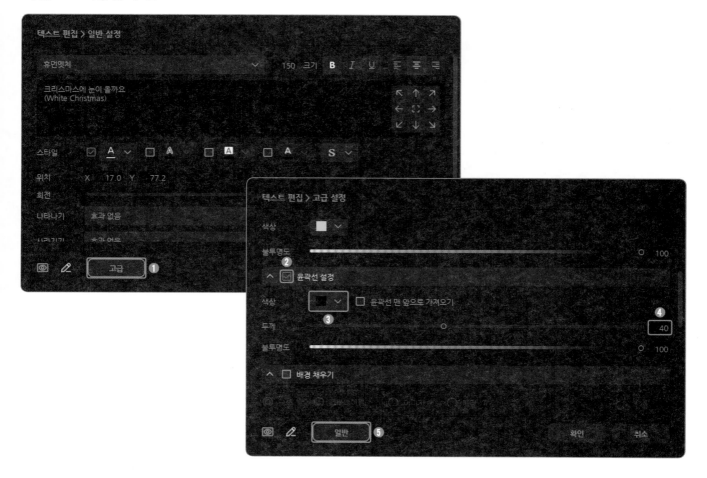

6 나타나기(**왼쪽으로 닦아내기**), 지속시간 (2.00)을 지정한 다음 [**확인**]을 클릭합니다.

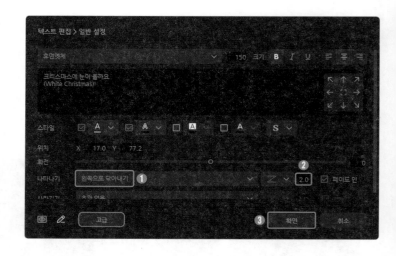

7 텍스트의 재생 시간을 설정하기 위해 텍스트 클립을 타임라인 맨 앞쪽으로 드래그합니다.

8 해당 텍스트 클립 위에서 마우스 오른쪽 버튼을 눌러 [**길이 변경**]을 클릭한 후 클립 길이를 '**4.00**'로 지정하여 편집을 완료합니다.

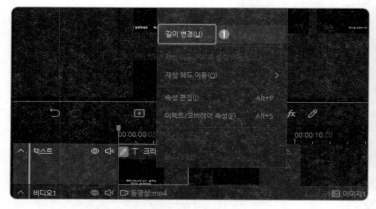

실력탄탄

[실습파일]-[15차시] 폴더에서 파일을 실행하고《처리조건》에 따라《출력형태》와 같이 완성해 보세요.

실습파일 15차시-1(문제).gmep　완성파일 15차시-1(완성).gmep　제한시간 **3**분

《출력형태》

《처리조건》　▶ 다음 조건에 따라 동영상 시작 부분에 텍스트를 지정하시오.

　　　　　　• 텍스트 입력 :

댕댕이보다 내가 낫냥
(Sleepy cat)

　　　　　　텍스트 서식(휴먼옛체, 크기 120, 43b335), 윤곽선 설정(색상 : ffffff, 두께 : 30),
　　　　　　나타나기(오른쪽으로 닦아내기, 지속 시간 : 2.00), 시작 시간(0.00), 텍스트 클립 길이(4.00)

실습파일 15차시-2(문제).gmep　완성파일 15차시-2(완성).gmep　제한시간 **3**분

《출력형태》

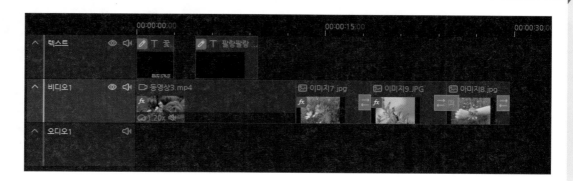

《처리조건》　▶ 다음 조건에 따라 동영상 시작 부분에 텍스트를 지정하시오.

　　　　　　• 텍스트 입력 :

꽃을 찾아 날아온 나비
(Butterfly and flower)

　　　　　　텍스트 서식(휴먼옛체, 크기 100, f50000), 윤곽선 설정(색상 : ffffff, 두께 : 20),
　　　　　　나타나기(서서히 나타나기, 지속 시간 : 2.00), 시작 시간(0.00), 텍스트 클립 길이(3.00)

실습파일 15차시-3(문제).gmep 완성파일 15차시-3(완성).gmep 제한시간 **3분**

《출력형태》

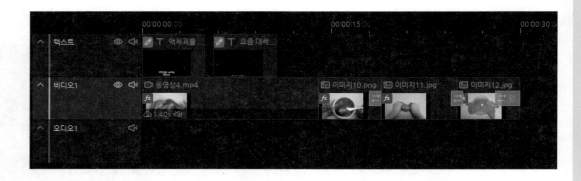

《처리조건》

▶ 다음 조건에 따라 동영상 시작 부분에 텍스트를 지정하시오.

· 텍스트 입력 :
> 액체괴물 슬라임
> (Slime)

텍스트 서식(휴먼엑스포, 크기 120, ff5355), 윤곽선 설정(색상 : ffff93, 두께 : 20),
나타나기(회전하며 나타나기, 지속 시간 : 2.00), 시작 시간(0.00), 텍스트 클립 길이(5.00)

실습파일 15차시-4(문제).gmep 완성파일 15차시-4(완성).gmep 제한시간 **3분**

《출력형태》

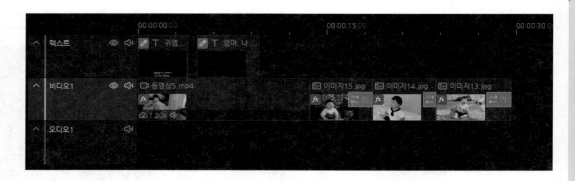

《처리조건》

▶ 다음 조건에 따라 동영상 시작 부분에 텍스트를 지정하시오.

· 텍스트 입력 :
> 귀염둥이 꼬맹이
> (Cute Baby)

텍스트 서식(휴먼엑스포, 크기 140, ff7d00), 윤곽선 설정(색상 : 3b5997, 두께 : 30),
나타나기(회전하며 나타나기, 지속 시간 : 2.00), 시작 시간(0.00), 텍스트 클립 길이(4.00)

GOM Mix for DIAT

16 문제 3
음악 파일 삽입하기

이번 차시에는 음악 파일을 삽입하는 방법을 알아보도록 하겠습니다. 동영상이 시작하는 부분에 음악 파일을 삽입한 다음 재생 시간, 페이드 아웃만 지정하면 되는 비교적 간단한 문제가 출제됩니다.

학습목표

1. mp3 파일을 불러와 [타임라인]에 삽입할 수 있습니다.
2. 삽입된 음악 파일에 재생 시간을 지정할 수 있습니다.
3. 오디오에 페이드 아웃을 적용할 수 있습니다.

실습파일 : 16차시(문제).gmep, 음악.mp3   완성파일 : 16차시(완성).gmep

문제 미리보기

《출력형태》

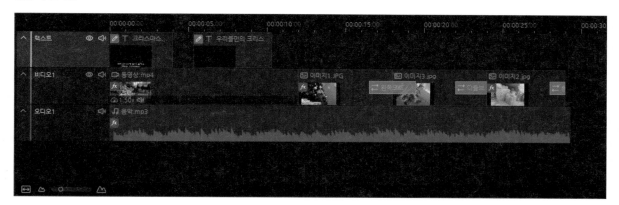

《처리조건》

▶ 다음 조건에 따라 동영상 전체에 음악 파일('음악.mp3')을 삽입하시오.
 · 시작 시간 : 0.00, 재생 시간 : 29.10, 페이드 아웃 : 3.00
 · 재생 시간 설정 후 자르기 하여야 하며, 잘라진 뒷부분의 음악 파일은 삭제할 것

과정 미리보기

음악 파일 삽입   시간 설정   불필요한 부분 삭제   페이드아웃 지정   미션 성공!

01 음악 파일 삽입하기

시작 시간 : 0.00, 재생 시간 : 29.10, 페이드 아웃 : 3.00

1 [실습파일]-[16차시]-[16차시(문제)] 폴더에서 '16차시(문제).gmep' 파일을 더블클릭합니다.

2 파일이 실행되면 음악 파일을 추가하기 위해 상단의 [클립] 탭에서 📷 아이콘을 찾아 클릭합니다.

3 [미디어 클립 불러오기] 대화상자가 표시되면 [16차시] 폴더에서 '음악.mp3' 파일을 선택합니다.

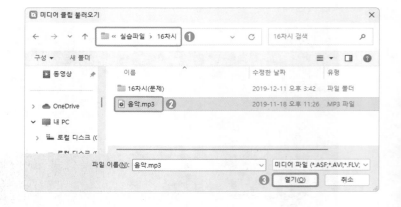

시험장에서는 바탕화면의 [KAIT]-[제출파일] 폴더에서 '음악.mp3' 파일을 선택합니다.

4 '음악.mp3' 클립을 [오디오1] 트랙으로 드래그합니다.

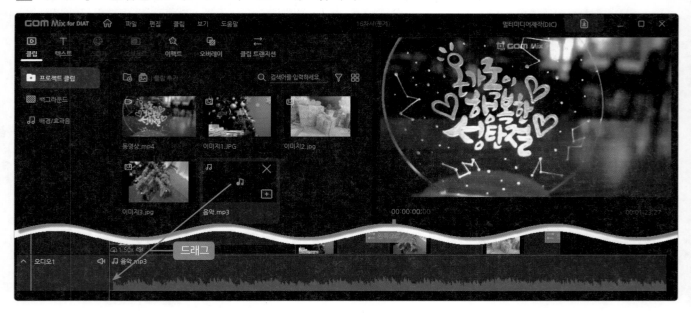

02 시작 시간, 재생 시간, 페이드 아웃 지정하기

시작 시간 : 0.00, 재생 시간 : 29.10, 페이드 아웃 : 3.00

1 [타임라인]에 추가된 오디오 클립을 선택하고 재생 위치를 '29.10'으로 지정한 다음 '**클립 자르기(✂)**' 아이콘을 클릭합니다.

2 잘려진 뒤쪽 오디오 클립은 Delete 를 눌러 삭제합니다.

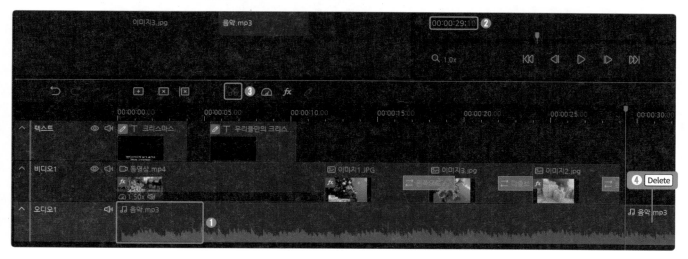

3 상단의 [이펙트] 탭에서 [오디오]-[페이드 아웃]을 더블클릭한 후 지속 시간을 '3.00'으로 지정해 오디오 편집을 완료합니다.

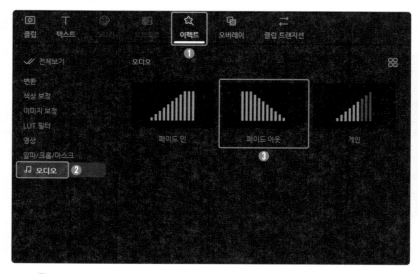
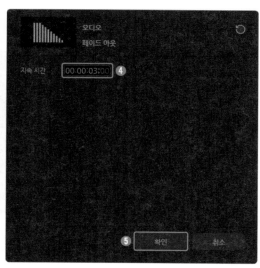

 꿀팁

오디오 페이드 아웃은 음악이 점차 작아지면서 자연스럽게 사라지는 효과입니다.

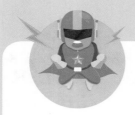

실력탄탄

[실습파일]-[16차시] 폴더에서 파일을 실행하고 《처리조건》에 따라 《출력형태》와 같이
완성해 보세요.

실습파일 16차시-1(문제).gmep, 음악.mp3   완성파일 16차시-1(완성).gmep   제한시간 **1**분

《출력형태》

《처리조건》   ▶ 다음 조건에 따라 동영상 전체에 음악 파일('음악.mp3')을 삽입하시오.

• 시작 시간 : 0.00, 재생 시간 : 30.10, 페이드 아웃 : 3.00

• 재생 시간 설정 후 자르기 하여야 하며, 잘라진 뒷부분의 음악 파일은 삭제할 것

실습파일 16차시-2(문제).gmep, 음악.mp3   완성파일 16차시-2(완성).gmep   제한시간 **1**분

《출력형태》

《처리조건》   ▶ 다음 조건에 따라 동영상 전체에 음악 파일('음악.mp3')을 삽입하시오.

• 시작 시간 : 0.00, 재생 시간 : 30.05, 페이드 아웃 : 3.00

• 재생 시간 설정 후 자르기 하여야 하며, 잘라진 뒷부분의 음악 파일은 삭제할 것

=실습파일 16차시-3(문제).gmep, 음악.mp3　완성파일 16차시-3(완성).gmep　제한시간 **1분**

《출력형태》

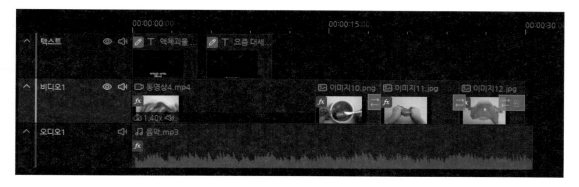

《처리조건》　▶ 다음 조건에 따라 동영상 전체에 음악 파일('음악.mp3')을 삽입하시오.

· 시작 시간 : 0.00, 재생 시간 : 30.20, 페이드 아웃 : 3.00
· 재생 시간 설정 후 자르기 하여야 하며, 잘라진 뒷부분의 음악 파일은 삭제할 것

실습파일 16차시-4(문제).gmep, 음악.mp3　완성파일 16차시-4(완성).gmep　제한시간 **1분**

《출력형태》

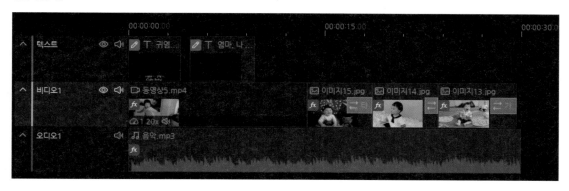

《처리조건》　▶ 다음 조건에 따라 동영상 전체에 음악 파일('음악.mp3')을 삽입하시오.

· 시작 시간 : 0.00, 재생 시간 : 30.00, 페이드 인 : 1.00
· 재생 시간 설정 후 자르기 하여야 하며, 잘라진 뒷부분의 음악 파일은 삭제할 것

GOM Mix for DIAT

17 문제 3

프로젝트로 저장하기

가장 중요한 단계인 저장하기 과정입니다. GOM Mix for DIAT에서는 반드시 프로젝트 전체 저장을 해야 합니다. '프로젝트 전체 저장'이 아닌 다른 기능으로 저장할 시 0점으로 처리되니 유의해 주세요.

학습목표

1. 프로젝트 전체 저장 기능을 이용하여 파일을 저장할 수 있습니다.

실습파일 : 17차시(문제).gmep   완성파일 : 17차시(완성).gmep

문제 미리보기

《출력형태》

《처리조건》

▶ **다음과 같은 규칙으로 GMEP 파일을 프로젝트 전체 저장하시오.**

· 저장위치 : 바탕화면 - KAIT - 제출파일 폴더

GMEP	파일명	dic_03_수검번호(6자리)_이름.GMEP

(예 : 수검번호가 DIC-20XX-000000인 경우 "dic_03_000000_이름.GMEP"로 프로젝트 전체 저장할 것)

(* dic_03_000000_이름.GMEP 파일 누락 / 프로젝트 전체 저장 이외의 기능을 이용하여 저장할 시 "0점" 처리됨)

과정 미리보기

프로젝트로
저장하기

프로젝트 이름과
저장경로 지정

미션
성공!

01 프로젝트 전체 저장하기

· 저장위치 : 바탕화면 – KAIT – 제출파일 폴더

GMEP	파일명	dic_03_수검번호(6자리)_이름.GMEP

(예 : 수검번호가 DIC-20XX-000000인 경우 "dic_03_000000_이름.GMEP"로 프로젝트 전체 저장할 것)

(* dic_03_000000_이름.GMEP 파일 누락 / 프로젝트 전체 저장 이외의 기능을 이용하여 저장할 시 "0점" 처리됨)

1 편집이 완료된 동영상을 저장하기 위해서 **[파일]-[프로젝트 전체 저장]** 메뉴를 클릭합니다.

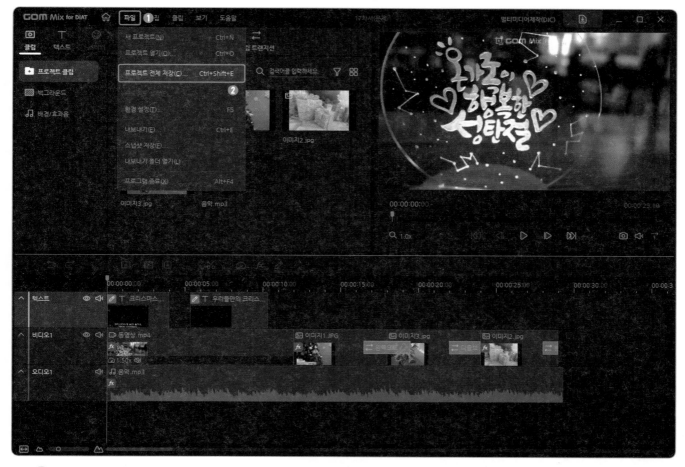

· 반드시 [프로젝트 전체 저장] 기능을 사용해야 하며, 다른 기능으로 저장 시 "0점" 처리됩니다.
· 프로젝트로 저장하기 이전에 마지막으로 수정할 부분이 없는지 최종 확인합니다.

2 [보관용 프로젝트로 저장] 대화상자가 표시되면 '**이름**'을 입력한 다음 '**경로 설정**'을 완료합니다.

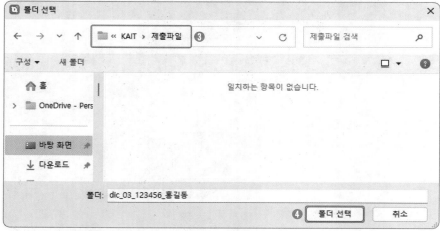

반드시 바탕화면의 [KAIT]-[제출파일] 폴더 안에 저장합니다.

3 프로젝트의 이름과 저장 경로를 확인 후 [**확인**]을 클릭합니다.

실력탄탄

[실습파일]-[17차시] 폴더에서 파일을 실행하고 《처리조건》에 따라 《출력형태》와 같이 완성해 보세요.

실습파일 dic_03_123456_김타요.gmep 완성파일 dic_03_123456_김타요.gmep 제한시간 **1분**

《출력형태》

《처리조건》 ▶ 다음과 같은 규칙으로 GMEP 파일을 프로젝트 전체 저장하시오.

  • 저장위치 : 바탕화면 – KAIT – 제출파일 폴더

GMEP	파일명	dic_03_수검번호(6자리)_이름.GMEP

(예 : 수검번호가 DIC-20XX-000000인 경우 "dic_03_000000_이름.GMEP"로 프로젝트 전체 저장할 것)
(* dic_03_000000_이름.GMEP 파일 누락 / 프로젝트 전체 저장 이외의 기능을 이용하여 저장할 시 "0점" 처리됨)

실습파일 dic_03_123456_뽀로로.gmep 완성파일 dic_03_123456_뽀로로.gmep 제한시간 **1분**

《출력형태》

《처리조건》 ▶ 다음과 같은 규칙으로 GMEP 파일을 프로젝트 전체 저장하시오.

  • 저장위치 : 바탕화면 – KAIT – 제출파일 폴더

GMEP	파일명	dic_03_수검번호(6자리)_이름.GMEP

(예 : 수검번호가 DIC-20XX-000000인 경우 "dic_03_000000_이름.GMEP"로 프로젝트 전체 저장할 것)
(* dic_03_000000_이름.GMEP 파일 누락 / 프로젝트 전체 저장 이외의 기능을 이용하여 저장할 시 "0점" 처리됨)

실습파일 dic_03_123456_BTS.gmep 완성파일 dic_03_123456_BTS.gmep 제한시간 1분

《출력형태》

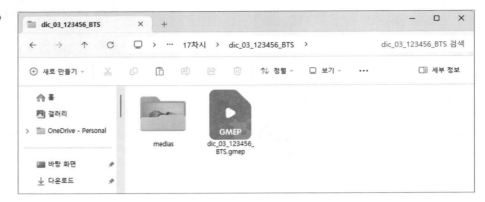

《처리조건》 ▶ 다음과 같은 규칙으로 GMEP 파일을 프로젝트 전체 저장하시오.

· 저장위치 : 바탕화면 – KAIT – 제출파일 폴더

GMEP	파일명	dic_03_수검번호(6자리)_이름.GMEP

(예 : 수검번호가 DIC-20XX-000000인 경우 "dic_03_000000_이름.GMEP"로 프로젝트 전체 저장할 것)
(* dic_03_000000_이름.GMEP 파일 누락 / 프로젝트 전체 저장 이외의 기능을 이용하여 저장할 시 "0점"
처리됨)

실습파일 dic_03_123456_아이유.gmep 완성파일 dic_03_123456_아이유.gmep 제한시간 1분

《출력형태》

《처리조건》 ▶ 다음과 같은 규칙으로 GMEP 파일을 프로젝트 전체 저장하시오.

· 저장위치 : 바탕화면 – KAIT – 제출파일 폴더

GMEP	파일명	dic_03_수검번호(6자리)_이름.GMEP

(예 : 수검번호가 DIC-20XX-000000인 경우 "dic_03_000000_이름.GMEP"로 프로젝트 전체 저장할 것)
(* dic_03_000000_이름.GMEP 파일 누락 / 프로젝트 전체 저장 이외의 기능을 이용하여 저장할 시 "0점"
처리됨)

18 시험 당일 이렇게 하세요

01 신분증, 수험표, 필기도구를 "꼭" 챙깁니다

신분증 미지참 시 시험 응시 불가

1 신분증의 인정 범위

구분	신분증 인정 범위
일반 신분증	주민등록증, 운전면허증, 여권(유효기간 내), 공무원증, 장애인등록증(복지카드), 국가유공자증
자격증	한국정보통신진흥협회 국가공인자격증(디지털정보활용능력, 리눅스마스터, 인터넷정보관리사(3급 제외)), 국가기술자격증
학생	주민등록증 발급신청확인서, 청소년증, 학생증(사진부착 학교장 직인 필), 학교생활기록부(사본), 재학확인서(사진부착 학교장 직인 필)
군인	군장병 신분확인서(사진부착 부대장 직인 필)

※ 초등학생은 주민등록 등·초본이나 가족관계증명서도 인정됨

※ 신분증을 미지참한 경우 시험 응시가 불가하며, 시험 종료 전까지 신분증 확인이 안 될 경우 해당 시험은 무효 처리됨

2 수험표 : 시험실과 수험번호 확인을 위해 필요하며, [시험접수] – [수험표 출력] 메뉴에서 출력 가능

3 필기도구(검은색 볼펜) : 시험문제지에 이름/수험번호 기재 시 사용

02 시험 장소에 "늦지 않게" 도착합니다

1 수험표에 명시된 시험실과 시험 시간을 확인하고, 입실 완료 시간 전에 반드시 입실해야 합니다.

교시	입실 완료 시간	시험 시간
1교시	08:50	09:00 ~ 09:40
2교시	10:00	10:10 ~ 10:50
3교시	11:10	11:20 ~ 12:00
4교시	12:20	12:30 ~ 13:10

※입실 완료 시간 이후에 절대 입실 불가!!

2 시험 시간 중에는 화장실에 갈 수 없으므로 화장실에 미리 다녀오는 것이 좋습니다.

3 시험실 입구에 부착된 '좌석 배치도'에서 좌석번호를 확인한 후 나의 자리에 앉습니다.

■ 신분증 미지참 시 응시 불가 / 입실 완료 시간 : 시험시간 10분 전까지
디지털정보활용능력 수검자 리스트 대한초등학교-1실

좌석번호	성명	수험번호	과목	좌석번호	성명	수험번호	과목
	1교시(09:00~09:40)				2교시(10:10~10:50)		
1	박서연	000123	DIAT-멀티미디어제작	1	김민솔	000163	DIAT-멀티미디어제작
2	조은서	000124	DIAT-멀티미디어제작	2	최가인	000164	DIAT-멀티미디어제작
3	김민준	000125	DIAT-멀티미디어제작	3	김규빈	000165	DIAT-멀티미디어제작
4	윤지훈	000126	DIAT-멀티미디어제작	4	조민하	000166	DIAT-멀티미디어제작
5	이서현	000127	DIAT-멀티미디어제작	5	유경석	000167	DIAT-멀티미디어제작
6	엄채원	000128	DIAT-멀티미디어제작	6	조영수	000168	DIAT-멀티미디어제작
7	이서준	000129	DIAT-멀티미디어제작	7	나연희	000169	DIAT-멀티미디어제작

03 감독위원의 '수험생 유의사항' 설명을 잘 듣습니다

1 고사실에 입실하면 여러분이 사용하는 PC가 이상 없는지 키보드, 마우스, 모니터 등을 확인해 봅니다.
※ 만약 이상이 있다면 감독위원에게 꼭 말씀드려야 합니다.

2 문제지를 받자마자 응시하려는 과목이 맞는지 확인합니다.

3 소지하고 있는 휴대폰(스마트폰)이나 스마트 워치 등 모든 전자 기기의 전원을 끕니다.
※ 만약 시험 중 휴대폰이 울릴 경우 실격 처리됩니다.

4 시험 도중 PC에 문제가 발생하면 손을 들고 감독위원에게 말씀드립니다.

5 수험생이 작성할 수검 파일(답안 파일, 이미지 파일 등)은 본인 PC 바탕화면의 [KAIT] 폴더 안에 있으며, 작성한 답안 파일은 시험 중에 반드시 본인 PC 바탕화면의 [KAIT] 폴더 안의 [제출파일] 폴더에 저장해야 합니다.

6 시험시간 중에는 화장실 출입을 전면 금지합니다.

7 부정행위 적발 시 KAIT에서 주관하는 시험에 3년간 응시할 수 없습니다.

1 감독위원의 안내에 따라 바탕화면의 [KAIT-

수검자] 아이콘(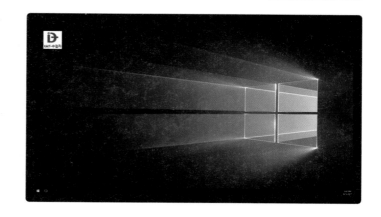)을 더블클릭합니다.

2 '답안전송시스템' 프로그램이 실행됩니다.

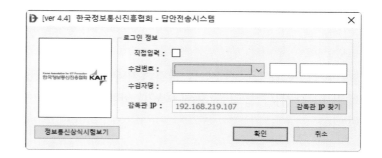

3 수검번호 첫 번째 부분의 화살표(∨)를 클릭
하여 과목을 선택합니다.

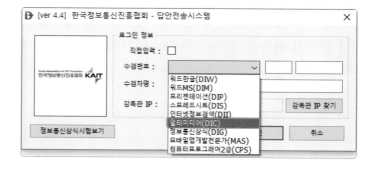

4 수검번호 가운데 4자리를 입력합니다.

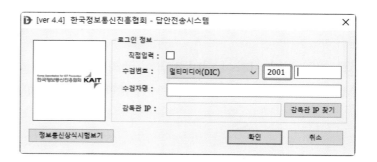

5 수검번호 뒷 6자리를 입력합니다.

6 수검자명 입력란에 본인의 이름을 입력합니다.

7 본인 PC와 감독관 PC를 연결하기 위하여 [감독관 IP 찾기]를 클릭한 후에 [확인] 버튼을 클릭합니다.

8 [확인] 버튼을 클릭하면 컴퓨터가 잠금 상태가 됩니다.

9 시험 시작 시간이 되면 잠금이 풀리면서 컴퓨터를 사용할 수 있는 상태가 됩니다. Photoshop과 GOM Mix for DIAT 프로그램을 이용하여 답안 파일을 작성합니다.

19 두근두근~ 성적 발표일!

01 합격 여부와 점수를 확인합니다

1 자격 검정 사이트(www.ihd.or.kr)에 접속하여 로그인 한 후 [합격발표]를 클릭하고 [성적확인]을 클릭합니다.

2 성적 확인 페이지에서 본인이 응시한 시험의 합격 여부와 점수를 확인할 수 있습니다.

꿀팁

200점 만점에 80~119점은 초급, 120~159점은 중급, 160~200점은 고급입니다.

02 시험결과 성적분석을 확인합니다

1 DIAT(디지털정보활용능력) 응시자는 합격자 발표 후 2주 동안 "시험결과 성적분석 서비스"를 받을 수 있습니다. 오른쪽의 성적분석 버튼을 클릭하면 다음과 같이 인쇄 화면이 나타납니다.

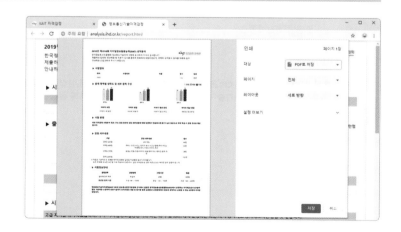

2 시험결과, 출제 영역별 성취도, 감점 세부내용 등의 상세한 성적 분석 결과를 확인할 수 있습니다.

2019년 제1910회 디지털정보활용능력(DIAT) 성적분석

한국정보통신진흥협회 정보통신기술자격 시험에 응시하여 주셔서 감사합니다.
제출하신 답안은 전산채점 및 전문가 검수를 통하여 정확하게 채점되었으며, 귀하의 성적분석 결과를 아래와 같이
안내하오니 참고하여 주시기 바랍니다.

▶ 시험결과

회차	수험번호	이름	점수	등급
1910			152	중급

▶ 출제 영역별 성취도 및 세부 항목 구성

■ 본인 ■ 평균 ■ 만점

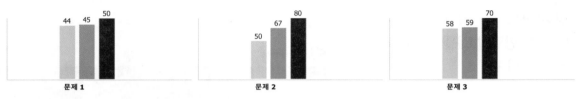

이미지 보정	이미지 편집	이미지 영상 편집	비디오 영상 편집
이미지 색 보정	이미지 자르기	이미지 영상 편집	비디오 영상편집

▶ 시험 총평

이번 자격검정 시험분석 결과, 주요 감점 원인인 감점 세부내용에 대해 집중해서 연습하시면 좀 더 높은 등급으로 취득 하실 수 있을 것으로 예상 됩니다.

▶ 감점 세부내용

구분	감점 세부내용	점수
문제1 (50점)	JPG 저장	44점
문제2 (80점)	캔버스 조정,사진2-이미지 복사,사진2-윗행 문자,사진2-아래행 문자,사진3-이미지 복사	50점
문제3 (70점)	동영상 파일-전환,이미지 파일,제목 또는 제작진,음악 파일	58점
합계 (200점)	-	152점

※ 채점은 기본적으로 정확한 위치에 정확한 답안을 작성해야 점수가 부여됩니다.
　또한 문제에 제시된 조건을 따라 작성하지 않았거나, 답안 미저장으로 인한 미완성 또는 백지인 경우 감점이 됩니다.

▶ 시험정보안내

검정과목	검정방법	시험시간	배점
멀티미디어 제작	작업식	40분	200점
등급별 합격 기준	초급 : 80 ~ 119점	중급 : 120 ~ 159점	고급 : 160 ~ 200점

정보통신기술자격검정(KAIT-CP)은 방송통신발전기본법에 근거해서 설립한 한국정보통신진흥협회(KAIT)에서 운영하는 자격제도로서 ICT분야별로 기본적인 소양부터 전문기술까지 인적자원의 개발 및 평가를 통해 실생활과 산업현장에서 필요한 공정하고 신뢰할 수 있는 ICT분야 자격검정입니다.

1 자격 검정 사이트 첫 페이지에서 [자격증 발급]을 클릭하고 다시 [자격증발급]을 클릭합니다.

2 [신청 안내] 페이지에서 내용을 확인한 후 아래쪽의 [신청하기] 버튼을 클릭합니다.

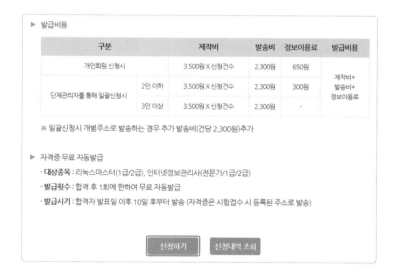

3 [종목 선택] 페이지에서 발급할 자격증을 체크한 후 [선택하기] 버튼을 클릭합니다.

4 [결제하기] 페이지에서 자격증 수령 주소를 입력하고 결제수단을 선택한 후 [선택결제] 버튼을 클릭합니다.

5 선택한 결제수단으로 결제를 진행합니다.

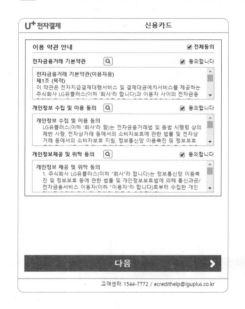

6 결제가 완료되면 [완료] 버튼을 클릭합니다.

7 신청 완료 후 14일 이내에 자격증을 받을 수 있습니다.^^

KAIT
공개 샘플 문제

제01회 KAIT 공개 샘플 문제

KAIT 공개 샘플 문제

◗ 시험 과목 : 멀티미디어제작(포토샵, 곰믹스)
◗ 시험 일자 : 20XX. XX. X.(X)
◗ 수검자 기재사항 및 감독위원 확인

수검번호	DIC – XXXX –	감독위원 확인
성 명		

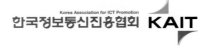

※ PhotoShop 프로그램을 활용하여 [문제 1], [문제 2]를 작업하시오.

문제 1 　원본 파일을 처리조건에 따라 결과 파일로 완성하시오. (50점)

《 처리조건 》

▶ 다음과 같이 캔버스 크기를 변경하시오.
　· 캔버스 크기[Canvas Size] ⇒ 가로(650 픽셀[Pixels]) × 세로(450 픽셀[Pixels])

▶ '사진1.jpg' 이미지를 불러와 기존 캔버스에 복사한 후 다음과 같이 처리하시오.
　· ① ⇒ 복구 브러쉬 도구[Healing Brush Tool]를 이용하여 이미지 제거
　· ② ⇒ 색조/채도[Hue/Saturation]를 이용하여 파란색 계열로 보정
　· ③ ⇒ 색상 균형[Color Balance]을 이용하여 빨간색 계열로 보정
　· 밝기 조정 ⇒ 곡선[Curves]을 이용하여 이미지 조정 (입력[Input] : 80, 출력[Output] : 110)
　· 필터 효과 ⇒ 텍스처화[Texturizer]를 이용하여 필터 적용
　　　　　　(텍스처[Texture] : 캔버스[Canvas], 비율[Scaling] : 120%, 부조[Relief] : 5, 조명[Light] : 위[Top])

▶ 지시사항이 없는 경우는 기본 값을 적용하시오.

▶ 다음과 같은 규칙으로 JPG 파일과 PSD 파일을 각각 저장하시오.
　· 저장위치 : 바탕화면 – KAIT – 제출파일 폴더

JPG	파일명	dic_01_수검번호(6자리)_이름.JPG	PSD	파일명	dic_01_수검번호(6자리)_이름.PSD
	이미지 크기	600 X 400 픽셀[Pixels]		이미지 크기	65 X 45 픽셀[Pixels]

(예 : 수검번호가 DIC-20XX-000000인 경우 "dic_01_000000_이름.JPG"와 "dic_01_000000_이름.PSD"로 저장할 것)
(* dic_01_000000_이름.JPG와 dic_01_000000_이름.PSD 파일 중 하나라도 누락시 "0점" 처리됨)

문제 2　원본 파일을 처리조건에 따라 결과 파일로 완성하시오. (80점)

《원본 파일》	《결과 파일》

《 처리조건 》

▶ 다음과 같이 캔버스 크기를 변경하시오.
　· 캔버스 조정 ⇒ 캔버스 크기[Canvas Size] ⇒ 가로(650 픽셀[Pixels]) × 세로(450 픽셀[Pixels])

▶ '사진2.jpg' 이미지를 불러와 기존 캔버스에 복사한 후 다음과 같이 처리하시오.
　· ① ⇒ 모양 도구[Shape Tool] 이용
　　　　레이어 스타일 – 선/획[Stroke] (크기 : 2px, 색상 : #ff9000),
　　　　　　그라디언트 오버레이[Gradient Overlay] (색상 : #fff000 – #009411)
　· "Wonderful topiary" ⇒ 글꼴(Arial), 글꼴 스타일(Bold Italic), 크기(48pt), 색상(#fffd64),
　　　　　앤티 앨리어싱 : 선명하게[Sharp],
　　　　　레이어 스타일 – 선/획[Stroke] (크기 : 5px, 색상 : #da3a3a)
　· "신기한 토피어리" ⇒ 글꼴(궁서체), 크기(36pt), 색상(#00f0ff), 앤티 앨리어싱 : 선명하게[Sharp],
　　　　　레이어 스타일 – 선/획[Stroke] (크기 : 2px, 색상 : #000000)

▶ 타원 도구[Ellipse Tool]와 '사진3.jpg'를 이용하여 새로운 레이어를 생성하시오.
　· 원의 크기 ⇒ 180 px × 180 px (단, 클리핑 마스크 기능을 이용할 것)
　　　　레이어 스타일 – 선/획[Stroke] (크기 : 5px, 색상 : #00a8ff, 위치 : 안쪽[Inside]),
　　　　　그림자 효과[Drop Shadow] (혼합 모드[Blend Mode] : 곱하기[Multiply],
　　　　　각도[Angle] : 120˚)

▶ 지시사항이 없는 경우는 기본 값을 적용하시오.

▶ 다음과 같은 규칙으로 JPG 파일과 PSD 파일을 각각 저장하시오.
　· 저장위치 : 바탕화면 – KAIT – 제출파일 폴더

JPG	파일명	dic_02_수검번호(6자리)_이름.JPG	PSD	파일명	dic_02_수검번호(6자리)_이름.PSD
	이미지 크기	600 X 400 픽셀[Pixels]		이미지 크기	65 X 45 픽셀[Pixels]

(예 : 수검번호가 DIC–20XX–000000인 경우 "dic_02_000000_이름.JPG"와 "dic_02_000000_이름.PSD"로 저장할 것)
(* dic_02_000000_이름.JPG와 dic_02_000000_이름.PSD 파일 중 하나라도 누락시 "0점" 처리됨)

※ GOM Mix for DIAT 프로그램을 활용하여 [문제 3]을 작업하시오.

문제 3 처리조건에 따라 출력형태와 같이 완성하시오. (70점)

《 출력형태 》

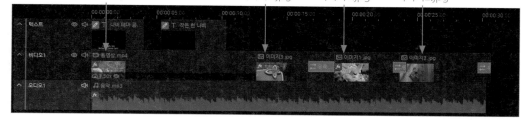

《 처리조건 》

원본 파일	이미지1.jpg, 이미지2.jpg, 이미지3.jpg, 동영상.mp4, 음악.mp3

▶ 미디어 소스의 순서를 다음과 같이 지정하시오.
  · 미디어 소스 순서 ⇒ 동영상.mp4 > 이미지3.jpg > 이미지1.jpg > 이미지2.jpg

▶ 동영상 파일('동영상.mp4')을 다음과 같이 처리하시오.
  · 배속 : 1.5x   · 자르기 : 시작 시간(0.00), 재생 시간(12.20)
  · 이펙트 : LUT 필터-파스텔-파스텔 02(노출 : 10, 감마 : 0.5)
  · 텍스트 ⇒ 텍스트 입력 :   작은 흰 나비
        텍스트 서식 : 기본자막(굴림체, 크기 100, 47d8ff), 윤곽선 설정(없음),
        위치 설정(화면 정가운데 아래), 시작 시간(5.10), 클립 길이(5.00)
  · 재생 속도 설정 후 자르기를 하여야 하며, 잘라진 뒷부분의 동영상 및 트랙의 모든 공백을 삭제할 것
  · 원본 동영상에 포함된 오디오는 모두 음소거 할 것

▶ 이미지 파일을 다음과 같이 처리하시오.
  · '이미지3.jpg' ⇒ 이미지 클립 길이 : 6.00, 오버레이 : 영롱한(크기 10),
              클립 트랜지션 : 왼쪽으로 스크롤(앞으로 이동, 재생 시간 : 2.00)
  · '이미지1.jpg' ⇒ 이미지 클립 길이 : 5.00, 오버레이 : 원형 비넷(반경 70),
              클립 트랜지션 : 문 열기(오버랩, 재생 시간 : 1.00)
  · '이미지2.jpg' ⇒ 이미지 클립 길이 : 7.00, 오버레이 : 비누방울(속도 8),
              클립 트랜지션 : 위로 스크롤(앞으로 이동, 재생 시간 : 1.00)
  · 지시사항이 없는 경우는 기본 값을 적용하시오.

▶ 다음 조건에 따라 동영상 시작 부분에 텍스트를 지정하시오.

  · 텍스트 입력 :   나비 테마 공원
              (Butterfly Theme Park)

    텍스트 서식(휴먼옛체, 크기 150, fff400), 윤곽선 설정(색상 : 000000, 두께 : 20),
    나타나기(왼쪽으로 닦아내기, 지속 시간 : 2.00), 시작 시간(0.00), 텍스트 클립 길이(4.00)

▶ 다음 조건에 따라 동영상 전체에 음악 파일('음악.mp3')을 삽입하시오.
  · 시작 시간 : 0.00, 재생 시간 : 30.10, 페이드 아웃 : 3.00
  · 재생 시간 설정 후 자르기 하여야 하며, 잘라진 뒷부분의 음악 파일은 삭제할 것

▶ 다음과 같은 규칙으로 GMEP 파일을 프로젝트 전체 저장하시오.
  · 저장위치 : 바탕화면 – KAIT – 제출파일 폴더

GMEP	파일명	dic_03_수검번호(6자리)_이름.GMEP

(예 : 수검번호가 DIC-20XX-000000인 경우 "dic_03_000000_이름.GMEP"로 프로젝트 전체 저장할 것)
(* dic_03_000000_이름.GMEP 파일 누락 / 프로젝트 전체 저장 이외의 기능을 이용하여 저장할 시 "0점" 처리됨)

PART 3

실전모의고사

실전모의고사

제 **01** 회

▶ 시험 과목 : 멀티미디어제작(포토샵, 곰믹스)
▶ 시험 일자 : 20XX. XX. X.(X)
▶ 수검자 기재사항 및 감독위원 확인

수검번호	DIC - XXXX -	감독위원 확인
성 명		

※ PhotoShop 프로그램을 활용하여 [문제 1], [문제 2]를 작업하시오.

문제 1 원본 파일을 처리조건에 따라 결과 파일로 완성하시오. (50점)

《 처리조건 》

▶ 다음과 같이 캔버스 크기를 변경하시오.
  · 캔버스 크기[Canvas Size] ⇒ 가로(650 픽셀[Pixels]) × 세로(450 픽셀[Pixels])

▶ '사진1.jpg' 이미지를 불러와 기존 캔버스에 복사한 후 다음과 같이 처리하시오.
  · ① ⇒ 복제 도장 도구[Clone Stamp Tool]를 이용하여 이미지 복사
  · ② ⇒ 색상 균형[Color Balance]을 이용하여 파란색 계열로 보정
  · ③ ⇒ 색조/채도[Hue/Saturation]를 이용하여 초록색 계열로 보정
  · 밝기 조정 ⇒ 곡선[Curves]을 이용하여 이미지 조정 (입력[Input] : 80, 출력[Output] : 120)
  · 필터 효과 ⇒ 텍스처화[Texturizer]를 이용하여 필터 적용
          (텍스처[Texture] : 캔버스[Canvas], 비율[Scaling] : 120%, 부조[Relief] : 4, 조명[Light] : 위[Top])

▶ 지시사항이 없는 경우는 기본 값을 적용하시오.

▶ 다음과 같은 규칙으로 JPG 파일과 PSD 파일을 각각 저장하시오.
  · 저장위치 : 바탕화면 – KAIT – 제출파일 폴더

JPG	파일명	dic_01_수검번호(6자리)_이름.JPG	PSD	파일명	dic_01_수검번호(6자리)_이름.PSD
	이미지 크기	600 X 400 픽셀[Pixels]		이미지 크기	65 X 45 픽셀[Pixels]

(예 : 수검번호가 DIC-20XX-000000인 경우 "dic_01_000000_이름.JPG"와 "dic_01_000000_이름.PSD"로 저장할 것)
(* dic_01_000000_이름.JPG와 dic_01_000000_이름.PSD 파일 중 하나라도 누락시 "0점" 처리됨)

문제 2　　원본 파일을 처리조건에 따라 결과 파일로 완성하시오. (80점)

《원본 파일》	《결과 파일》

《 처리조건 》

▶ 다음과 같이 캔버스 크기를 변경하시오.
- 캔버스 조정 ⇒ 캔버스 크기[Canvas Size] ⇒ 가로(650 픽셀[Pixels]) × 세로(450 픽셀[Pixels])

▶ '사진2.jpg' 이미지를 불러와 기존 캔버스에 복사한 후 다음과 같이 처리하시오.
- ① ⇒ 모양 도구[Shape Tool] 이용
   레이어 스타일 – 선/획[Stroke] (크기 : 2px, 색상 : #0059be),
   　　　　　　　　　그라디언트 오버레이[Gradient Overlay] (색상 : #ffd800 – #4eff00)
- "Chinatown" ⇒ 글꼴(Arial), 글꼴 스타일(Bold Italic), 크기(48pt), 색상(#13417f),
   　　　　　　앤티 앨리어싱 : 선명하게[Sharp],
   　　　　　　레이어 스타일 – 선/획[Stroke] (크기 : 5px, 색상 : #b0e6ff)
- "차이나타운" ⇒ 글꼴(궁서체), 크기(36pt), 색상(#ff6c39), 앤티 앨리어싱 : 선명하게[Sharp],
   　　　　　　레이어 스타일 – 선/획[Stroke] (크기 : 2px, 색상 : #000000)

▶ 타원 도구[Ellipse Tool]와 '사진3.jpg'를 이용하여 새로운 레이어를 생성하시오.
- 원의 크기 ⇒ 180 px × 180 px (단, 클리핑 마스크 기능을 이용할 것)
   　　　　레이어 스타일 – 선/획[Stroke] (크기 : 5px, 색상 : #0eca00, 위치 : 안쪽[Inside]),
   　　　　　　　　그림자 효과[Drop Shadow] (혼합 모드[Blend Mode] : 곱하기[Multiply],
   　　　　　　　　각도[Angle] : 120˚)

▶ 지시사항이 없는 경우는 기본 값을 적용하시오.

▶ 다음과 같은 규칙으로 JPG 파일과 PSD 파일을 각각 저장하시오.
- 저장위치 : 바탕화면 – KAIT – 제출파일 폴더

JPG	파일명	dic_02_수검번호(6자리)_이름.JPG	PSD	파일명	dic_02_수검번호(6자리)_이름.PSD
	이미지 크기	600 X 400 픽셀[Pixels]		이미지 크기	65 X 45 픽셀[Pixels]

(예 : 수검번호가 DIC-20XX-000000인 경우 "dic_02_000000_이름.JPG"와 "dic_02_000000_이름.PSD"로 저장할 것)
(* dic_02_000000_이름.JPG와 dic_02_000000_이름.PSD 파일 중 하나라도 누락시 "0점" 처리됨)

※ GOM Mix for DIAT 프로그램을 활용하여 [문제 3]을 작업하시오.

문제 3 처리조건에 따라 출력형태와 같이 완성하시오. (70점)

《 출력형태 》

《 처리조건 》

원본 파일	이미지1.jpg, 이미지2.jpg, 이미지3.jpg, 동영상.mp4, 음악.mp3

▶ 미디어 소스의 순서를 다음과 같이 지정하시오.
  · 미디어 소스 순서 ⇒ 동영상.mp4 > 이미지1.jpg > 이미지3.jpg > 이미지2.jpg

▶ 동영상 파일('동영상.mp4')을 다음과 같이 처리하시오.
  · 배속 : 1.2x   · 자르기 : 시작 시간(0.00), 재생 시간(12.20)
  · 이펙트 : LUT 필터-맑은 햇살-맑은 햇살 04(노출 : 15, 감마 : 1.0)
  · 텍스트 ⇒ 텍스트 입력 : 용이 새겨진 기둥
            텍스트 서식 : 기본 자막(돋움체, 크기 110, ffff02), 윤곽선 설정(없음)
            위치 설정(화면 정가운데 아래), 시작 시간(5.20), 클립 길이(4.00)
  · 재생 속도 설정 후 자르기를 하여야 하며, 잘라진 뒷부분의 동영상 및 트랙의 모든 공백을 삭제할 것
  · 원본 동영상에 포함된 오디오는 모두 음소거 할 것

▶ 이미지 파일을 다음과 같이 처리하시오.
  · '이미지1.jpg' ⇒ 이미지 클립 길이 : 6.00, 오버레이 : 영롱한(크기 : 10),
                  클립 트랜지션 : 왼쪽으로 스크롤(앞으로 이동, 재생 시간 : 1.00)
  · '이미지3.jpg' ⇒ 이미지 클립 길이 : 6.00, 오버레이 : 비누 방울(크기 : 7, 속도 : 2),
                  클립 트랜지션 : 디졸브(오버랩, 재생 시간 : 2.00)
  · '이미지2.jpg' ⇒ 이미지 클립 길이 : 5.00, 오버레이 : 레디얼 라이트(노출 : 30, 명도 : 45),
                  클립 트랜지션 : 십자형 나누기(앞으로 이동, 재생 시간 : 1.00)
  · 지시사항이 없는 경우는 기본 값을 적용하시오.

▶ 다음 조건에 따라 동영상 시작 부분에 텍스트를 지정하시오.

  · 텍스트 입력 : 차이나타운 거리
                (Chinatown Street)

    텍스트 서식(궁서체, 크기 150, f50000), 윤곽선 설정(색상 : ffffff, 두께 :25), 나타나기(회전하며 나타나기, 지속 시간 : 2.50), 시작 시간(0.00), 텍스트 클립 길이(4.00)

▶ 다음 조건에 따라 동영상 전체에 음악 파일('음악.mp3')을 삽입하시오.
  · 시작 시간 : 0.00, 재생 시간 : 29.15, 페이드 아웃 : 2.00
  · 재생 시간 설정 후 자르기 하여야 하며, 잘라진 뒷부분의 음악 파일은 삭제할 것

▶ 다음과 같은 규칙으로 GMEP 파일을 프로젝트 전체 저장하시오.
  · 저장위치 : 바탕화면 – KAIT – 제출파일 폴더

GMEP	파일명	dic_03_수검번호(6자리)_이름.GMEP

(예 : 수검번호가 DIC-20XX-000000인 경우 "dic_03_000000_이름.GMEP"로 프로젝트 전체 저장할 것)
(* dic_03_000000_이름.GMEP 파일 누락 / 프로젝트 전체 저장 이외의 기능을 이용하여 저장할 시 "0점" 처리됨)

실전모의고사

제**02**회

▶ 시험 과목 : 멀티미디어제작(포토샵, 곰믹스)
▶ 시험 일자 : 20XX. XX. X.(X)
▶ 수검자 기재사항 및 감독위원 확인

수검번호	DIC - XXXX -	감독위원 확인
성 명		

식별CODE

※ PhotoShop 프로그램을 활용하여 [문제 1], [문제 2]를 작업하시오.

문제 1　원본 파일을 처리조건에 따라 결과 파일로 완성하시오. (50점)

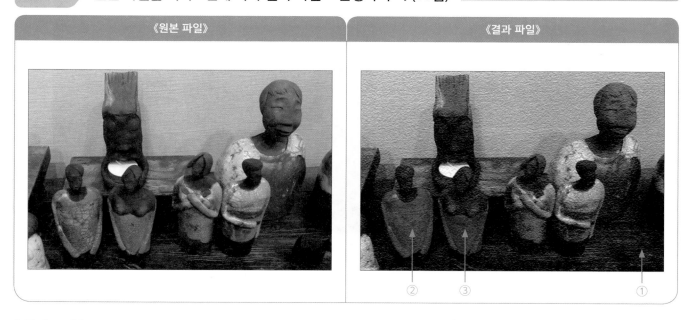

《원본 파일》	《결과 파일》

《 처리조건 》

▶ 다음과 같이 캔버스 크기를 변경하시오.

　· 캔버스 크기[Canvas Size] ⇒ 가로(650 픽셀[Pixels]) × 세로(450 픽셀[Pixels])

▶ '사진1.jpg' 이미지를 불러와 기존 캔버스에 복사한 후 다음과 같이 처리하시오.

　· ① ⇒ 복구 브러시 도구[Healing Brush Tool]를 이용하여 이미지 제거
　· ② ⇒ 색상 균형[Color Balance]을 이용하여 빨간색 계열로 보정
　· ③ ⇒ 색조/채도[Hue/Saturation]를 이용하여 파란색 계열로 보정
　· 밝기 조정 ⇒ 곡선[Curves]을 이용하여 이미지 조정 (입력[Input] : 100, 출력[Output] : 80)
　· 필터 효과 ⇒ 텍스처화[Texturizer]를 이용하여 필터 적용

　　　　　　(텍스처[Texture] : 사암[Sandstone], 비율[Scaling] : 110%, 부조[Relief] : 5, 조명[Light] : 위[Top])

▶ 지시사항이 없는 경우는 기본 값을 적용하시오.

▶ 다음과 같은 규칙으로 JPG 파일과 PSD 파일을 각각 저장하시오.

　· 저장위치 : 바탕화면 – KAIT – 제출파일 폴더

JPG	파일명	dic_01_수검번호(6자리)_이름.JPG	PSD	파일명	dic_01_수검번호(6자리)_이름.PSD
	이미지 크기	600 X 400 픽셀[Pixels]		이미지 크기	65 X 45 픽셀[Pixels]

(예 : 수검번호가 DIC-20XX-000000인 경우 "dic_01_000000_이름.JPG"와 "dic_01_000000_이름.PSD"로 저장할 것)
(* dic_01_000000_이름.JPG와 dic_01_000000_이름.PSD 파일 중 하나라도 누락시 "0점" 처리됨)

문제 2 원본 파일을 처리조건에 따라 결과 파일로 완성하시오. (80점)

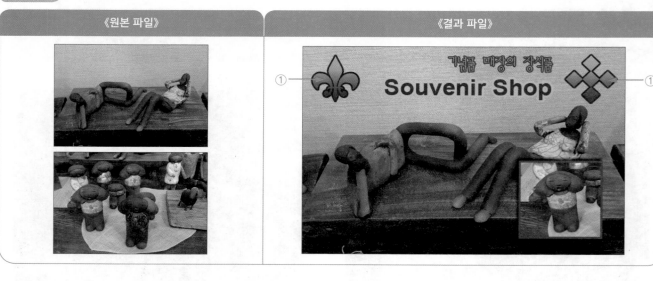

| 《원본 파일》 | 《결과 파일》 |

《 처리조건 》

▶ 다음과 같이 캔버스 크기를 변경하시오.
· 캔버스 조정 ⇒ 캔버스 크기[Canvas Size] ⇒ 가로(650 픽셀[Pixels]) × 세로(450 픽셀[Pixels])

▶ '사진2.jpg' 이미지를 불러와 기존 캔버스에 복사한 후 다음과 같이 처리하시오.
· ① ⇒ 모양 도구[Shape Tool] 이용
레이어 스타일 – 선/획[Stroke] (크기 : 3px, 색상 : #000066),
그라디언트 오버레이[Gradient Overlay] (색상 : #003399 – #00ffff)
· "Souvenir Shop" ⇒ 글꼴(Arial), 글꼴 스타일(Bold), 크기(48pt), 색상(#330099),
앤티 앨리어싱 : 선명하게[Sharp],
레이어 스타일 – 선/획[Stroke] (크기 : 4px, 색상 : #ccccff)
· "기념품 매장의 장식품" ⇒ 글꼴(휴먼아미체), 크기(36pt), 색상(#9999ff), 앤티 앨리어싱 : 선명하게[Sharp],
레이어 스타일 – 선/획[Stroke] (크기 : 2px, 색상 : #003399)

▶ 사각형 도구[Rectangle Tool]와 '사진3.jpg'를 이용하여 새로운 레이어를 생성하시오.
· 사각형의 크기 ⇒ 170 px × 170 px (단, 클리핑 마스크 기능을 이용할 것)
레이어 스타일 – 선/획[Stroke] (크기 : 4px, 색상 : #990066, 위치 : 안쪽[Inside]),
그림자 효과[Drop Shadow] (혼합 모드[Blend Mode] : 곱하기[Multiply],
각도[Angle] : -50˚)

▶ 지시사항이 없는 경우는 기본 값을 적용하시오.

▶ 다음과 같은 규칙으로 JPG 파일과 PSD 파일을 각각 저장하시오.
· 저장위치 : 바탕화면 – KAIT – 제출파일 폴더

JPG	파일명	dic_02_수검번호(6자리)_이름.JPG	PSD	파일명	dic_02_수검번호(6자리)_이름.PSD
	이미지 크기	600 X 400 픽셀[Pixels]		이미지 크기	65 X 45 픽셀[Pixels]

(예 : 수검번호가 DIC-20XX-000000인 경우 "dic_02_000000_이름.JPG"와 "dic_02_000000_이름.PSD"로 저장할 것)
(* dic_02_000000_이름.JPG와 dic_02_000000_이름.PSD 파일 중 하나라도 누락시 "0점" 처리됨)

※ GOM Mix for DIAT 프로그램을 활용하여 [문제 3]을 작업하시오.

문제 3 처리조건에 따라 출력형태와 같이 완성하시오. (70점)

《 출력형태 》

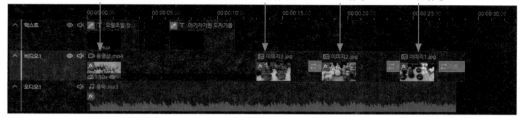

《 처리조건 》

원본 파일	이미지1.jpg, 이미지2.jpg, 이미지3.jpg, 동영상.mp4, 음악.mp3

▶ 미디어 소스의 순서를 다음과 같이 지정하시오.
　· 미디어 소스 순서 ⇒ 동영상.mp4 > 이미지3.jpg > 이미지2.jpg > 이미지1.jpg

▶ 동영상 파일('동영상.mp4')을 다음과 같이 처리하시오.
　· 배속 : 1.5x　　　　　　　　· 자르기 : 시작 시간(0.00), 재생 시간(13.00)
　· 이펙트 : 이미지보정-부드럽게(강도 : 40)
　· 텍스트 ⇒ 텍스트 입력 :　 아기자기한 도자기들
　　　　　　　 텍스트 서식 : 기본 자막(휴먼옛체, 크기 100, 3b5997), 윤곽선 설정(없음)
　　　　　　　 위치 설정(화면 정가운데 아래), 시작 시간(6.10), 클립 길이(5.00)
　· 재생 속도 설정 후 자르기를 하여야 하며, 잘라진 뒷부분의 동영상 및 트랙의 모든 공백을 삭제할 것
　· 원본 동영상에 포함된 오디오는 모두 음소거 할 것

▶ 이미지 파일을 다음과 같이 처리하시오.
　· '이미지3.jpg' ⇒ 이미지 클립 길이 : 5.00, 오버레이 : 원형 비넷(반경 : 45, 페더 : 20),
　　　　　　　　　　 클립 트랜지션 : 문 열기(앞으로 이동, 재생 시간 : 1.00)
　· '이미지2.jpg' ⇒ 이미지 클립 길이 : 6.00, 오버레이 : 난기류(크기 : 250, 속도 : 50),
　　　　　　　　　　 클립 트랜지션 : 아래로 밀기(앞으로 이동, 재생 시간 : 1.00)
　· '이미지1.jpg' ⇒ 이미지 클립 길이 : 5.00, 오버레이 : 색종이 조각(크기 : 9),
　　　　　　　　　　 클립 트랜지션 : 가로 나누기(앞으로 이동, 재생 시간 : 2.00)
　· 지시사항이 없는 경우는 기본 값을 적용하시오.

▶ 다음 조건에 따라 동영상 시작 부분에 텍스트를 지정하시오.
　· 텍스트 입력 :　오밀조밀 장식품
　　　　　　　　　(Small Ornament)
　　텍스트 서식(휴먼옛체, 크기 120, 47d8ff), 윤곽선 설정(색상 : 68007c, 두께 : 20),
　　나타나기(오른쪽으로 닦아내기, 지속 시간 : 2.30), 시작 시간(0.00), 텍스트 클립 길이(4.00)

▶ 다음 조건에 따라 동영상 전체에 음악 파일('음악.mp3')을 삽입하시오.
　· 시작 시간 : 0.00, 재생 시간 : 28.10, 페이드 아웃 : 3.00
　· 재생 시간 설정 후 자르기 하여야 하며, 잘라진 뒷부분의 음악 파일은 삭제할 것

▶ 다음과 같은 규칙으로 GMEP 파일을 프로젝트 전체 저장하시오.
　· 저장위치 : 바탕화면 – KAIT – 제출파일 폴더

GMEP	파일명	dic_03_수검번호(6자리)_이름.GMEP

(예 : 수검번호가 DIC-20XX-000000인 경우 "dic_03_000000_이름.GMEP"로 프로젝트 전체 저장할 것)
(* dic_03_000000_이름.GMEP 파일 누락 / 프로젝트 전체 저장 이외의 기능을 이용하여 저장할 시 "0점" 처리됨)

실전모의고사

▶ 시험 과목 : 멀티미디어제작(포토샵, 곰믹스)
▶ 시험 일자 : 20XX. XX. X.(X)
▶ 수검자 기재사항 및 감독위원 확인

수검번호	DIC - XXXX -	감독위원 확인
성 명		

수검자 유의사항

1. 응시자는 신분증을 지참하여야 시험에 응시할 수 있으며, 시험이 종료될 때까지 신분증을 제시하지 못할 경우 해당 시험은 0점 처리됩니다.

2. 시스템(PC 작동 여부, 네트워크 상태 등)의 이상 여부를 반드시 확인하여야 하며, 시스템 이상이 있을 시 감독위원에게 조치를 받으셔야 합니다.

3. 시험 중 부주의 또는 고의로 시스템을 파손한 경우는 응시자 부담으로 합니다.

4. 답안 전송 프로그램을 통해 다운로드 받은 파일을 이용하여 답안 파일을 작성하시기 바랍니다.

5. 작성한 답안 파일은 답안 전송 프로그램을 통하여 전송됩니다. 감독위원의 지시에 따라 주시기 바랍니다.

6. 다음 사항의 경우 실격(0점) 혹은 부정행위 처리됩니다.
   ❶ 답안 파일을 저장하지 않았거나, 저장한 파일이 손상되었을 경우
   ❷ 답안 파일을 지정된 폴더(바탕화면 "KAIT" 폴더)에 저장하지 않았을 경우
      ※ 답안 전송 프로그램 로그인 시 바탕화면에 자동 생성됨
   ❸ 답안 파일을 다른 보조 기억장치(USB) 혹은 네트워크(메신저, 게시판 등)로 전송할 경우
   ❹ 휴대용 전화기 등 통신기기를 사용할 경우

7. [ ] 안의 지시사항은 PhotoShop 영문 버전용 입니다.

8. 답안은 PhotoShop과 Gom Mix for DIAT를 활용하여 작성하십시오.
   ※ PhotoShop 답안파일의 해상도는 72 Pixels/inch로 작성하십시오.
   ※ Gom Mix for DIAT 답안파일은 반드시 프로젝트 전체 저장하십시오.(미준수시 0점 처리)

9. 시험지에 제시된 글꼴이 응시 프로그램에 없는 경우, 반드시 감독위원에게 해당 내용을 통보한 뒤 조치를 받아야 합니다.

10. 시험의 완료는 작성이 완료된 답안을 저장하고, 답안 전송이 완료된 상태를 확인한 것으로 합니다. 답안 전송 확인 후 문제지는 감독위원에게 제출한 후 퇴실하여야 합니다.

11. 답안전송이 완료된 경우에는 수정 또는 정정이 불가능합니다.

12. 시험시행 후 문제 공개 및 합격자 발표는 홈페이지(www.ihd.or.kr)에서 확인하시기 바랍니다.
   ❶ 문제 및 모범답안 공개 : 20XX. XX. XX.(X)
   ❷ 합격자 발표 : 20XX. XX. XX.(X)

식별CODE
멀

Korea Association for ICT Promotion
한국정보통신진흥협회 KAIT

DIAT 멀티미디어제작 160 제03회 실전모의고사

※ PhotoShop 프로그램을 활용하여 [문제 1], [문제 2]를 작업하시오.

문제 1 원본 파일을 처리조건에 따라 결과 파일로 완성하시오. (50점)

《원본 파일》	《결과 파일》

《 처리조건 》

▶ 다음과 같이 캔버스 크기를 변경하시오.

· 캔버스 크기[Canvas Size] ⇒ 가로(650 픽셀[Pixels]) × 세로(450 픽셀[Pixels])

▶ '사진1.jpg' 이미지를 불러와 기존 캔버스에 복사한 후 다음과 같이 처리하시오.

· ① ⇒ 복구 브러시 도구[Healing Brush Tool]를 이용하여 이미지 제거
· ② ⇒ 색상 균형[Color Balance]을 이용하여 빨간색 계열로 보정
· ③ ⇒ 색조/채도[Hue/Saturation]를 이용하여 보라색 계열로 보정
· 밝기 조정 ⇒ 곡선[Curves]을 이용하여 이미지 조정 (입력[Input] : 90, 출력[Output] : 120)
· 필터 효과 ⇒ 그물눈[Crosshatch]을 이용하여 필터 적용
　　　　　　(선/획 길이[Stroke Length] : 4, 선명도[Sharpness] : 3, 강도[Strength] : 1)

▶ 지시사항이 없는 경우는 기본 값을 적용하시오.

▶ 다음과 같은 규칙으로 JPG 파일과 PSD 파일을 각각 저장하시오.

· 저장위치 : 바탕화면 – KAIT – 제출파일 폴더

JPG	파일명	dic_01_수검번호(6자리)_이름.JPG	PSD	파일명	dic_01_수검번호(6자리)_이름.PSD
	이미지 크기	600 X 400 픽셀[Pixels]		이미지 크기	65 X 45 픽셀[Pixels]

(예 : 수검번호가 DIC-20XX-000000인 경우 "dic_01_000000_이름.JPG"와 "dic_01_000000_이름.PSD"로 저장할 것)
(* dic_01_000000_이름.JPG와 dic_01_000000_이름.PSD 파일 중 하나라도 누락시 "0점" 처리됨)

문제 2   원본 파일을 처리조건에 따라 결과 파일로 완성하시오. (80점)

《원본 파일》	《결과 파일》

《 처리조건 》

▶ 다음과 같이 캔버스 크기를 변경하시오.
- 캔버스 조정 ⇒ 캔버스 크기[Canvas Size] : 가로(650 픽셀[Pixels]) × 세로(350 픽셀[Pixels])
  캔버스 배경색(색상 : #3b51c2)

▶ '사진2.jpg' 이미지를 불러와 기존 캔버스에 복사한 후 다음과 같이 처리하시오.
- 이미지 복사 ⇒ 자유 변형[Free Transform] 으로 캔버스 크기에 맞게 변형, 레이어 이름 – '팬더',
  레이어 마스크[Layer Mask] 설정, 가로 방향으로 흐릿하게
- "Animal Street Lamp" ⇒ 글꼴(Arial), 글꼴 스타일(Bold Italic), 크기(48pt), 색상(#c93921),
  앤티 앨리어싱 : 선명하게[Sharp],
  레이어 스타일 – 선/획[Stroke] (크기 : 5px, 색상 : #fff000)
- "동물 가로등" ⇒ 글꼴(궁서체), 크기(36pt), 색상(#214dc9), 앤티 앨리어싱 : 선명하게[Sharp],
  레이어 스타일 – 선/획[Stroke] (크기 : 2px, 색상 : #ccf8ff)

▶ '사진3.jpg'를 이용하여 새로운 레이어를 생성하시오.
- 이미지 복사 ⇒ 자유 변형[Free Transform]으로 크기 변형, 레이어 이름 – '다람쥐'
  레이어 스타일 – 그림자 효과[Drop Shadow] (혼합 모드[Blend Mode] : 곱하기[Multiply],
  각도[Angle] : 120˚)
- '사진3.jpg'의 자유 변형[Free Transform] 후, 이미지의 형태는 결과 파일과 동일할 것

▶ 지시사항이 없는 경우는 기본 값을 적용하시오.

▶ 다음과 같은 규칙으로 JPG 파일과 PSD 파일을 각각 저장하시오.
- 저장위치 : 바탕화면 – KAIT – 제출파일 폴더

JPG	파일명	dic_02_수검번호(6자리)_이름.JPG	PSD	파일명	dic_02_수검번호(6자리)_이름.PSD
	이미지 크기	600 X 300 픽셀[Pixels]		이미지 크기	65 X 35 픽셀[Pixels]

(예 : 수검번호가 DIC-20XX-000000인 경우 "dic_02_000000_이름.JPG"와 "dic_02_000000_이름.PSD"로 저장할 것)
(* dic_02_000000_이름.JPG와 dic_02_000000_이름.PSD 파일 중 하나라도 누락시 "0점" 처리됨)

※ GOM Mix for DIAT 프로그램을 활용하여 [문제 3]을 작업하시오.

문제 3   처리조건에 따라 출력형태와 같이 완성하시오. (70점)

《 출력형태 》

《 처리조건 》

원본 파일	이미지1.jpg, 이미지2.jpg, 이미지3.jpg, 동영상.mp4, 음악.mp3

▶ 미디어 소스의 순서를 다음과 같이 지정하시오.
  · 미디어 소스 순서 ⇒ 동영상.mp4 > 이미지3.jpg > 이미지1.jpg > 이미지2.jpg

▶ 동영상 파일('동영상.mp4')을 다음과 같이 처리하시오.
  · 배속 : 1.3x   · 자르기 : 시작 시간(0.00), 재생 시간(12.20)
  · 이펙트 : LUT 필터-에메랄드-에메랄드 06(노출 : -10, 감마 : 0.8)
  · 텍스트 ⇒ 텍스트 입력 : | 거리의 판다들 |
          텍스트 서식 : 기본 자막(바탕체, 크기 120, f77200), 윤곽선 설정(없음)
          위치 설정(화면 정가운데 아래), 시작 시간(5.10), 클립 길이(5.00)
  · 재생 속도 설정 후 자르기를 하여야 하며, 잘라진 뒷부분의 동영상 및 트랙의 모든 공백을 삭제할 것
  · 원본 동영상에 포함된 오디오는 모두 음소거 할 것

▶ 이미지 파일을 다음과 같이 처리하시오.
  · '이미지3.jpg' ⇒ 이미지 클립 길이 : 5.00, 오버레이 : 좋아요(개수/양 : 60),
            클립 트랜지션 : 세로 나누기(오버랩, 재생 시간 : 1.00)
  · '이미지1.jpg' ⇒ 이미지 클립 길이 : 5.00, 오버레이 : 레디얼 라이트(노출 : -55),
            클립 트랜지션 : 가로 순차 블라인드(앞으로 이동, 재생 시간 : 2.00)
  · '이미지2.jpg' ⇒ 이미지 클립 길이 : 6.00, 오버레이 : 떠오르는 하트(간격 : 10),
            클립 트랜지션 : 가로 나누기(앞으로 이동, 재생 시간 : 1.00)
  · 지시사항이 없는 경우는 기본 값을 적용하시오.

▶ 다음 조건에 따라 동영상 시작 부분에 텍스트를 지정하시오.

  · 텍스트 입력 : | 판다 조형물
(Panda Sculpture) |

  텍스트 서식(휴먼옛체, 크기 124, 43b335), 윤곽선 설정(색상 : ffffff, 두께 : 40),
  나타나기(클립 아래에서 나타나기, 지속 시간 : 2.00), 시작 시간(0.00), 텍스트 클립 길이(3.00)

▶ 다음 조건에 따라 동영상 전체에 음악 파일('음악.mp3')을 삽입하시오.
  · 시작 시간 : 0.00, 재생 시간 : 28.00, 페이드 아웃 : 2.00
  · 재생 시간 설정 후 자르기 하여야 하며, 잘라진 뒷부분의 음악 파일은 삭제할 것

▶ 다음과 같은 규칙으로 GMEP 파일을 프로젝트 전체 저장하시오.
  · 저장위치 : 바탕화면 – KAIT – 제출파일 폴더

GMEP	파일명	dic_03_수검번호(6자리)_이름.GMEP

(예 : 수검번호가 DIC-20XX-000000인 경우 "dic_03_000000_이름.GMEP"로 프로젝트 전체 저장할 것)
(* dic_03_000000_이름.GMEP 파일 누락 / 프로젝트 전체 저장 이외의 기능을 이용하여 저장할 시 "0점" 처리됨)

실전모의고사

제 **04** 회

▶ 시험 과목 : 멀티미디어제작(포토샵, 곰믹스)
▶ 시험 일자 : 20XX. XX. X.(X)
▶ 수검자 기재사항 및 감독위원 확인

수검번호	DIC - XXXX -	감독위원 확인
성 명		

수검자 유의사항

1. 응시자는 신분증을 지참하여야 시험에 응시할 수 있으며, 시험이 종료될 때까지 신분증을 제시하지 못할 경우 해당 시험은 0점 처리됩니다.

2. 시스템(PC 작동 여부, 네트워크 상태 등)의 이상 여부를 반드시 확인하여야 하며, 시스템 이상이 있을 시 감독위원에게 조치를 받으셔야 합니다.

3. 시험 중 부주의 또는 고의로 시스템을 파손한 경우는 응시자 부담으로 합니다.

4. 답안 전송 프로그램을 통해 다운로드 받은 파일을 이용하여 답안 파일을 작성하시기 바랍니다.

5. 작성한 답안 파일은 답안 전송 프로그램을 통하여 전송됩니다. 감독위원의 지시에 따라 주시기 바랍니다.

6. 다음 사항의 경우 실격(0점) 혹은 부정행위 처리됩니다.
   ❶ 답안 파일을 저장하지 않았거나, 저장한 파일이 손상되었을 경우
   ❷ 답안 파일을 지정된 폴더(바탕화면 "KAIT" 폴더)에 저장하지 않았을 경우
      ※ 답안 전송 프로그램 로그인 시 바탕화면에 자동 생성됨
   ❸ 답안 파일을 다른 보조 기억장치(USB) 혹은 네트워크(메신저, 게시판 등)로 전송할 경우
   ❹ 휴대용 전화기 등 통신기기를 사용할 경우

7. [   ] 안의 지시사항은 PhotoShop 영문 버전용 입니다.

8. 답안은 PhotoShop과 Gom Mix for DIAT를 활용하여 작성하십시오.
   ※ PhotoShop 답안파일의 해상도는 72 Pixels/inch로 작성하십시오.
   ※ Gom Mix for DIAT 답안파일은 반드시 프로젝트 전체 저장하십시오.(미준수시 0점 처리)

9. 시험지에 제시된 글꼴이 응시 프로그램에 없는 경우, 반드시 감독위원에게 해당 내용을 통보한 뒤 조치를 받아야 합니다.

10. 시험의 완료는 작성이 완료된 답안을 저장하고, 답안 전송이 완료된 상태를 확인한 것으로 합니다. 답안 전송 확인 후 문제지는 감독위원에게 제출한 후 퇴실하여야 합니다.

11. 답안전송이 완료된 경우에는 수정 또는 정정이 불가능합니다.

12. 시험시행 후 문제 공개 및 합격자 발표는 홈페이지(www.ihd.or.kr)에서 확인하시기 바랍니다.
   ❶ 문제 및 모범답안 공개 : 20XX. XX. XX.(X)
   ❷ 합격자 발표 : 20XX. XX. XX.(X)

※ PhotoShop 프로그램을 활용하여 [문제 1], [문제 2]를 작업하시오.

문제 1 원본 파일을 처리조건에 따라 결과 파일로 완성하시오. (50점)

《원본 파일》	《결과 파일》

《 처리조건 》

▶ 다음과 같이 캔버스 크기를 변경하시오.

· 캔버스 크기[Canvas Size] ⇒ 가로(650 픽셀[Pixels]) × 세로(450 픽셀[Pixels])

▶ '사진1.jpg' 이미지를 불러와 기존 캔버스에 복사한 후 다음과 같이 처리하시오.

· ① ⇒ 복제 도장 도구[Clone Stamp Tool]를 이용하여 이미지 복사

· ② ⇒ 색상 균형[Color Balance]을 이용하여 파란색 계열로 보정

· ③ ⇒ 색조/채도[Hue/Saturation]를 이용하여 초록색 계열로 보정

· 밝기 조정 ⇒ 곡선[Curves]을 이용하여 이미지 조정 (입력[Input] : 90, 출력[Output] : 120)

· 필터 효과 ⇒ 텍스처화[Texturizer]를 이용하여 필터 적용

(텍스처[Texture] : 캔버스[Canvas], 비율[Scaling] : 130%, 부조[Relief] : 3, 조명[Light] : 위[Top])

▶ 지시사항이 없는 경우는 기본 값을 적용하시오.

▶ 다음과 같은 규칙으로 JPG 파일과 PSD 파일을 각각 저장하시오.

· 저장위치 : 바탕화면 – KAIT – 제출파일 폴더

JPG	파일명	dic_01_수검번호(6자리)_이름.JPG	PSD	파일명	dic_01_수검번호(6자리)_이름.PSD
	이미지 크기	600 X 400 픽셀[Pixels]		이미지 크기	65 X 45 픽셀[Pixels]

(예 : 수검번호가 DIC-20XX-000000인 경우 "dic_01_000000_이름.JPG"와 "dic_01_000000_이름.PSD"로 저장할 것)
(* dic_01_000000_이름.JPG와 dic_01_000000_이름.PSD 파일 중 하나라도 누락시 "0점" 처리됨)

문제 2　원본 파일을 처리조건에 따라 결과 파일로 완성하시오. (80점)

《원본 파일》	《결과 파일》

《 처리조건 》

▶ 다음과 같이 캔버스 크기를 변경하시오.
　· 캔버스 조정 ⇒ 캔버스 크기[Canvas Size] : 가로(650 픽셀[Pixels]) × 세로(350 픽셀[Pixels])
　　　　　　　　 캔버스 배경색(색상 : #4fecff)

▶ '사진2.jpg' 이미지를 불러와 기존 캔버스에 복사한 후 다음과 같이 처리하시오.
　· 이미지 복사 ⇒자유 변형[Free Transform] 으로 캔버스 크기에 맞게 변형, 레이어 이름 – '성',
　　　　　　　　 레이어 마스크[Layer Mask] 설정, 가로 방향으로 흐릿하게
　· "Land of fairy" ⇒ 글꼴(Arial), 글꼴 스타일(Bold Italic), 크기(48pt), 색상(#ffd84f),
　　　　　　　　　 앤티 앨리어싱 : 선명하게[Sharp],
　　　　　　　　　 레이어 스타일 – 선/획[Stroke] (크기 : 5px, 색상 : #1e51a3)
　· "동화의 나라" ⇒ 글꼴(휴먼옛체), 크기(36pt), 색상(#0096ff), 앤티 앨리어싱 : 선명하게[Sharp],
　　　　　　　　　 레이어 스타일 – 선/획[Stroke] (크기 : 2px, 색상 : #ffffff)

▶ '사진3.jpg'를 이용하여 새로운 레이어를 생성하시오.
　· 이미지 복사 ⇒ 자유 변형[Free Transform]으로 크기 변형, 레이어 이름 – '공주'
　　　　　　　　 레이어 스타일 – 그림자 효과[Drop Shadow] (혼합 모드[Blend Mode] : 곱하기[Multiply],
　　　　　　　　　 각도[Angle] : 120˚)
　· '사진3.jpg'의 자유 변형[Free Transform] 후, 이미지의 형태는 결과 파일과 동일할 것

▶ 지시사항이 없는 경우는 기본 값을 적용하시오.

▶ 다음과 같은 규칙으로 JPG 파일과 PSD 파일을 각각 저장하시오.
　· 저장위치 : 바탕화면 – KAIT – 제출파일 폴더

JPG	파일명	dic_02_수검번호(6자리)_이름.JPG	PSD	파일명	dic_02_수검번호(6자리)_이름.PSD
	이미지 크기	600 X 300 픽셀[Pixels]		이미지 크기	65 X 35 픽셀[Pixels]

(예 : 수검번호가 DIC-20XX-000000인 경우 "dic_02_000000_이름.JPG"와 "dic_02_000000_이름.PSD"로 저장할 것)
(* dic_02_000000_이름.JPG와 dic_02_000000_이름.PSD 파일 중 하나라도 누락시 "0점" 처리됨)

※ GOM Mix for DIAT 프로그램을 활용하여 [문제 3]을 작업하시오.

문제 3 처리조건에 따라 출력형태와 같이 완성하시오. (70점)

《 출력형태 》

동영상.mp4   이미지3.jpg   이미지2.jpg   이미지1.jpg

《 처리조건 》

원본 파일	이미지1.jpg, 이미지2.jpg, 이미지3.jpg, 동영상.mp4, 음악.mp3

▶ 미디어 소스의 순서를 다음과 같이 지정하시오.
  · 미디어 소스 순서 ⇒ 동영상.mp4 > 이미지3.jpg > 이미지2.jpg > 이미지1.jpg

▶ 동영상 파일('동영상.mp4')을 다음과 같이 처리하시오.
  · 배속 : 1.2x
  · 자르기 : 시작 시간(0.00), 재생 시간(13.00)
  · 이펙트 : 이미지 보정-부드럽게(강도 : 15)
  · 텍스트 ⇒ 텍스트 입력 : ┃ 동화 속 공주님들 ┃
              텍스트 서식 : 기본 자막(휴먼엑스포, 크기 100, e3fe37), 윤곽선 설정(없음)
              위치 설정(화면 정가운데 아래), 시작 시간(4.20), 클립 길이(5.00)
  · 재생 속도 설정 후 자르기를 하여야 하며, 잘라진 뒷부분의 동영상 및 트랙의 모든 공백을 삭제할 것
  · 원본 동영상에 포함된 오디오는 모두 음소거 할 것

▶ 이미지 파일을 다음과 같이 처리하시오.
  · '이미지3.jpg' ⇒ 이미지 클립 길이 : 5.00, 오버레이 : 흩날림(개수/양 : 50),
                클립 트랜지션 : 디졸브(오버랩, 재생 시간 : 2.00)
  · '이미지2.jpg' ⇒ 이미지 클립 길이 : 5.00, 오버레이 : 불꽃 스파크(크기 : 10),
                클립 트랜지션 : 문 열기(뒤로 이동, 재생 시간 : 3.00)
  · '이미지1.jpg' ⇒ 이미지 클립 길이 : 6.00, 오버레이 : 스페이스 01(속도 : 10),
                클립 트랜지션 : 십자형 나누기(앞으로 이동, 재생 시간 : 1.00)
  · 지시사항이 없는 경우는 기본 값을 적용하시오.

▶ 다음 조건에 따라 동영상 시작 부분에 텍스트를 지정하시오.

  · 텍스트 입력 : ┃ 공주님이 사는 성
                  (Princess Castle) ┃

    텍스트 서식(궁서체, 크기 120, 00cd16), 윤곽선 설정(색상 : f9ef98, 두께 : 20),
    나타나기(오른쪽으로 닦아내기, 지속 시간 : 2.00), 시작 시간(0.00), 텍스트 클립 길이(4.00)

▶ 다음 조건에 따라 동영상 전체에 음악 파일('음악.mp3')을 삽입하시오.
  · 시작 시간 : 0.00, 재생 시간 : 26.00, 페이드 아웃 : 2.00
  · 재생 시간 설정 후 자르기 하여야 하며, 잘라진 뒷부분의 음악 파일은 삭제할 것

▶ 다음과 같은 규칙으로 GMEP 파일을 프로젝트 전체 저장하시오.
  · 저장위치 : 바탕화면 – KAIT – 제출파일 폴더

GMEP	파일명	dic_03_수검번호(6자리)_이름.GMEP

(예 : 수검번호가 DIC-20XX-000000인 경우 "dic_03_000000_이름.GMEP"로 프로젝트 전체 저장할 것)
(* dic_03_000000_이름.GMEP 파일 누락 / 프로젝트 전체 저장 이외의 기능을 이용하여 저장할 시 "0점" 처리됨)

제**05**회 실전모의고사

실전모의고사

▶ 시험 과목 : 멀티미디어제작(포토샵, 곰믹스)
▶ 시험 일자 : 20XX. XX. X.(X)
▶ 수검자 기재사항 및 감독위원 확인

수검번호	DIC - XXXX -	감독위원 확인
성 명		

수검자 유의사항

1. 응시자는 신분증을 지참하여야 시험에 응시할 수 있으며, 시험이 종료될 때까지 신분증을 제시하지 못할 경우 해당 시험은 0점 처리됩니다.

2. 시스템(PC 작동 여부, 네트워크 상태 등)의 이상 여부를 반드시 확인하여야 하며, 시스템 이상이 있을 시 감독위원에게 조치를 받으셔야 합니다.

3. 시험 중 부주의 또는 고의로 시스템을 파손한 경우는 응시자 부담으로 합니다.

4. 답안 전송 프로그램을 통해 다운로드 받은 파일을 이용하여 답안 파일을 작성하시기 바랍니다.

5. 작성한 답안 파일은 답안 전송 프로그램을 통하여 전송됩니다. 감독위원의 지시에 따라 주시기 바랍니다.

6. 다음 사항의 경우 실격(0점) 혹은 부정행위 처리됩니다.

　❶ 답안 파일을 저장하지 않았거나, 저장한 파일이 손상되었을 경우

　❷ 답안 파일을 지정된 폴더(바탕화면 "KAIT" 폴더)에 저장하지 않았을 경우

　　※ 답안 전송 프로그램 로그인 시 바탕화면에 자동 생성됨

　❸ 답안 파일을 다른 보조 기억장치(USB) 혹은 네트워크(메신저, 게시판 등)로 전송할 경우

　❹ 휴대용 전화기 등 통신기기를 사용할 경우

7. [　] 안의 지시사항은 PhotoShop 영문 버전용 입니다.

8. 답안은 PhotoShop과 Gom Mix for DIAT를 활용하여 작성하십시오.

　※ PhotoShop 답안파일의 해상도는 72 Pixels/inch로 작성하십시오.

　※ Gom Mix for DIAT 답안파일은 반드시 프로젝트 전체 저장하십시오.(미준수시 0점 처리)

9. 시험지에 제시된 글꼴이 응시 프로그램에 없는 경우, 반드시 감독위원에게 해당 내용을 통보한 뒤 조치를 받아야 합니다.

10. 시험의 완료는 작성이 완료된 답안을 저장하고, 답안 전송이 완료된 상태를 확인한 것으로 합니다. 답안 전송 확인 후 문제지는 감독위원에게 제출한 후 퇴실하여야 합니다.

11. 답안전송이 완료된 경우에는 수정 또는 정정이 불가능합니다.

12. 시험시행 후 문제 공개 및 합격자 발표는 홈페이지(www.ihd.or.kr)에서 확인하시기 바랍니다.

　❶ 문제 및 모범답안 공개 : 20XX. XX. XX.(X)

　❷ 합격자 발표 : 20XX. XX. XX.(X)

※ PhotoShop 프로그램을 활용하여 [문제 1], [문제 2]를 작업하시오.

문제 1　원본 파일을 처리조건에 따라 결과 파일로 완성하시오. (50점)

| 《원본 파일》 | 《결과 파일》 |

《 처리조건 》

▶ 다음과 같이 캔버스 크기를 변경하시오.
　· 캔버스 크기[Canvas Size] ⇒ 가로(650 픽셀[Pixels]) × 세로(450 픽셀[Pixels])

▶ '사진1.jpg' 이미지를 불러와 기존 캔버스에 복사한 후 다음과 같이 처리하시오.
　· ① ⇒ 복구 브러시 도구[Healing Brush Tool]를 이용하여 이미지 제거
　· ② ⇒ 색상 균형[Color Balance]을 이용하여 빨간색 계열로 보정
　· ③ ⇒ 색조/채도[Hue/Saturation]를 이용하여 초록색 계열로 보정
　· 밝기 조정 ⇒ 곡선[Curves]을 이용하여 이미지 조정 (입력[Input] : 80, 출력[Output] : 110)
　· 필터 효과 ⇒ 렌즈 플레어[Lens Flare]를 이용하여 필터 적용
　　　　　　　(명도[Brightness] : 110%, 렌즈 유형[Lens Type] : 35mm 프라임[35mm Prime])

▶ 지시사항이 없는 경우는 기본 값을 적용하시오.

▶ 다음과 같은 규칙으로 JPG 파일과 PSD 파일을 각각 저장하시오.
　· 저장위치 : 바탕화면 – KAIT – 제출파일 폴더

JPG	파일명	dic_01_수검번호(6자리)_이름.JPG	PSD	파일명	dic_01_수검번호(6자리)_이름.PSD
	이미지 크기	600 X 400 픽셀[Pixels]		이미지 크기	65 X 45 픽셀[Pixels]

(예 : 수검번호가 DIC-20XX-000000인 경우 "dic_01_000000_이름.JPG"와 "dic_01_000000_이름.PSD"로 저장할 것)
(* dic_01_000000_이름.JPG와 dic_01_000000_이름.PSD 파일 중 하나라도 누락시 "0점" 처리됨)

문제 2　원본 파일을 처리조건에 따라 결과 파일로 완성하시오. (80점)

《원본 파일》	《결과 파일》

《 처리조건 》

▶ 다음과 같이 캔버스 크기를 변경하시오.
　· 캔버스 조정 ⇒ 캔버스 크기[Canvas Size] ⇒ 가로(650 픽셀[Pixels]) × 세로(450 픽셀[Pixels])

▶ '사진2.jpg' 이미지를 불러와 기존 캔버스에 복사한 후 다음과 같이 처리하시오.
　· ① ⇒ 모양 도구[Shape Tool] 이용
　　　　레이어 스타일 – 선/획[Stroke] (크기 : 2px, 색상 : #0e4c00),
　　　　　　　　　그라디언트 오버레이[Gradient Overlay] (색상 : #48cd00 – #ffcc00)
　· "Creeper and fruits" ⇒ 글꼴(Arial), 글꼴 스타일(Bold Italic), 크기(48pt), 색상(#fffc00),
　　　　　　　　앤티 앨리어싱 : 선명하게[Sharp],
　　　　　　　　레이어 스타일 – 선/획[Stroke] (크기 : 5px, 색상 : #0d3f00)
　· "덩굴식물의 결실" ⇒ 글꼴(궁서체), 크기(36pt), 색상(#ff7e00), 앤티 앨리어싱 : 선명하게[Sharp],
　　　　　　　　레이어 스타일 – 선/획[Stroke] (크기 : 2px, 색상 : #ffffff)

▶ 타원 도구[Ellipse Tool]와 '사진3.jpg'를 이용하여 새로운 레이어를 생성하시오.
　· 원의 크기 ⇒ 180 px × 180px (단, 클리핑 마스크 기능을 이용할 것)
　　　　　　레이어 스타일 – 선/획[Stroke] (크기 : 5px, 색상 : #f6ff00, 위치 : 안쪽[Inside]),
　　　　　　　　그림자 효과[Drop Shadow] (혼합 모드[Blend Mode] : 곱하기[Multiply],
　　　　　　　　각도[Angle] : 120˚)

▶ 지시사항이 없는 경우는 기본 값을 적용하시오.

▶ 다음과 같은 규칙으로 JPG 파일과 PSD 파일을 각각 저장하시오.
　· 저장위치 : 바탕화면 – KAIT – 제출파일 폴더

JPG	파일명	dic_02_수검번호(6자리)_이름.JPG	PSD	파일명	dic_02_수검번호(6자리)_이름.PSD
	이미지 크기	600 X 400 픽셀[Pixels]		이미지 크기	65 X 45 픽셀[Pixels]

(예 : 수검번호가 DIC-20XX-000000인 경우 "dic_02_000000_이름.JPG"와 "dic_02_000000_이름.PSD"로 저장할 것)
(* dic_02_000000_이름.JPG와 dic_02_000000_이름.PSD 파일 중 하나라도 누락시 "0점" 처리됨)

※ GOM Mix for DIAT 프로그램을 활용하여 [문제 3]을 작업하시오.

문제 3　처리조건에 따라 출력형태와 같이 완성하시오. (70점)

《 출력형태 》

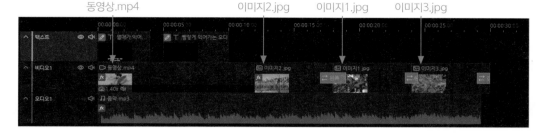

《 처리조건 》

원본 파일	이미지1.jpg, 이미지2.jpg, 이미지3.jpg, 동영상.mp4, 음악.mp3

▶ 미디어 소스의 순서를 다음과 같이 지정하시오.
- 미디어 소스 순서 ⇒ 동영상.mp4 > 이미지2.jpg > 이미지1.jpg > 이미지3.jpg

▶ 동영상 파일('동영상.mp4')을 다음과 같이 처리하시오.
- 배속 : 1.4x　　　　　　　　　　• 자르기 : 시작 시간(0.00), 재생 시간(12.00)
- 이펙트 : LUT 필터-카메라 필름-카메라 필름 05(노출 : -15, 감마 : 1.2)
- 텍스트 ⇒ 텍스트 입력 : │ 빨갛게 익어가는 오디 │
　　　　　　텍스트 서식 : 기본 자막(돋움체, 크기 120, ff5355), 윤곽선 설정(없음)
　　　　　　위치 설정(화면 정가운데 아래), 시작 시간(5.00), 클립 길이(5.00)
- 재생 속도 설정 후 자르기를 하여야 하며, 잘라진 뒷부분의 동영상 및 트랙의 모든 공백을 삭제할 것
- 원본 동영상에 포함된 오디오는 모두 음소거 할 것

▶ 이미지 파일을 다음과 같이 처리하시오.
- '이미지2.jpg' ⇒ 이미지 클립 길이 : 6.00, 오버레이 : 스페이스 01(개수/양 : 8),
　　　　　　　클립 트랜지션 : 왼쪽으로 스크롤(오버랩, 재생 시간 : 2.00)
- '이미지1.jpg' ⇒ 이미지 클립 길이 : 6.00, 오버레이 : 떠오르는 하트(개수/양 : 80),
　　　　　　　클립 트랜지션 : 문 열기(오버랩, 재생 시간 : 1.00)
- '이미지3.jpg' ⇒ 이미지 클립 길이 : 6.00, 오버레이 : 난기류(밝기 강도 : 60, 속도 : 60,
　　　　　　　클립 트랜지션 : 검정색 페이드(앞으로 이동, 재생 시간 : 1.00)
- 지시사항이 없는 경우는 기본 값을 적용하시오.

▶ 다음 조건에 따라 동영상 시작 부분에 텍스트를 지정하시오.

- 텍스트 입력 : │ 열매가 익어가는 계절
　　　　　　　　　(Fruit growing) │

　텍스트 서식(휴먼옛체, 크기 120, ff5e00), 윤곽선 설정(색상 : ffffff, 두께 : 30),
　나타나기(왼쪽으로 닦아내기, 지속 시간 : 2.00), 시작 시간(0.00), 텍스트 클립 길이(4.00)

▶ 다음 조건에 따라 동영상 전체에 음악 파일('음악.mp3')을 삽입하시오.
- 시작 시간 : 0.00, 재생 시간 : 29.10, 페이드 아웃 : 3.00
- 재생 시간 설정 후 자르기 하여야 하며, 잘라진 뒷부분의 음악 파일은 삭제할 것

▶ 다음과 같은 규칙으로 GMEP 파일을 프로젝트 전체 저장하시오.
- 저장위치 : 바탕화면 – KAIT – 제출파일 폴더

GMEP	파일명	dic_03_수검번호(6자리)_이름.GMEP

(예 : 수검번호가 DIC-20XX-000000인 경우 "dic_03_000000_이름.GMEP"로 프로젝트 전체 저장할 것)
(* dic_03_000000_이름.GMEP 파일 누락 / 프로젝트 전체 저장 이외의 기능을 이용하여 저장할 시 "0점" 처리됨)

제**06**회 **실전모의고사**

▶ 시험 과목 : 멀티미디어제작(포토샵, 곰믹스)
▶ 시험 일자 : 20XX. XX. X.(X)
▶ 수검자 기재사항 및 감독위원 확인

수검번호	DIC - XXXX -	감독위원 확인
성 명		

수검자 유의사항

1. 응시자는 신분증을 지참하여야 시험에 응시할 수 있으며, 시험이 종료될 때까지 신분증을 제시하지 못할 경우 해당 시험은 0점 처리됩니다.

2. 시스템(PC 작동 여부, 네트워크 상태 등)의 이상 여부를 반드시 확인하여야 하며, 시스템 이상이 있을 시 감독위원에게 조치를 받으셔야 합니다.

3. 시험 중 부주의 또는 고의로 시스템을 파손한 경우는 응시자 부담으로 합니다.

4. 답안 전송 프로그램을 통해 다운로드 받은 파일을 이용하여 답안 파일을 작성하시기 바랍니다.

5. 작성한 답안 파일은 답안 전송 프로그램을 통하여 전송됩니다. 감독위원의 지시에 따라 주시기 바랍니다.

6. 다음 사항의 경우 실격(0점) 혹은 부정행위 처리됩니다.
   ❶ 답안 파일을 저장하지 않았거나, 저장한 파일이 손상되었을 경우
   ❷ 답안 파일을 지정된 폴더(바탕화면 "KAIT" 폴더)에 저장하지 않았을 경우
      ※ 답안 전송 프로그램 로그인 시 바탕화면에 자동 생성됨
   ❸ 답안 파일을 다른 보조 기억장치(USB) 혹은 네트워크(메신저, 게시판 등)로 전송할 경우
   ❹ 휴대용 전화기 등 통신기기를 사용할 경우

7. [ ] 안의 지시사항은 PhotoShop 영문 버전용 입니다.

8. 답안은 PhotoShop과 Gom Mix for DIAT를 활용하여 작성하십시오.
   ※ PhotoShop 답안파일의 해상도는 72 Pixels/inch로 작성하십시오.
   ※ Gom Mix for DIAT 답안파일은 반드시 프로젝트 전체 저장하십시오.(미준수시 0점 처리)

9. 시험지에 제시된 글꼴이 응시 프로그램에 없는 경우, 반드시 감독위원에게 해당 내용을 통보한 뒤 조치를 받아야 합니다.

10. 시험의 완료는 작성이 완료된 답안을 저장하고, 답안 전송이 완료된 상태를 확인한 것으로 합니다. 답안 전송 확인 후 문제지는 감독위원에게 제출한 후 퇴실하여야 합니다.

11. 답안전송이 완료된 경우에는 수정 또는 정정이 불가능합니다.

12. 시험시행 후 문제 공개 및 합격자 발표는 홈페이지(www.ihd.or.kr)에서 확인하시기 바랍니다.
    ❶ 문제 및 모범답안 공개 : 20XX. XX. XX.(X)
    ❷ 합격자 발표 : 20XX. XX. XX.(X)

식별CODE

멀

※ PhotoShop 프로그램을 활용하여 [문제 1], [문제 2]를 작업하시오.

문제 1   원본 파일을 처리조건에 따라 결과 파일로 완성하시오. (50점)

《 처리조건 》

▶ 다음과 같이 캔버스 크기를 변경하시오.

· 캔버스 크기[Canvas Size] ⇒ 가로(650 픽셀[Pixels]) × 세로(450 픽셀[Pixels])

▶ '사진1.jpg' 이미지를 불러와 기존 캔버스에 복사한 후 다음과 같이 처리하시오.

· ① ⇒ 복구 브러시 도구[Healing Brush Tool]를 이용하여 이미지 제거
· ② ⇒ 색조/채도[Hue/Saturation]를 이용하여 파란색 계열로 보정
· ③ ⇒ 색상 균형[Color Balance]을 이용하여 보라색 계열로 보정
· 밝기 조정 ⇒ 곡선[Curves]을 이용하여 이미지 조정 (입력[Input] : 80, 출력[Output] : 110)
· 필터 효과 ⇒ 그물눈[Crosshatch]을 이용하여 필터 적용
            (선/획 길이[Stroke Length] : 10, 선명도[Sharpness] : 10, 강도[Strength] : 1)

▶ 지시사항이 없는 경우는 기본 값을 적용하시오.

▶ 다음과 같은 규칙으로 JPG 파일과 PSD 파일을 각각 저장하시오.

· 저장위치 : 바탕화면 – KAIT – 제출파일 폴더

JPG	파일명	dic_01_수검번호(6자리)_이름.JPG	PSD	파일명	dic_01_수검번호(6자리)_이름.PSD
	이미지 크기	600 X 400 픽셀[Pixels]		이미지 크기	65 X 45 픽셀[Pixels]

(예 : 수검번호가 DIC-20XX-000000인 경우 "dic_01_000000_이름.JPG"와 "dic_01_000000_이름.PSD"로 저장할 것)
(* dic_01_000000_이름.JPG와 dic_01_000000_이름.PSD 파일 중 하나라도 누락시 "0점" 처리됨)

문제 2　　원본 파일을 처리조건에 따라 결과 파일로 완성하시오. (80점)

《원본 파일》	《결과 파일》

《 처리조건 》

▶ 다음과 같이 캔버스 크기를 변경하시오.
　· 캔버스 조정 ⇒ 캔버스 크기[Canvas Size] : 가로(650 픽셀[Pixels]) × 세로(350 픽셀[Pixels])
　　　　　　　　 캔버스 배경색(색상 : #733a00)

▶ '사진2.jpg' 이미지를 불러와 기존 캔버스에 복사한 후 다음과 같이 처리하시오.
　· 이미지 복사 ⇒ 자유 변형[Free Transform] 으로 캔버스 크기에 맞게 변형, 레이어 이름 – '커피'
　　　　　　　　 레이어 마스크[Layer Mask] 설정, 가로 방향으로 흐릿하게
　· "Coffee and Dessert" ⇒ 글꼴(Arial), 글꼴 스타일(Bold Italic), 크기(48pt), 색상(#663300),
　　　　　　　　　 앤티 앨리어싱 : 선명하게[Sharp],
　　　　　　　　　 레이어 스타일 – 선/획[Stroke] (크기 : 5px, 색상 : #fff000)
　· "한국인이 사랑하는 디저트" ⇒ 글꼴(궁서체), 크기(36pt), 색상(#ffa800), 앤티 앨리어싱 : 선명하게[Sharp],
　　　　　　　　　 레이어 스타일 – 선/획[Stroke] (크기 : 2px, 색상 : #000000)

▶ '사진3.jpg'를 이용하여 새로운 레이어를 생성하시오.
　· 이미지 복사 ⇒ 자유 변형[Free Transform]으로 크기 변형, 레이어 이름 – '딸기 슈'
　　　　　　　　 레이어 스타일 – 그림자 효과[Drop Shadow] (혼합 모드[Blend Mode] : 곱하기[Multiply],
　　　　　　　　　 각도[Angle] : 120˚)
　· '사진3.jpg'의 자유 변형[Free Transform] 후, 이미지의 형태는 결과 파일과 동일할 것

▶ 지시사항이 없는 경우는 기본 값을 적용하시오.

▶ 다음과 같은 규칙으로 JPG 파일과 PSD 파일을 각각 저장하시오.
　· 저장위치 : 바탕화면 – KAIT – 제출파일 폴더

JPG	파일명	dic_02_수검번호(6자리)_이름.JPG	PSD	파일명	dic_02_수검번호(6자리)_이름.PSD
	이미지 크기	600 X 300 픽셀[Pixels]		이미지 크기	65 X 35 픽셀[Pixels]

(예 : 수검번호가 DIC-20XX-000000인 경우 "dic_02_000000_이름.JPG"와 "dic_02_000000_이름.PSD"로 저장할 것)
(* dic_02_000000_이름.JPG와 dic_02_000000_이름.PSD 파일 중 하나라도 누락시 "0점" 처리됨)

※ GOM Mix for DIAT 프로그램을 활용하여 [문제 3]을 작업하시오.

문제 3 처리조건에 따라 출력형태와 같이 완성하시오. (70점)

《 출력형태 》

《 처리조건 》

원본 파일	이미지1.jpg, 이미지2.jpg, 이미지3.jpg, 동영상.mp4, 음악.mp3

▶ 미디어 소스의 순서를 다음과 같이 지정하시오.
· 미디어 소스 순서 ⇒ 동영상.mp4 > 이미지2.jpg > 이미지3.jpg > 이미지1.jpg

▶ 동영상 파일('동영상.mp4')을 다음과 같이 처리하시오.
· 배속 : 1.2x　　　　　　　　　· 자르기 : 시작 시간(0.00), 재생 시간(15.00)
· 이펙트 : 이미지 보정-톤맵(채도 : -15)
· 텍스트 ⇒ 텍스트 입력 :　보글보글 떡볶이를 끓이다
　　　　　　텍스트 서식 : 기본 자막(휴먼엑스포, 크기 110, f700da), 윤곽선 설정(없음)
　　　　　　위치 설정(화면 정가운데 아래), 시작 시간(5.00), 클립 길이(5.00)
· 재생 속도 설정 후 자르기를 하여야 하며, 잘라진 뒷부분의 동영상 및 트랙의 모든 공백을 삭제할 것
· 원본 동영상에 포함된 오디오는 모두 음소거 할 것

▶ 이미지 파일을 다음과 같이 처리하시오.
· '이미지2.jpg' ⇒ 이미지 클립 길이 : 6.00, 오버레이 : 흩날림(개수/양 : 50),
　　　　　　　　클립 트랜지션 : 왼쪽으로 덮기(오버랩, 재생 시간 : 1.00)
· '이미지3.jpg' ⇒ 이미지 클립 길이 : 6.00, 오버레이 : 내려앉는(속도 : 7),
　　　　　　　　클립 트랜지션 : 왼쪽으로 밀기(오버랩, 재생 시간 : 3.00)
· '이미지1.jpg' ⇒ 이미지 클립 길이 : 4.00, 오버레이 : 가랜드(줄 색상 : ff00ff),
　　　　　　　　클립 트랜지션 : 가로 나누기(앞으로 이동, 재생 시간 : 1.00)
· 지시사항이 없는 경우는 기본 값을 적용하시오.

▶ 다음 조건에 따라 동영상 시작 부분에 텍스트를 지정하시오.

· 텍스트 입력 :　한국인의 입맛
　　　　　　　(Korean taste)

　텍스트 서식(휴먼엑스포, 크기 150, c80000), 윤곽선 설정(색상 : 8ec2fe, 두께 : 40),
　나타나기(오른쪽으로 당기기, 지속 시간 : 2.00), 시작 시간(0.00), 텍스트 클립 길이(3.00)

▶ 다음 조건에 따라 동영상 전체에 음악 파일('음악.mp3')을 삽입하시오.
· 시작 시간 : 0.00, 재생 시간 : 30.10, 페이드 인 : 2.00
· 재생 시간 설정 후 자르기 하여야 하며, 잘라진 뒷부분의 음악 파일은 삭제할 것

▶ 다음과 같은 규칙으로 GMEP 파일을 프로젝트 전체 저장하시오.
· 저장위치 : 바탕화면 – KAIT – 제출파일 폴더

GMEP	파일명	dic_03_수검번호(6자리)_이름.GMEP

(예 : 수검번호가 DIC-20XX-000000인 경우 "dic_03_000000_이름.GMEP"로 프로젝트 전체 저장할 것)
(* dic_03_000000_이름.GMEP 파일 누락 / 프로젝트 전체 저장 이외의 기능을 이용하여 저장할 시 "0점" 처리됨)

실전모의고사

제**07**회

▶ 시험 과목 : 멀티미디어제작(포토샵, 곰믹스)
▶ 시험 일자 : 20XX. XX. X.(X)
▶ 수검자 기재사항 및 감독위원 확인

수검번호	DIC - XXXX -	감독위원 확인
성 명		

수검자 유의사항

1. 응시자는 신분증을 지참하여야 시험에 응시할 수 있으며, 시험이 종료될 때까지 신분증을 제시하지 못할 경우 해당 시험은 0점 처리됩니다.

2. 시스템(PC 작동 여부, 네트워크 상태 등)의 이상 여부를 반드시 확인하여야 하며, 시스템 이상이 있을 시 감독위원에게 조치를 받으셔야 합니다.

3. 시험 중 부주의 또는 고의로 시스템을 파손한 경우는 응시자 부담으로 합니다.

4. 답안 전송 프로그램을 통해 다운로드 받은 파일을 이용하여 답안 파일을 작성하시기 바랍니다.

5. 작성한 답안 파일은 답안 전송 프로그램을 통하여 전송됩니다. 감독위원의 지시에 따라 주시기 바랍니다.

6. 다음 사항의 경우 실격(0점) 혹은 부정행위 처리됩니다.
   ❶ 답안 파일을 저장하지 않았거나, 저장한 파일이 손상되었을 경우
   ❷ 답안 파일을 지정된 폴더(바탕화면 "KAIT" 폴더)에 저장하지 않았을 경우
      ※ 답안 전송 프로그램 로그인 시 바탕화면에 자동 생성됨
   ❸ 답안 파일을 다른 보조 기억장치(USB) 혹은 네트워크(메신저, 게시판 등)로 전송할 경우
   ❹ 휴대용 전화기 등 통신기기를 사용할 경우

7. [ ] 안의 지시사항은 PhotoShop 영문 버전용 입니다.

8. 답안은 PhotoShop과 Gom Mix for DIAT를 활용하여 작성하십시오.
   ※ PhotoShop 답안파일의 해상도는 72 Pixels/inch로 작성하십시오.
   ※ Gom Mix for DIAT 답안파일은 반드시 프로젝트 전체 저장하십시오.(미준수시 0점 처리)

9. 시험지에 제시된 글꼴이 응시 프로그램에 없는 경우, 반드시 감독위원에게 해당 내용을 통보한 뒤 조치를 받아야 합니다.

10. 시험의 완료는 작성이 완료된 답안을 저장하고, 답안 전송이 완료된 상태를 확인한 것으로 합니다. 답안 전송 확인 후 문제지는 감독위원에게 제출한 후 퇴실하여야 합니다.

11. 답안전송이 완료된 경우에는 수정 또는 정정이 불가능합니다.

12. 시험시행 후 문제 공개 및 합격자 발표는 홈페이지(www.ihd.or.kr)에서 확인하시기 바랍니다.
   ❶ 문제 및 모범답안 공개 : 20XX. XX. XX.(X)
   ❷ 합격자 발표 : 20XX. XX. XX.(X)

※ PhotoShop 프로그램을 활용하여 [문제 1], [문제 2]를 작업하시오.

문제 1 원본 파일을 처리조건에 따라 결과 파일로 완성하시오. (50점)

《원본 파일》	《결과 파일》

《 처리조건 》

▶ 다음과 같이 캔버스 크기를 변경하시오.
 · 캔버스 크기[Canvas Size] ⇒ 가로(650 픽셀[Pixels]) × 세로(450 픽셀[Pixels])

▶ '사진1.jpg' 이미지를 불러와 기존 캔버스에 복사한 후 다음과 같이 처리하시오.
 · ① ⇒ 복구 브러시 도구[Healing Brush Tool]를 이용하여 이미지 제거
 · ② ⇒ 색상 균형[Color Balance]을 이용하여 보라색 계열로 보정
 · ③ ⇒ 색조/채도[Hue/Saturation]를 이용하여 초록색 계열로 보정
 · 밝기 조정 ⇒ 곡선[Curves]을 이용하여 이미지 조정 (입력[Input] : 80, 출력[Output] : 120)
 · 필터 효과 ⇒ 그레인[Grain]을 이용하여 필터 적용
  (강도[Intensity] : 30, 대비[Contrast] : 70, 그레인 유형[Grain Type] : 보통[Regular])

▶ 지시사항이 없는 경우는 기본 값을 적용하시오.

▶ 다음과 같은 규칙으로 JPG 파일과 PSD 파일을 각각 저장하시오.
 · 저장위치 : 바탕화면 – KAIT – 제출파일 폴더

JPG	파일명	dic_01_수검번호(6자리)_이름.JPG	PSD	파일명	dic_01_수검번호(6자리)_이름.PSD
	이미지 크기	600 X 400 픽셀[Pixels]		이미지 크기	65 X 45 픽셀[Pixels]

(예 : 수검번호가 DIC-20XX-000000인 경우 "dic_01_000000_이름.JPG"와 "dic_01_000000_이름.PSD"로 저장할 것)
(* dic_01_000000_이름.JPG와 dic_01_000000_이름.PSD 파일 중 하나라도 누락시 "0점" 처리됨)

문제 2　원본 파일을 처리조건에 따라 결과 파일로 완성하시오. (80점)

| 《원본 파일》 | 《결과 파일》 |

《 처리조건 》

▶ 다음과 같이 캔버스 크기를 변경하시오.
　· 캔버스 조정 ⇒ 캔버스 크기[Canvas Size] ⇒ 가로(650 픽셀[Pixels]) × 세로(450 픽셀[Pixels])

▶ '사진2.jpg' 이미지를 불러와 기존 캔버스에 복사한 후 다음과 같이 처리하시오.
　· ① ⇒ 모양 도구[Shape Tool] 이용
　　　　레이어 스타일 – 선/획[Stroke] (크기 : 2px, 색상 : #830404),
　　　　　　　그라디언트 오버레이[Gradient Overlay] (색상 : #e15e65 – #fffc00)
　· "World of Books" ⇒ 글꼴(Arial), 글꼴 스타일(Bold Italic), 크기(48pt), 색상(#46c127),
　　　　　　앤티 앨리어싱 : 선명하게[Sharp],
　　　　　　레이어 스타일 – 선/획[Stroke] (크기 : 5px, 색상 : #134300)
　· "책의 세상" ⇒ 글꼴(휴먼옛체), 크기(36pt), 색상(#e4c914), 앤티 앨리어싱 : 선명하게[Sharp],
　　　　　　레이어 스타일 – 선/획[Stroke] (크기 : 2px, 색상 : #000000)

▶ 사각형 도구[Rectangle Tool]와 '사진3.jpg'를 이용하여 새로운 레이어를 생성하시오.
　· 사각형의 크기 ⇒ 250 px × 60 px (단, 클리핑 마스크 기능을 이용할 것)
　　　　　　레이어 스타일 – 선/획[Stroke] (크기 : 5px, 색상 : #ffe400, 위치 : 안쪽[Inside]),
　　　　　　　그림자 효과[Drop Shadow] (혼합 모드[Blend Mode] : 곱하기[Multiply],
　　　　　　　각도[Angle] : 120˚)

▶ 지시사항이 없는 경우는 기본 값을 적용하시오.

▶ 다음과 같은 규칙으로 JPG 파일과 PSD 파일을 각각 저장하시오.
　· 저장위치 : 바탕화면 – KAIT – 제출파일 폴더

JPG	파일명	dic_02_수검번호(6자리)_이름.JPG	PSD	파일명	dic_02_수검번호(6자리)_이름.PSD
	이미지 크기	600 X 400 픽셀[Pixels]		이미지 크기	65 X 45 픽셀[Pixels]

(예 : 수검번호가 DIC-20XX-000000인 경우 "dic_02_000000_이름.JPG"와 "dic_02_000000_이름.PSD"로 저장할 것)
(* dic_02_000000_이름.JPG와 dic_02_000000_이름.PSD 파일 중 하나라도 누락시 "0점" 처리됨)

※ GOM Mix for DIAT 프로그램을 활용하여 [문제 3]을 작업하시오.

문제 3　처리조건에 따라 출력형태와 같이 완성하시오. (70점)

《 출력형태 》

동영상.mp4　　이미지1.jpg　이미지3.jpg　이미지2.jpg

《 처리조건 》

원본 파일	이미지1.jpg, 이미지2.jpg, 이미지3.jpg, 동영상.mp4, 음악.mp3

▶ 미디어 소스의 순서를 다음과 같이 지정하시오.
　· 미디어 소스 순서 ⇒ 동영상.mp4 > 이미지1.jpg > 이미지3.jpg > 이미지2.jpg

▶ 동영상 파일('동영상.mp4')을 다음과 같이 처리하시오.
　· 배속 : 1.5x　　　　　　　　　· 자르기 : 시작 시간(0.00), 재생 시간(14.20)
　· 이펙트 : 이미지 보정-모자이크(픽셀 크기 : 30)
　· 텍스트 ⇒ 텍스트 입력 :　풍성한 지식의 세상
　　　　　　텍스트 서식 : 기본 자막(바탕체, 크기 110, 000000), 윤곽선 설정(없음)
　　　　　　위치 설정(화면 정가운데 아래), 시작 시간(5.00), 클립 길이(5.00)
　· 재생 속도 설정 후 자르기를 하여야 하며, 잘라진 뒷부분의 동영상 및 트랙의 모든 공백을 삭제할 것
　· 원본 동영상에 포함된 오디오는 모두 음소거 할 것

▶ 이미지 파일을 다음과 같이 처리하시오.
　· '이미지1.jpg' ⇒ 이미지 클립 길이 : 6.00, 오버레이 : 후광 프레임(내부 반경 : 45),
　　　　　　　　　클립 트랜지션 : 역방향 대각선 블라인드(뒤로 이동, 재생 시간 : 2.00)
　· '이미지3.jpg' ⇒ 이미지 클립 길이 : 6.00, 오버레이 : 사각 비넷(두께 : 24, 페더 : 80),
　　　　　　　　　클립 트랜지션 : 줌 인(오버랩, 재생 시간 : 3.00)
　· '이미지2.jpg' ⇒ 이미지 클립 길이 : 5.00, 오버레이 : 스페이스 01(색상 : 1070c1),
　　　　　　　　　클립 트랜지션 : 타원 열기(앞으로 이동, 재생 시간 : 2.00)
　· 지시사항이 없는 경우는 기본 값을 적용하시오.

▶ 다음 조건에 따라 동영상 시작 부분에 텍스트를 지정하시오.
　· 텍스트 입력 :　지혜의 시작
　　　　　　　　(The beginning of wisdom)

　텍스트 서식(휴먼옛체, 크기 130, 507c10), 윤곽선 설정(색상 : ffffff, 두께 : 25),
　나타나기(클립 위에서 나타나기, 지속 시간 : 3.00), 시작 시간(0.00), 텍스트 클립 길이(4.00)

▶ 다음 조건에 따라 동영상 전체에 음악 파일('음악.mp3')을 삽입하시오.
　· 시작 시간 : 0.00, 재생 시간 : 29.20, 페이드 인 : 1.00
　· 재생 시간 설정 후 자르기 하여야 하며, 잘라진 뒷부분의 음악 파일은 삭제할 것

▶ 다음과 같은 규칙으로 GMEP 파일을 프로젝트 전체 저장하시오.
　· 저장위치 : 바탕화면 – KAIT – 제출파일 폴더

GMEP	파일명	dic_03_수검번호(6자리)_이름.GMEP

(예 : 수검번호가 DIC-20XX-000000인 경우 "dic_03_000000_이름.GMEP"로 프로젝트 전체 저장할 것)
(* dic_03_000000_이름.GMEP 파일 누락 / 프로젝트 전체 저장 이외의 기능을 이용하여 저장할 시 "0점" 처리됨)

실전모의고사

제**08**회

▶ 시험 과목 : 멀티미디어제작(포토샵, 곰믹스)
▶ 시험 일자 : 20XX. XX. X.(X)
▶ 수검자 기재사항 및 감독위원 확인

수검번호	DIC - XXXX -	감독위원 확인
성 명		

수검자 유의사항

1. 응시자는 신분증을 지참하여야 시험에 응시할 수 있으며, 시험이 종료될 때까지 신분증을 제시하지 못할 경우 해당 시험은 0점 처리됩니다.

2. 시스템(PC 작동 여부, 네트워크 상태 등)의 이상 여부를 반드시 확인하여야 하며, 시스템 이상이 있을 시 감독위원에게 조치를 받으셔야 합니다.

3. 시험 중 부주의 또는 고의로 시스템을 파손한 경우는 응시자 부담으로 합니다.

4. 답안 전송 프로그램을 통해 다운로드 받은 파일을 이용하여 답안 파일을 작성하시기 바랍니다.

5. 작성한 답안 파일은 답안 전송 프로그램을 통하여 전송됩니다. 감독위원의 지시에 따라 주시기 바랍니다.

6. 다음 사항의 경우 실격(0점) 혹은 부정행위 처리됩니다.
   ❶ 답안 파일을 저장하지 않았거나, 저장한 파일이 손상되었을 경우
   ❷ 답안 파일을 지정된 폴더(바탕화면 "KAIT" 폴더)에 저장하지 않았을 경우
      ※ 답안 전송 프로그램 로그인 시 바탕화면에 자동 생성됨
   ❸ 답안 파일을 다른 보조 기억장치(USB) 혹은 네트워크(메신저, 게시판 등)로 전송할 경우
   ❹ 휴대용 전화기 등 통신기기를 사용할 경우

7. [ ] 안의 지시사항은 PhotoShop 영문 버전용 입니다.

8. 답안은 PhotoShop과 Gom Mix for DIAT를 활용하여 작성하십시오.
   ※ PhotoShop 답안파일의 해상도는 72 Pixels/inch로 작성하십시오.
   ※ Gom Mix for DIAT 답안파일은 반드시 프로젝트 전체 저장하십시오.(미준수시 0점 처리)

9. 시험지에 제시된 글꼴이 응시 프로그램에 없는 경우, 반드시 감독위원에게 해당 내용을 통보한 뒤 조치를 받아야 합니다.

10. 시험의 완료는 작성이 완료된 답안을 저장하고, 답안 전송이 완료된 상태를 확인한 것으로 합니다. 답안 전송 확인 후 문제지는 감독위원에게 제출한 후 퇴실하여야 합니다.

11. 답안전송이 완료된 경우에는 수정 또는 정정이 불가능합니다.

12. 시험시행 후 문제 공개 및 합격자 발표는 홈페이지(www.ihd.or.kr)에서 확인하시기 바랍니다.
    ❶ 문제 및 모범답안 공개 : 20XX. XX. XX.(X)
    ❷ 합격자 발표 : 20XX. XX. XX.(X)

※ PhotoShop 프로그램을 활용하여 [문제 1], [문제 2]를 작업하시오.

문제 1　원본 파일을 처리조건에 따라 결과 파일로 완성하시오. (50점)

《원본 파일》	《결과 파일》

《 처리조건 》

▶ 다음과 같이 캔버스 크기를 변경하시오.

· 캔버스 크기[Canvas Size] ⇒ 가로(650 픽셀[Pixels]) × 세로(450 픽셀[Pixels])

▶ '사진1.jpg' 이미지를 불러와 기존 캔버스에 복사한 후 다음과 같이 처리하시오.

· ① ⇒ 복구 브러시 도구[Healing Brush Tool]를 이용하여 이미지 제거
· ② ⇒ 색조/채도[Hue/Saturation]를 이용하여 파란색 계열로 보정
· ③ ⇒ 색상 균형[Color Balance]을 이용하여 빨간색 계열로 보정
· 밝기 조정 ⇒ 곡선[Curves]을 이용하여 이미지 조정 (입력[Input] : 100, 출력[Output] : 120)
· 필터 효과 ⇒ 그물눈[Crosshatch]을 이용하여 필터 적용
　　　　　　　(선/획 길이[Stroke Length] : 5, 선명도[Sharpness] : 10, 강도[Strength] : 1)

▶ 지시사항이 없는 경우는 기본 값을 적용하시오.

▶ 다음과 같은 규칙으로 JPG 파일과 PSD 파일을 각각 저장하시오.

· 저장위치 : 바탕화면 – KAIT – 제출파일 폴더

JPG	파일명	dic_01_수검번호(6자리)_이름.JPG	PSD	파일명	dic_01_수검번호(6자리)_이름.PSD
	이미지 크기	600 X 400 픽셀[Pixels]		이미지 크기	65 X 45 픽셀[Pixels]

(예 : 수검번호가 DIC-20XX-000000인 경우 "dic_01_000000_이름.JPG"와 "dic_01_000000_이름.PSD"로 저장할 것)
(* dic_01_000000_이름.JPG와 dic_01_000000_이름.PSD 파일 중 하나라도 누락시 "0점" 처리됨)

문제 2　원본 파일을 처리조건에 따라 결과 파일로 완성하시오. (80점)

《원본 파일》	《결과 파일》

《 처리조건 》

▶ 다음과 같이 캔버스 크기를 변경하시오.
　　· 캔버스 조정 ⇒ 캔버스 크기[Canvas Size] ⇒ 가로(650 픽셀[Pixels]) × 세로(450 픽셀[Pixels])

▶ '사진2.jpg' 이미지를 불러와 기존 캔버스에 복사한 후 다음과 같이 처리하시오.
　　· ① ⇒ 모양 도구[Shape Tool] 이용
　　　　　레이어 스타일 – 선/획[Stroke] (크기 : 2px, 색상 : #333300),
　　　　　　　　　　　　그라디언트 오버레이[Gradient Overlay] (색상 : #ff6600 – #ffff00)
　　· "Big and Small Dolls" ⇒ 글꼴(Arial), 글꼴 스타일(Bold Italic), 크기(48pt), 색상(#003399),
　　　　　　　　　앤티 앨리어싱 : 선명하게[Sharp],
　　　　　　　　　레이어 스타일 – 선/획[Stroke] (크기 : 4px, 색상 : #66ffff)
　　· "크고 작은 인형들" ⇒ 글꼴(돋움체), 크기(36pt), 색상(#ffff33),
　　　　　　　　　앤티 앨리어싱 : 선명하게[Sharp],
　　　　　　　　　레이어 스타일 – 선/획[Stroke] (크기 : 2px, 색상 : #000000)

▶ 사각형 도구[Rounded Rectangle Tool]와 '사진3.jpg'를 이용하여 새로운 레이어를 생성하시오.
　　· 사각형의 크기 ⇒ 200 px × 200 px (단, 클리핑 마스크 기능을 이용할 것)
　　　　　　　　　레이어 스타일 – 선/획[Stroke] (크기 : 4px, 색상 : #ff9900 위치 : 안쪽[Inside]),
　　　　　　　　　그림자 효과[Drop Shadow] (혼합 모드[Blend Mode] : 곱하기[Multiply],
　　　　　　　　　각도[Angle] : 130˚)

▶ 지시사항이 없는 경우는 기본 값을 적용하시오.

▶ 다음과 같은 규칙으로 JPG 파일과 PSD 파일을 각각 저장하시오.
　　· 저장위치 : 바탕화면 – KAIT – 제출파일 폴더

JPG	파일명	dic_02_수검번호(6자리)_이름.JPG	PSD	파일명	dic_02_수검번호(6자리)_이름.PSD
	이미지 크기	600 X 400 픽셀[Pixels]		이미지 크기	65 X 45 픽셀[Pixels]

(예 : 수검번호가 DIC-20XX-000000인 경우 "dic_02_000000_이름.JPG"와 "dic_02_000000_이름.PSD"로 저장할 것)
(* dic_02_000000_이름.JPG와 dic_02_000000_이름.PSD 파일 중 하나라도 누락시 "0점" 처리됨)

※ GOM Mix for DIAT 프로그램을 활용하여 [문제 3]을 작업하시오.

문제 3 처리조건에 따라 출력형태와 같이 완성하시오. (70점)

《 출력형태 》

동영상.mp4　이미지3.jpg　이미지2.jpg　이미지1.jpg

《 처리조건 》

원본 파일	이미지1.jpg, 이미지2.jpg, 이미지3.jpg, 동영상.mp4, 음악.mp3

▶ 미디어 소스의 순서를 다음과 같이 지정하시오.
　· 미디어 소스 순서 ⇒ 동영상.mp4 > 이미지3.jpg > 이미지2.jpg > 이미지1.jpg

▶ 동영상 파일('동영상.mp4')을 다음과 같이 처리하시오.
　· 배속 : 1.3x　　　　　　　　　· 자르기 : 시작 시간(0.00), 재생 시간(13.10)
　· 이펙트 : 이미지 보정-그런지 스탬프(강도 : 20, 경곗값 : 30)
　· 텍스트 ⇒ 텍스트 입력 : 　각각 따로 움직이는 인형들
　　　　　　　텍스트 서식 : 기본 자막(궁서체, 크기 100, aff32a), 윤곽선 설정(없음)
　　　　　　　위치 설정(화면 정가운데 아래), 시작 시간(4.20), 클립 길이(5.00)
　· 재생 속도 설정 후 자르기를 하여야 하며, 잘라진 뒷부분의 동영상 및 트랙의 모든 공백을 삭제할 것
　· 원본 동영상에 포함된 오디오는 모두 음소거 할 것

▶ 이미지 파일을 다음과 같이 처리하시오.
　· '이미지3.jpg' ⇒ 이미지 클립 길이 : 6.00, 오버레이 : 흩날림(개수/양 : 90),
　　　　　　　　　클립 트랜지션 : 가로 나누기(오버랩, 재생 시간 : 2.00)
　· '이미지2.jpg' ⇒ 이미지 클립 길이 : 6.00, 오버레이 : 영롱한(크기 15),
　　　　　　　　　클립 트랜지션 : 문 열기(오버랩, 재생 시간 : 1.00)
　· '이미지1.jpg' ⇒ 이미지 클립 길이 : 5.00, 오버레이 : 집중선 01(속도 : 1),
　　　　　　　　　클립 트랜지션 : 디졸브(앞으로 이동, 재생 시간 : 2.00)
　· 지시사항이 없는 경우는 기본 값을 적용하시오.

▶ 다음 조건에 따라 동영상 시작 부분에 텍스트를 지정하시오.

　· 텍스트 입력 : 　움직이는 인형들
　　　　　　　　(Moving Dolls)
　　텍스트 서식(휴먼엑스포, 크기 130, ffffff), 윤곽선 설정(색상 : 000000, 두께 : 30),
　　나타나기(오른쪽으로 닦아내기, 지속 시간 : 2.00), 시작 시간(0.00), 텍스트 클립 길이(4.00)

▶ 다음 조건에 따라 동영상 전체에 음악 파일('음악.mp3')을 삽입하시오.
　· 시작 시간 : 0.00, 재생 시간 : 30.00, 페이드 아웃 : 2.00
　· 재생 시간 설정 후 자르기 하여야 하며, 잘라진 뒷부분의 음악 파일은 삭제할 것

▶ 다음과 같은 규칙으로 GMEP 파일을 프로젝트 전체 저장하시오.
　· 저장위치 : 바탕화면 - KAIT - 제출파일 폴더

GMEP	파일명	dic_03_수검번호(6자리)_이름.GMEP

(예 : 수검번호가 DIC-20XX-000000인 경우 "dic_03_000000_이름.GMEP"로 프로젝트 전체 저장할 것)
(* dic_03_000000_이름.GMEP 파일 누락 / 프로젝트 전체 저장 이외의 기능을 이용하여 저장할 시 "0점" 처리됨)

실전모의고사

▶ 시험 과목 : 멀티미디어제작(포토샵, 곰믹스)
▶ 시험 일자 : 20XX. XX. X.(X)
▶ 수검자 기재사항 및 감독위원 확인

수검번호	DIC - XXXX -	감독위원 확인
성 명		

수검자 유의사항

1. 응시자는 신분증을 지참하여야 시험에 응시할 수 있으며, 시험이 종료될 때까지 신분증을 제시하지 못할 경우 해당 시험은 0점 처리됩니다.

2. 시스템(PC 작동 여부, 네트워크 상태 등)의 이상 여부를 반드시 확인하여야 하며, 시스템 이상이 있을 시 감독위원에게 조치를 받으셔야 합니다.

3. 시험 중 부주의 또는 고의로 시스템을 파손한 경우는 응시자 부담으로 합니다.

4. 답안 전송 프로그램을 통해 다운로드 받은 파일을 이용하여 답안 파일을 작성하시기 바랍니다.

5. 작성한 답안 파일은 답안 전송 프로그램을 통하여 전송됩니다. 감독위원의 지시에 따라 주시기 바랍니다.

6. 다음 사항의 경우 실격(0점) 혹은 부정행위 처리됩니다.
   ❶ 답안 파일을 저장하지 않았거나, 저장한 파일이 손상되었을 경우
   ❷ 답안 파일을 지정된 폴더(바탕화면 "KAIT" 폴더)에 저장하지 않았을 경우
      ※ 답안 전송 프로그램 로그인 시 바탕화면에 자동 생성됨
   ❸ 답안 파일을 다른 보조 기억장치(USB) 혹은 네트워크(메신저, 게시판 등)로 전송할 경우
   ❹ 휴대용 전화기 등 통신기기를 사용할 경우

7. [ ] 안의 지시사항은 PhotoShop 영문 버전용 입니다.

8. 답안은 PhotoShop과 Gom Mix for DIAT를 활용하여 작성하십시오.
   ※ PhotoShop 답안파일의 해상도는 72 Pixels/inch로 작성하십시오.
   ※ Gom Mix for DIAT 답안파일은 반드시 프로젝트 전체 저장하십시오.(미준수시 0점 처리)

9. 시험지에 제시된 글꼴이 응시 프로그램에 없는 경우, 반드시 감독위원에게 해당 내용을 통보한 뒤 조치를 받아야 합니다.

10. 시험의 완료는 작성이 완료된 답안을 저장하고, 답안 전송이 완료된 상태를 확인한 것으로 합니다. 답안 전송 확인 후 문제지는 감독위원에게 제출한 후 퇴실하여야 합니다.

11. 답안전송이 완료된 경우에는 수정 또는 정정이 불가능합니다.

12. 시험시행 후 문제 공개 및 합격자 발표는 홈페이지(www.ihd.or.kr)에서 확인하시기 바랍니다.
   ❶ 문제 및 모범답안 공개 : 20XX. XX. XX.(X)
   ❷ 합격자 발표 : 20XX. XX. XX.(X)

※ PhotoShop 프로그램을 활용하여 [문제 1], [문제 2]를 작업하시오.

문제 1　원본 파일을 처리조건에 따라 결과 파일로 완성하시오. (50점)

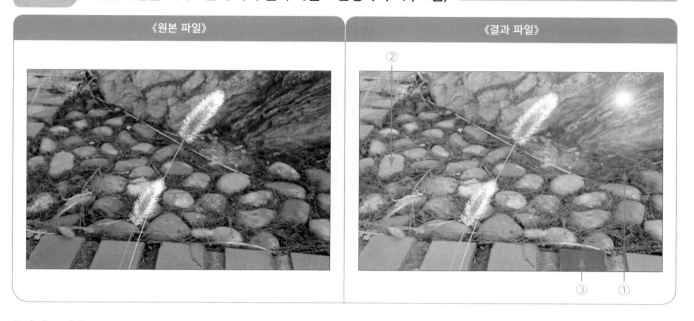

《 처리조건 》

▶ 다음과 같이 캔버스 크기를 변경하시오.
　　· 캔버스 크기[Canvas Size] ⇒ 가로(650 픽셀[Pixels]) × 세로(450 픽셀[Pixels])

▶ '사진1.jpg' 이미지를 불러와 기존 캔버스에 복사한 후 다음과 같이 처리하시오.
　　· ① ⇒ 복구 브러시 도구[Healing Brush Tool]를 이용하여 이미지 제거
　　· ② ⇒ 색조/채도[Hue/Saturation]를 이용하여 초록색 계열로 보정
　　· ③ ⇒ 색상 균형[Color Balance]을 이용하여 빨간색 계열로 보정
　　· 밝기 조정 ⇒ 곡선[Curves]을 이용하여 이미지 조정 (입력[Input] : 80, 출력[Output] : 110)
　　· 필터 효과 ⇒ 렌즈 플레어[Lens Flare]를 이용하여 필터 적용
　　　　　　　　(명도[Brightness] : 120%, 렌즈 유형[Lens Type] : 35mm 프라임[35mm Prime])

▶ 지시사항이 없는 경우는 기본 값을 적용하시오.

▶ 다음과 같은 규칙으로 JPG 파일과 PSD 파일을 각각 저장하시오.
　　· 저장위치 : 바탕화면 – KAIT – 제출파일 폴더

JPG	파일명	dic_01_수검번호(6자리)_이름.JPG	PSD	파일명	dic_01_수검번호(6자리)_이름.PSD
	이미지 크기	600 X 400 픽셀[Pixels]		이미지 크기	65 X 45 픽셀[Pixels]

(예 : 수검번호가 DIC-20XX-000000인 경우 "dic_01_000000_이름.JPG"와 "dic_01_000000_이름.PSD"로 저장할 것)
(* dic_01_000000_이름.JPG와 dic_01_000000_이름.PSD 파일 중 하나라도 누락시 "0점" 처리됨)

문제 2　　원본 파일을 처리조건에 따라 결과 파일로 완성하시오. (80점)

| 《원본 파일》 | 《결과 파일》 |

《 처리조건 》

▶ 다음과 같이 캔버스 크기를 변경하시오.
- 캔버스 조정 ⇒ 캔버스 크기[Canvas Size] ⇒ 가로(650 픽셀[Pixels]) × 세로(450 픽셀[Pixels])

▶ '사진2.jpg' 이미지를 불러와 기존 캔버스에 복사한 후 다음과 같이 처리하시오.
- ① ⇒ 모양 도구[Shape Tool] 이용
　　레이어 스타일 – 선/획[Stroke] (크기 : 2px, 색상 : #312500),
　　　　　　　그라디언트 오버레이[Gradient Overlay] (색상 : #138811 – #ff7800)
- "Reed & Dandelion" ⇒ 글꼴(Arial), 글꼴 스타일(Bold Italic), 크기(48pt), 색상(#ff9600),
　　　　　앤티 앨리어싱 : 선명하게[Sharp],
　　　　　레이어 스타일 – 선/획[Stroke] (크기 : 5px, 색상 : #693900)
- "갈대와 민들레" ⇒ 글꼴(궁서체), 크기(36pt), 색상(#ffe13b), 앤티 앨리어싱 : 선명하게[Sharp],
　　　　　레이어 스타일 – 선/획[Stroke] (크기 : 2px, 색상 : #000000)

▶ 타원 도구[Ellipse Tool]와 '사진3.jpg'를 이용하여 새로운 레이어를 생성하시오.
- 원의 크기 ⇒ 180 px × 180 px (단, 클리핑 마스크 기능을 이용할 것)
　　　　레이어 스타일 – 선/획[Stroke] (크기 : 5px, 색상 : #eaca00, 위치 : 안쪽[Inside]),
　　　　　그림자 효과[Drop Shadow] (혼합 모드[Blend Mode] : 곱하기[Multiply],
　　　　　각도[Angle] : 120˚)

▶ 지시사항이 없는 경우는 기본 값을 적용하시오.

▶ 다음과 같은 규칙으로 JPG 파일과 PSD 파일을 각각 저장하시오.
- 저장위치 : 바탕화면 – KAIT – 제출파일 폴더

JPG	파일명	dic_02_수검번호(6자리)_이름.JPG	PSD	파일명	dic_02_수검번호(6자리)_이름.PSD
	이미지 크기	600 X 400 픽셀[Pixels]		이미지 크기	65 X 45 픽셀[Pixels]

(예 : 수검번호가 DIC-20XX-000000인 경우 "dic_02_000000_이름.JPG"와 "dic_02_000000_이름.PSD"로 저장할 것)
(* dic_02_000000_이름.JPG와 dic_02_000000_이름.PSD 파일 중 하나라도 누락시 "0점" 처리됨)

※ GOM Mix for DIAT 프로그램을 활용하여 [문제 3]을 작업하시오.

문제 3 처리조건에 따라 출력형태와 같이 완성하시오. (70점)

《 출력형태 》

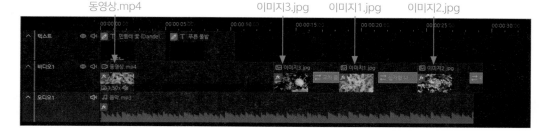

《 처리조건 》

원본 파일	이미지1.jpg, 이미지2.jpg, 이미지3.jpg, 동영상.mp4, 음악.mp3

▶ 미디어 소스의 순서를 다음과 같이 지정하시오.
· 미디어 소스 순서 ⇒ 동영상.mp4 > 이미지3.jpg > 이미지1.jpg > 이미지2.jpg

▶ 동영상 파일('동영상.mp4')을 다음과 같이 처리하시오.
· 배속 : 1.5x　　　　　　　　　　　· 자르기 : 시작 시간(0.00), 재생 시간(13.10)
· 이펙트 : LUT 필터-카메라 필름-카메라 필름 09(노출 : 14, 감마 : 0.5)
· 텍스트 ⇒ 텍스트 입력 : ┌ 푸른 풀밭 ┐
　　　　　　　텍스트 서식 : 기본 자막(돋움체, 크기 150, c40000), 윤곽선 설정(없음)
　　　　　　　위치 설정(화면 정가운데 아래), 시작 시간(5.10), 클립 길이(5.00)
· 재생 속도 설정 후 자르기를 하여야 하며, 잘라진 뒷부분의 동영상 및 트랙의 모든 공백을 삭제할 것
· 원본 동영상에 포함된 오디오는 모두 음소거 할 것

▶ 이미지 파일을 다음과 같이 처리하시오.
· '이미지3.jpg' ⇒ 이미지 클립 길이 : 5.00, 오버레이 : 집중선 01(반경 : 90),
　　　　　　　　클립 트랜지션 : 교차 줌(앞으로 이동, 재생 시간 : 2.00)
· '이미지1.jpg' ⇒ 이미지 클립 길이 : 6.00, 오버레이 : 수면 아래(강도 : 73),
　　　　　　　　클립 트랜지션 : 십자형 나누기(앞으로 이동, 재생 시간 : 3.00)
· '이미지2.jpg' ⇒ 이미지 클립 길이 : 5.00, 오버레이 : 내려앉는(속도 : 7),
　　　　　　　　클립 트랜지션 : 위로 닦아내기(앞으로 이동, 재생 시간 : 1.00)
· 지시사항이 없는 경우는 기본 값을 적용하시오.

▶ 다음 조건에 따라 동영상 시작 부분에 텍스트를 지정하시오.

· 텍스트 입력 : ┌ 민들레 꽃 (Dandelion Flower) ┐

텍스트 서식(휴먼엑스포, 크기 110, ff3400), 윤곽선 설정(색상 : e3fe37, 두께 : 20),
나타나기(서서히 나타나기, 지속 시간 : 2.00), 시작 시간(0.00), 텍스트 클립 길이(5.00)

▶ 다음 조건에 따라 동영상 전체에 음악 파일('음악.mp3')을 삽입하시오.
· 시작 시간 : 0.00, 재생 시간 : 28.20, 페이드 아웃 : 3.00
· 재생 시간 설정 후 자르기 하여야 하며, 잘라진 뒷부분의 음악 파일은 삭제할 것

▶ 다음과 같은 규칙으로 GMEP 파일을 프로젝트 전체 저장하시오.
· 저장위치 : 바탕화면 – KAIT – 제출파일 폴더

GMEP	파일명	dic_03_수검번호(6자리)_이름.GMEP

(예 : 수검번호가 DIC-20XX-000000인 경우 "dic_03_000000_이름.GMEP"로 프로젝트 전체 저장할 것)
(* dic_03_000000_이름.GMEP 파일 누락 / 프로젝트 전체 저장 이외의 기능을 이용하여 저장할 시 "0점" 처리됨)

제 10 회 실전모의고사

▶ 시험 과목 : 멀티미디어제작(포토샵, 곰믹스)
▶ 시험 일자 : 20XX. XX. X.(X)
▶ 수검자 기재사항 및 감독위원 확인

수검번호	DIC - XXXX -	감독위원 확인
성 명		

수검자 유의사항

1. 응시자는 신분증을 지참하여야 시험에 응시할 수 있으며, 시험이 종료될 때까지 신분증을 제시하지 못할 경우 해당 시험은 0점 처리됩니다.

2. 시스템(PC 작동 여부, 네트워크 상태 등)의 이상 여부를 반드시 확인하여야 하며, 시스템 이상이 있을 시 감독위원에게 조치를 받으셔야 합니다.

3. 시험 중 부주의 또는 고의로 시스템을 파손한 경우는 응시자 부담으로 합니다.

4. 답안 전송 프로그램을 통해 다운로드 받은 파일을 이용하여 답안 파일을 작성하시기 바랍니다.

5. 작성한 답안 파일은 답안 전송 프로그램을 통하여 전송됩니다. 감독위원의 지시에 따라 주시기 바랍니다.

6. 다음 사항의 경우 실격(0점) 혹은 부정행위 처리됩니다.

   ❶ 답안 파일을 저장하지 않았거나, 저장한 파일이 손상되었을 경우

   ❷ 답안 파일을 지정된 폴더(바탕화면 "KAIT" 폴더)에 저장하지 않았을 경우

   ※ 답안 전송 프로그램 로그인 시 바탕화면에 자동 생성됨

   ❸ 답안 파일을 다른 보조 기억장치(USB) 혹은 네트워크(메신저, 게시판 등)로 전송할 경우

   ❹ 휴대용 전화기 등 통신기기를 사용할 경우

7. [ ] 안의 지시사항은 PhotoShop 영문 버전용 입니다.

8. 답안은 PhotoShop과 Gom Mix for DIAT를 활용하여 작성하십시오.

   ※ PhotoShop 답안파일의 해상도는 72 Pixels/inch로 작성하십시오.

   ※ Gom Mix for DIAT 답안파일은 반드시 프로젝트 전체 저장하십시오.(미준수시 0점 처리)

9. 시험지에 제시된 글꼴이 응시 프로그램에 없는 경우, 반드시 감독위원에게 해당 내용을 통보한 뒤 조치를 받아야 합니다.

10. 시험의 완료는 작성이 완료된 답안을 저장하고, 답안 전송이 완료된 상태를 확인한 것으로 합니다. 답안 전송 확인 후 문제지는 감독위원에게 제출한 후 퇴실하여야 합니다.

11. 답안전송이 완료된 경우에는 수정 또는 정정이 불가능합니다.

12. 시험시행 후 문제 공개 및 합격자 발표는 홈페이지(www.ihd.or.kr)에서 확인하시기 바랍니다.

   ❶ 문제 및 모범답안 공개 : 20XX. XX. XX.(X)

   ❷ 합격자 발표 : 20XX. XX. XX.(X)

※ PhotoShop 프로그램을 활용하여 [문제 1], [문제 2]를 작업하시오.

문제 1 원본 파일을 처리조건에 따라 결과 파일로 완성하시오. (50점)

《원본 파일》	《결과 파일》

《 처리조건 》

▶ 다음과 같이 캔버스 크기를 변경하시오.
 · 캔버스 크기[Canvas Size] ⇒ 가로(650 픽셀[Pixels]) × 세로(450 픽셀[Pixels])

▶ '사진1.jpg' 이미지를 불러와 기존 캔버스에 복사한 후 다음과 같이 처리하시오.
 · ① ⇒ 복구 브러시 도구[Healing Brush Tool]를 이용하여 이미지 제거
 · ② ⇒ 색조/채도[Hue/Saturation]를 이용하여 파란색 계열로 보정
 · ③ ⇒ 색상 균형[Color Balance]을 이용하여 빨간색 계열로 보정
 · 밝기 조정 ⇒ 곡선[Curves]을 이용하여 이미지 조정 (입력[Input] : 80, 출력[Output] : 110)
 · 필터 효과 ⇒ 그레인[Grain]을 이용하여 필터 적용
   (강도[Intensity] : 40 대비[Contrast] : 50, 그레인 유형[Grain Type] : 부드럽게[Soft])

▶ 지시사항이 없는 경우는 기본 값을 적용하시오.

▶ 다음과 같은 규칙으로 JPG 파일과 PSD 파일을 각각 저장하시오.
 · 저장위치 : 바탕화면 – KAIT – 제출파일 폴더

JPG	파일명	dic_01_수검번호(6자리)_이름.JPG	PSD	파일명	dic_01_수검번호(6자리)_이름.PSD
	이미지 크기	600 X 400 픽셀[Pixels]		이미지 크기	65 X 45 픽셀[Pixels]

(예 : 수검번호가 DIC-20XX-000000인 경우 "dic_01_000000_이름.JPG"와 "dic_01_000000_이름.PSD"로 저장할 것)
(* dic_01_000000_이름.JPG와 dic_01_000000_이름.PSD 파일 중 하나라도 누락시 "0점" 처리됨)

문제 2　원본 파일을 처리조건에 따라 결과 파일로 완성하시오. (80점)

《원본 파일》	《결과 파일》

《 처리조건 》

▶ 다음과 같이 캔버스 크기를 변경하시오.
   · 캔버스 조정 ⇒ 캔버스 크기[Canvas Size] : 가로(650 픽셀[Pixels]) × 세로(350 픽셀[Pixels])
   　　　　　　　 캔버스 배경색(색상 : #007eff)

▶ '사진2.jpg'를 이용하여 새로운 레이어를 생성하시오.
   · 이미지 복사 ⇒ 자유 변형[Free Transform] 으로 캔버스 크기에 맞게 변형, 레이어 이름 – '임진강역'
   　　　　　　　 레이어 마스크[Layer Mask] 설정, 가로 방향으로 흐릿하게
   · "Story of Imjingang station" ⇒ 글꼴(Arial), 글꼴 스타일(Bold Italic), 크기(36pt), 색상(#ffcc00),
   　　　　　　　　　　　　　　　　 앤티 앨리어싱 : 선명하게[Sharp],
   　　　　　　　　　　　　　　　　 레이어 스타일 – 선/획[Stroke] (크기 : 5px, 색상 : #000000)
   · "임진강역 이야기" ⇒ 글꼴(휴먼옛체), 크기(30pt), 색상(#ff3c00), 앤티 앨리어싱 : 선명하게[Sharp],
   　　　　　　　　　　　 레이어 스타일 – 선/획[Stroke] (크기 : 2px, 색상 : #430000)

▶ '사진3.jpg'를 이용하여 새로운 레이어를 생성하시오.
   · 이미지 복사 ⇒ 자유 변형[Free Transform]으로 크기 변형, 레이어 이름 – '나의 조국'
   　　　　　　　 레이어 스타일 – 그림자 효과[Drop Shadow] (혼합 모드[Blend Mode] : 곱하기[Multiply],
   　　　　　　　　　　　　　　　　 각도[Angle] : 120˚)
   · '사진3.jpg'의 자유 변형[Free Transform] 후, 이미지의 형태는 결과 파일과 동일할 것

▶ 지시사항이 없는 경우는 기본 값을 적용하시오.

▶ 다음과 같은 규칙으로 JPG 파일과 PSD 파일을 각각 저장하시오.
   · 저장위치 : 바탕화면 – KAIT – 제출파일 폴더

JPG	파일명	dic_02_수검번호(6자리)_이름.JPG	PSD	파일명	dic_02_수검번호(6자리)_이름.PSD
	이미지 크기	600 X 300 픽셀[Pixels]		이미지 크기	65 X 35 픽셀[Pixels]

(예 : 수검번호가 DIC-20XX-000000인 경우 "dic_02_000000_이름.JPG"와 "dic_02_000000_이름.PSD"로 저장할 것)
(* dic_02_000000_이름.JPG와 dic_02_000000_이름.PSD 파일 중 하나라도 누락시 "0점" 처리됨)

※ GOM Mix for DIAT 프로그램을 활용하여 [문제 3]을 작업하시오.

문제 3   처리조건에 따라 출력형태와 같이 완성하시오. (70점)

《 출력형태 》

《 처리조건 》

원본 파일	이미지1.jpg, 이미지2.jpg, 이미지3.jpg, 동영상.mp4, 음악.mp3

▶ 미디어 소스의 순서를 다음과 같이 지정하시오.
- 미디어 소스 순서 ⇒ 동영상.mp4 > 이미지2.jpg > 이미지1.jpg > 이미지3.jpg

▶ 동영상 파일('동영상.mp4')을 다음과 같이 처리하시오.
- 배속 : 1.4x   · 자르기 : 시작 시간(0.00), 재생 시간(14.00)
- 이펙트 : 이미지 보정–부드럽게(강도 : 20)
- 텍스트 ⇒ 텍스트 입력 :   임진강역에서의 하루

  텍스트 서식 : 기본 자막(휴먼옛체, 크기 130, ecd31c), 윤곽선 설정(없음)
  위치 설정(화면 정가운데 아래), 시작 시간(5.20), 클립 길이(5.00)
- 재생 속도 설정 후 자르기를 하여야 하며, 잘라진 뒷부분의 동영상 및 트랙의 모든 공백을 삭제할 것
- 원본 동영상에 포함된 오디오는 모두 음소거 할 것

▶ 이미지 파일을 다음과 같이 처리하시오.
- '이미지2.jpg' ⇒ 이미지 클립 길이 : 6.00, 오버레이 : 지나가는 01(속도 : 10),
  클립 트랜지션 : 디졸브(오버랩, 재생 시간 : 2.00)
- '이미지1.jpg' ⇒ 이미지 클립 길이 : 5.00, 오버레이 : 흩날림(개수/양 : 35),
  클립 트랜지션 : 아래로 밀기(앞으로 이동, 재생 시간 : 1.00)
- '이미지3.jpg' ⇒ 이미지 클립 길이 : 6.00, 오버레이 : 원형 비넷(반경 : 65, 페더 : 80),
  클립 트랜지션 : 마름모 열기(앞으로 이동, 재생 시간 : 1.00)
- 지시사항이 없는 경우는 기본 값을 적용하시오.

▶ 다음 조건에 따라 동영상 시작 부분에 텍스트를 지정하시오.
- 텍스트 입력 :   대한민국의 철도
  (Railways of Korea)

  텍스트 서식(휴먼엑스포, 크기 120, 009511), 윤곽선 설정(색상 : ffffff, 두께 : 50),
  나타나기(오른쪽으로 닦아내기, 지속 시간 : 2.00), 시작 시간(0.00), 텍스트 클립 길이(5.00)

▶ 다음 조건에 따라 동영상 전체에 음악 파일('음악.mp3')을 삽입하시오.
- 시작 시간 : 0.00, 재생 시간 : 30.10, 페이드 아웃 : 2.00
- 재생 시간 설정 후 자르기 하여야 하며, 잘라진 뒷부분의 음악 파일은 삭제할 것

▶ 다음과 같은 규칙으로 GMEP 파일을 프로젝트 전체 저장하시오.
- 저장위치 : 바탕화면 – KAIT – 제출파일 폴더

GMEP	파일명	dic_03_수검번호(6자리)_이름.GMEP

(예 : 수검번호가 DIC-20XX-000000인 경우 "dic_03_000000_이름.GMEP"로 프로젝트 전체 저장할 것)
(* dic_03_000000_이름.GMEP 파일 누락 / 프로젝트 전체 저장 이외의 기능을 이용하여 저장할 시 "0점" 처리됨)

제 **11** 회 **실전모의고사**

▶ 시험 과목 : 멀티미디어제작(포토샵, 곰믹스)
▶ 시험 일자 : 20XX. XX. X.(X)
▶ 수검자 기재사항 및 감독위원 확인

수검번호	DIC - XXXX -	감독위원 확인
성 명		

수검자 유의사항

1. 응시자는 신분증을 지참하여야 시험에 응시할 수 있으며, 시험이 종료될 때까지 신분증을 제시하지 못할 경우 해당 시험은 0점 처리됩니다.

2. 시스템(PC 작동 여부, 네트워크 상태 등)의 이상 여부를 반드시 확인하여야 하며, 시스템 이상이 있을 시 감독위원에게 조치를 받으셔야 합니다.

3. 시험 중 부주의 또는 고의로 시스템을 파손한 경우는 응시자 부담으로 합니다.

4. 답안 전송 프로그램을 통해 다운로드 받은 파일을 이용하여 답안 파일을 작성하시기 바랍니다.

5. 작성한 답안 파일은 답안 전송 프로그램을 통하여 전송됩니다. 감독위원의 지시에 따라 주시기 바랍니다.

6. 다음 사항의 경우 실격(0점) 혹은 부정행위 처리됩니다.

   ❶ 답안 파일을 저장하지 않았거나, 저장한 파일이 손상되었을 경우
   ❷ 답안 파일을 지정된 폴더(바탕화면 "KAIT" 폴더)에 저장하지 않았을 경우
      ※ 답안 전송 프로그램 로그인 시 바탕화면에 자동 생성됨
   ❸ 답안 파일을 다른 보조 기억장치(USB) 혹은 네트워크(메신저, 게시판 등)로 전송할 경우
   ❹ 휴대용 전화기 등 통신기기를 사용할 경우

7. [ ] 안의 지시사항은 PhotoShop 영문 버전용 입니다.

8. 답안은 PhotoShop과 Gom Mix for DIAT를 활용하여 작성하십시오.
   ※ PhotoShop 답안파일의 해상도는 72 Pixels/inch로 작성하십시오.
   ※ Gom Mix for DIAT 답안파일은 반드시 프로젝트 전체 저장하십시오.(미준수시 0점 처리)

9. 시험지에 제시된 글꼴이 응시 프로그램에 없는 경우, 반드시 감독위원에게 해당 내용을 통보한 뒤 조치를 받아야 합니다.

10. 시험의 완료는 작성이 완료된 답안을 저장하고, 답안 전송이 완료된 상태를 확인한 것으로 합니다. 답안 전송 확인 후 문제지는 감독위원에게 제출한 후 퇴실하여야 합니다.

11. 답안전송이 완료된 경우에는 수정 또는 정정이 불가능합니다.

12. 시험시행 후 문제 공개 및 합격자 발표는 홈페이지(www.ihd.or.kr)에서 확인하시기 바랍니다.
   ❶ 문제 및 모범답안 공개 : 20XX. XX. XX.(X)
   ❷ 합격자 발표 : 20XX. XX. XX.(X)

식별CODE
멀

Korea Association for ICT Promotion
한국정보통신진흥협회 **KAIT**

※ PhotoShop 프로그램을 활용하여 [문제 1], [문제 2]를 작업하시오.

문제 1　　원본 파일을 처리조건에 따라 결과 파일로 완성하시오. (50점)

《원본 파일》	《결과 파일》

《 처리조건 》

▶ 다음과 같이 캔버스 크기를 변경하시오.
　　· 캔버스 크기[Canvas Size] ⇒ 가로(650 픽셀[Pixels]) × 세로(450 픽셀[Pixels])

▶ '사진1.jpg' 이미지를 불러와 기존 캔버스에 복사한 후 다음과 같이 처리하시오.
　　· ① ⇒ 복제 도장 도구[Clone Stamp Tool]를 이용하여 이미지 복사
　　· ② ⇒ 색조/채도[Hue/Saturation]를 이용하여 초록색 계열로 보정
　　· ③ ⇒ 색상 균형[Color Balance]을 이용하여 파란색 계열로 보정
　　· 밝기 조정 ⇒ 곡선[Curves]을 이용하여 이미지 조정 (입력[Input] : 80, 출력[Output] : 120)
　　· 필터 효과 ⇒ 텍스처화[Texturizer]를 이용하여 필터 적용
　　　　　　　(텍스처[Texture] : 캔버스[Canvas], 비율[Scaling] : 80%, 부조[Relief] : 4, 조명[Light] : 위[Top])

▶ 지시사항이 없는 경우는 기본 값을 적용하시오.

▶ 다음과 같은 규칙으로 JPG 파일과 PSD 파일을 각각 저장하시오.
　　· 저장위치 : 바탕화면 – KAIT – 제출파일 폴더

JPG	파일명	dic_01_수검번호(6자리)_이름.JPG	PSD	파일명	dic_01_수검번호(6자리)_이름.PSD
	이미지 크기	600 X 400 픽셀[Pixels]		이미지 크기	65 X 45 픽셀[Pixels]

(예 : 수검번호가 DIC-20XX-000000인 경우 "dic_01_000000_이름.JPG"와 "dic_01_000000_이름.PSD"로 저장할 것)
(* dic_01_000000_이름.JPG와 dic_01_000000_이름.PSD 파일 중 하나라도 누락시 "0점" 처리됨)

문제 2 원본 파일을 처리조건에 따라 결과 파일로 완성하시오. (80점)

| 《원본 파일》 | 《결과 파일》 |

《 처리조건 》

▶ 다음과 같이 캔버스 크기를 변경하시오.
  · 캔버스 조정 ⇒ 캔버스 크기[Canvas Size] ⇒ 가로(650 픽셀[Pixels]) × 세로(450 픽셀[Pixels])

▶ '사진2.jpg' 이미지를 불러와 기존 캔버스에 복사한 후 다음과 같이 처리하시오.
  · ① ⇒ 모양 도구[Shape Tool] 이용
        레이어 스타일 – 선/획[Stroke] (크기 : 2px, 색상 : #f5ff00),
                그라디언트 오버레이[Gradient Overlay] (색상 : #c50f0f - #0db415)
  · "Maple Forest" ⇒ 글꼴(Arial), 글꼴 스타일(Bold Italic), 크기(48pt), 색상(#142bd8),
                앤티 앨리어싱 : 선명하게[Sharp],
                레이어 스타일 – 선/획[Stroke] (크기 : 5px, 색상 : #4eeddc)
  · "단풍나무 숲에서의 하루" ⇒ 글꼴(궁서체), 크기(30pt), 색상(#d814ac), 앤티 앨리어싱 : 선명하게[Sharp],
                레이어 스타일 – 선/획[Stroke] (크기 : 2px, 색상 : #ffffff)

▶ 사각형 도구[Rectangle Tool]와 '사진3.jpg'를 이용하여 새로운 레이어를 생성하시오.
  · 사각형의 크기 ⇒ 200 px × 150 px (단, 클리핑 마스크 기능을 이용할 것)
                레이어 스타일 – 선/획[Stroke] (크기 : 5px, 색상 : #eaff00, 위치 : 안쪽[Inside]),
                그림자 효과[Drop Shadow] (혼합 모드[Blend Mode] : 곱하기[Multiply],
                각도[Angle] : 120˚)

▶ 지시사항이 없는 경우는 기본 값을 적용하시오.

▶ 다음과 같은 규칙으로 JPG 파일과 PSD 파일을 각각 저장하시오.
  · 저장위치 : 바탕화면 – KAIT – 제출파일 폴더

JPG	파일명	dic_02_수검번호(6자리)_이름.JPG	PSD	파일명	dic_02_수검번호(6자리)_이름.PSD
	이미지 크기	600 X 400 픽셀[Pixels]		이미지 크기	65 X 45 픽셀[Pixels]

(예 : 수검번호가 DIC-20XX-000000인 경우 "dic_02_000000_이름.JPG"와 "dic_02_000000_이름.PSD"로 저장할 것)
(* dic_02_000000_이름.JPG와 dic_02_000000_이름.PSD 파일 중 하나라도 누락시 "0점" 처리됨)

※ GOM Mix for DIAT 프로그램을 활용하여 [문제 3]을 작업하시오.

문제 3   처리조건에 따라 출력형태와 같이 완성하시오. (70점)

《 출력형태 》

《 처리조건 》

원본 파일	이미지1.jpg, 이미지2.jpg, 이미지3.jpg, 동영상.mp4, 음악.mp3

▶ 미디어 소스의 순서를 다음과 같이 지정하시오.
- 미디어 소스 순서 ⇒ 동영상.mp4 > 이미지2.jpg > 이미지1.jpg > 이미지3.jpg

▶ 동영상 파일('동영상.mp4')을 다음과 같이 처리하시오.
- 배속 : 1.2x   • 자르기 : 시작 시간(0.00), 재생 시간(13.00)
- 이펙트 : 색상 보정-명도/대비(명도 : -30, 대비 : 20)
- 텍스트 ⇒ 텍스트 입력 :   단풍 숲길
  - 텍스트 서식 : 기본 자막(굴림체, 크기 150, ff5400), 윤곽선 설정(없음)
  - 위치 설정(화면 정가운데 아래), 시작 시간(5.20), 클립 길이(5.00)
- 재생 속도 설정 후 자르기를 하여야 하며, 잘라진 뒷부분의 동영상 및 트랙의 모든 공백을 삭제할 것
- 원본 동영상에 포함된 오디오는 모두 음소거 할 것

▶ 이미지 파일을 다음과 같이 처리하시오.
- '이미지2.jpg' ⇒ 이미지 클립 길이 : 6.00, 오버레이 : 레디얼 라이트(노출 : 50, 명도 : 20),
  - 클립 트랜지션 : 디졸브(오버랩, 재생 시간 : 2.00)
- '이미지1.jpg' ⇒ 이미지 클립 길이 : 6.00, 오버레이 : 떠오르는 하트(간격 : 20),
  - 클립 트랜지션 : 교차 줌(앞으로 이동, 재생 시간 : 1.00)
- '이미지3.jpg' ⇒ 이미지 클립 길이 : 5.00, 오버레이 : 영롱한(밝기 강도 : 50),
  - 클립 트랜지션 : 세로 나누기(앞으로 이동, 재생 시간 : 1.00)
- 지시사항이 없는 경우는 기본 값을 적용하시오.

▶ 다음 조건에 따라 동영상 시작 부분에 텍스트를 지정하시오.
- 텍스트 입력 :   가을의 낭만
  (Romance of Autumn)

  텍스트 서식(휴먼옛체, 크기 120, ffffff), 윤곽선 설정(색상 : cf0000, 두께 : 20),
  나타나기(클립 아래에서 나타나기, 지속 시간 : 2.00), 시작 시간(0.00), 텍스트 클립 길이(5.00)

▶ 다음 조건에 따라 동영상 전체에 음악 파일('음악.mp3')을 삽입하시오.
- 시작 시간 : 0.00, 재생 시간 : 29.10, 페이드 아웃 : 2.00
- 재생 시간 설정 후 자르기 하여야 하며, 잘라진 뒷부분의 음악 파일은 삭제할 것

▶ 다음과 같은 규칙으로 GMEP 파일을 프로젝트 전체 저장하시오.
- 저장위치 : 바탕화면 – KAIT – 제출파일 폴더

GMEP	파일명	dic_03_수검번호(6자리)_이름.GMEP

(예 : 수검번호가 DIC-20XX-000000인 경우 "dic_03_000000_이름.GMEP"로 프로젝트 전체 저장할 것)
(* dic_03_000000_이름.GMEP 파일 누락 / 프로젝트 전체 저장 이외의 기능을 이용하여 저장할 시 "0점" 처리됨)

실전모의고사

제 **12** 회

▶ 시험 과목 : 멀티미디어제작(포토샵, 곰믹스)
▶ 시험 일자 : 20XX. XX. X.(X)
▶ 수검자 기재사항 및 감독위원 확인

수검번호	DIC - XXXX -	감독위원 확인
성 명		

수검자 유의사항

1. 응시자는 신분증을 지참하여야 시험에 응시할 수 있으며, 시험이 종료될 때까지 신분증을 제시하지 못할 경우 해당 시험은 0점 처리됩니다.

2. 시스템(PC 작동 여부, 네트워크 상태 등)의 이상 여부를 반드시 확인하여야 하며, 시스템 이상이 있을 시 감독위원에게 조치를 받으셔야 합니다.

3. 시험 중 부주의 또는 고의로 시스템을 파손한 경우는 응시자 부담으로 합니다.

4. 답안 전송 프로그램을 통해 다운로드 받은 파일을 이용하여 답안 파일을 작성하시기 바랍니다.

5. 작성한 답안 파일은 답안 전송 프로그램을 통하여 전송됩니다. 감독위원의 지시에 따라 주시기 바랍니다.

6. 다음 사항의 경우 실격(0점) 혹은 부정행위 처리됩니다.

   ❶ 답안 파일을 저장하지 않았거나, 저장한 파일이 손상되었을 경우

   ❷ 답안 파일을 지정된 폴더(바탕화면 "KAIT" 폴더)에 저장하지 않았을 경우

      ※ 답안 전송 프로그램 로그인 시 바탕화면에 자동 생성됨

   ❸ 답안 파일을 다른 보조 기억장치(USB) 혹은 네트워크(메신저, 게시판 등)로 전송할 경우

   ❹ 휴대용 전화기 등 통신기기를 사용할 경우

7. [ ] 안의 지시사항은 PhotoShop 영문 버전용 입니다.

8. 답안은 PhotoShop과 Gom Mix for DIAT를 활용하여 작성하십시오.

   ※ PhotoShop 답안파일의 해상도는 72 Pixels/inch로 작성하십시오.

   ※ Gom Mix for DIAT 답안파일은 반드시 프로젝트 전체 저장하십시오.(미준수시 0점 처리)

9. 시험지에 제시된 글꼴이 응시 프로그램에 없는 경우, 반드시 감독위원에게 해당 내용을 통보한 뒤 조치를 받아야 합니다.

10. 시험의 완료는 작성이 완료된 답안을 저장하고, 답안 전송이 완료된 상태를 확인한 것으로 합니다. 답안 전송 확인 후 문제지는 감독위원에게 제출한 후 퇴실하여야 합니다.

11. 답안전송이 완료된 경우에는 수정 또는 정정이 불가능합니다.

12. 시험시행 후 문제 공개 및 합격자 발표는 홈페이지(www.ihd.or.kr)에서 확인하시기 바랍니다.

   ❶ 문제 및 모범답안 공개 : 20XX. XX. XX.(X)

   ❷ 합격자 발표 : 20XX. XX. XX.(X)

※ PhotoShop 프로그램을 활용하여 [문제 1], [문제 2]를 작업하시오.

문제 1 원본 파일을 처리조건에 따라 결과 파일로 완성하시오. (50점)

《 처리조건 》

▶ 다음과 같이 캔버스 크기를 변경하시오.
  · 캔버스 크기[Canvas Size] ⇒ 가로(650 픽셀[Pixels]) × 세로(450 픽셀[Pixels])

▶ '사진1.jpg' 이미지를 불러와 기존 캔버스에 복사한 후 다음과 같이 처리하시오.
  · ① ⇒ 복제 도장 도구[Clone Stamp Tool]를 이용하여 이미지 복사
  · ② ⇒ 색조/채도[Hue/Saturation]를 이용하여 파란색 계열로 보정
  · ③ ⇒ 색상 균형[Color Balance]을 이용하여 초록색 계열로 보정
  · 밝기 조정 ⇒ 곡선[Curves]을 이용하여 이미지 조정 (입력[Input] : 80, 출력[Output] : 100)
  · 필터 효과 ⇒ 그물눈[Crosshatch]를 이용하여 필터 적용
              (선/획 길이[Stroke Length] : 6, 선명도[Sharpness] : 4, 강도[Strength] : 1)

▶ 지시사항이 없는 경우는 기본 값을 적용하시오.

▶ 다음과 같은 규칙으로 JPG 파일과 PSD 파일을 각각 저장하시오.
  · 저장위치 : 바탕화면 – KAIT – 제출파일 폴더

JPG	파일명	dic_01_수검번호(6자리)_이름.JPG	PSD	파일명	dic_01_수검번호(6자리)_이름.PSD
	이미지 크기	600 X 400 픽셀[Pixels]		이미지 크기	65 X 45 픽셀[Pixels]

(예 : 수검번호가 DIC-20XX-000000인 경우 "dic_01_000000_이름.JPG"와 "dic_01_000000_이름.PSD"로 저장할 것)
(* dic_01_000000_이름.JPG와 dic_01_000000_이름.PSD 파일 중 하나라도 누락시 "0점" 처리됨)

문제 2　원본 파일을 처리조건에 따라 결과 파일로 완성하시오. (80점)

《 처리조건 》

▶ 다음과 같이 캔버스 크기를 변경하시오.
　· 캔버스 조정 ⇒ 캔버스 크기[Canvas Size] ⇒ 가로(650 픽셀[Pixels]) × 세로(450 픽셀[Pixels])

▶ '사진2.jpg' 이미지를 불러와 기존 캔버스에 복사한 후 다음과 같이 처리하시오.
　· ① ⇒ 모양 도구[Shape Tool] 이용
　　　　레이어 스타일 – 선/획[Stroke] (크기 : 2px, 색상 : #ffde00),
　　　　　　　　　　그라디언트 오버레이[Gradient Overlay] (색상 : #ff0000 – #e88fff)
　· "Mountain and Nature" ⇒ 글꼴(Arial), 글꼴 스타일(Bold Italic), 크기(48pt), 색상(#0072ff),
　　　　　　　　　앤티 앨리어싱 : 선명하게[Sharp],
　　　　　　　　　레이어 스타일 – 선/획[Stroke] (크기 : 5px, 색상 : #ffffff)
　· "산과 자연" ⇒ 글꼴(휴먼옛체), 크기(36pt), 색상(#ffea00), 앤티 앨리어싱 : 선명하게[Sharp],
　　　　　　　　레이어 스타일 – 선/획[Stroke] (크기 : 2px, 색상 : #000000)

▶ 사각형 도구[Rectangle Tool]와 '사진3.jpg'를 이용하여 새로운 레이어를 생성하시오.
　· 사각형의 크기 ⇒ 250 px × 150 px (단, 클리핑 마스크 기능을 이용할 것)
　　　　　　　　레이어 스타일 – 선/획[Stroke] (크기 : 5px, 색상 : #99b84e, 위치 : 안쪽[Inside]),
　　　　　　　　　그림자 효과[Drop Shadow] (혼합 모드[Blend Mode] : 곱하기[Multiply],
　　　　　　　　　각도[Angle] : 120˚)

▶ 지시사항이 없는 경우는 기본 값을 적용하시오.

▶ 다음과 같은 규칙으로 JPG 파일과 PSD 파일을 각각 저장하시오.
　· 저장위치 : 바탕화면 – KAIT – 제출파일 폴더

JPG	파일명	dic_02_수검번호(6자리)_이름.JPG	PSD	파일명	dic_02_수검번호(6자리)_이름.PSD
	이미지 크기	600 X 400 픽셀[Pixels]		이미지 크기	65 X 45 픽셀[Pixels]

(예 : 수검번호가 DIC-20XX-000000인 경우 "dic_02_000000_이름.JPG"와 "dic_02_000000_이름.PSD"로 저장할 것)
(* dic_02_000000_이름.JPG와 dic_02_000000_이름.PSD 파일 중 하나라도 누락시 "0점" 처리됨)

※ GOM Mix for DIAT 프로그램을 활용하여 [문제 3]을 작업하시오.

문제 3　처리조건에 따라 출력형태와 같이 완성하시오. (70점)

《 출력형태 》

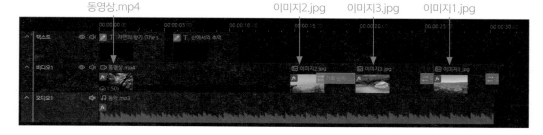

《 처리조건 》

원본 파일	이미지1.jpg, 이미지2.jpg, 이미지3.jpg, 동영상.mp4, 음악.mp3

▶ 미디어 소스의 순서를 다음과 같이 지정하시오.
　· 미디어 소스 순서 ⇒ 동영상.mp4 > 이미지2.jpg > 이미지3.jpg > 이미지1.jpg

▶ 동영상 파일('동영상.mp4')을 다음과 같이 처리하시오.
　· 배속 : 1.5x　　　　　　　　　· 자르기 : 시작 시간(0.00), 재생 시간(14.20)
　· 이펙트 : LUT 필터-파스텔-파스텔 05(노출 : 25, 감마 : 0.6)
　· 텍스트 ⇒ 텍스트 입력 :　산에서의 추억
　　　　　　 텍스트 서식 : 기본 자막(돋움체, 크기 120, 43dc30), 윤곽선 설정(없음)
　　　　　　 위치 설정(화면 정가운데 아래), 시작 시간(5.20), 클립 길이(5.00)
　· 재생 속도 설정 후 자르기를 하여야 하며, 잘라진 뒷부분의 동영상 및 트랙의 모든 공백을 삭제할 것
　· 원본 동영상에 포함된 오디오는 모두 음소거 할 것

▶ 이미지 파일을 다음과 같이 처리하시오.
　· '이미지2.jpg' ⇒ 이미지 클립 길이 : 5.00, 오버레이 : 가우스(강도 : 70),
　　　　　　　　　　클립 트랜지션 : 가로 순차 블라인드(앞으로 이동, 재생 시간 : 3.00)
　· '이미지3.jpg' ⇒ 이미지 클립 길이 : 6.00, 오버레이 : 집중선 01(반경 : 60),
　　　　　　　　　　클립 트랜지션 : 타원 열기(앞으로 이동, 재생 시간 : 1.00)
　· '이미지1.jpg' ⇒ 이미지 클립 길이 : 5.00, 오버레이 : 스페이스 01(개수/양 : 10),
　　　　　　　　　　클립 트랜지션 : 검정색 페이드(앞으로 이동, 재생 시간 : 1.00)
　· 지시사항이 없는 경우는 기본 값을 적용하시오.

▶ 다음 조건에 따라 동영상 시작 부분에 텍스트를 지정하시오.

　· 텍스트 입력 :　자연의 향기
　　　　　　　　(The scene of Nature)

　　 텍스트 서식(휴먼엑스포, 크기 120, 330000), 윤곽선 설정(색상 : d1d1d1, 두께 : 20),
　　 나타나기(오른쪽으로 당기기, 지속 시간 : 2.50), 시작 시간(0.00), 텍스트 클립 길이(5.00)

▶ 다음 조건에 따라 동영상 전체에 음악 파일('음악.mp3')을 삽입하시오.
　· 시작 시간 : 0.00, 재생 시간 : 30.10, 페이드 아웃 : 2.00
　· 재생 시간 설정 후 자르기 하여야 하며, 잘라진 뒷부분의 음악 파일은 삭제할 것

▶ 다음과 같은 규칙으로 GMEP 파일을 프로젝트 전체 저장하시오.
　· 저장위치 : 바탕화면 – KAIT – 제출파일 폴더

GMEP	파일명	dic_03_수검번호(6자리)_이름.GMEP

(예 : 수검번호가 DIC-20XX-000000인 경우 "dic_03_000000_이름.GMEP"로 프로젝트 전체 저장할 것)
(* dic_03_000000_이름.GMEP 파일 누락 / 프로젝트 전체 저장 이외의 기능을 이용하여 저장할 시 "0점" 처리됨)

실전모의고사

▶ 시험 과목 : 멀티미디어제작(포토샵, 곰믹스)
▶ 시험 일자 : 20XX. XX. X.(X)
▶ 수검자 기재사항 및 감독위원 확인

수검번호	DIC - XXXX -	감독위원 확인
성 명		

수검자 유의사항

1. 응시자는 신분증을 지참하여야 시험에 응시할 수 있으며, 시험이 종료될 때까지 신분증을 제시하지 못할 경우 해당 시험은 0점 처리됩니다.

2. 시스템(PC 작동 여부, 네트워크 상태 등)의 이상 여부를 반드시 확인하여야 하며, 시스템 이상이 있을 시 감독위원에게 조치를 받으셔야 합니다.

3. 시험 중 부주의 또는 고의로 시스템을 파손한 경우는 응시자 부담으로 합니다.

4. 답안 전송 프로그램을 통해 다운로드 받은 파일을 이용하여 답안 파일을 작성하시기 바랍니다.

5. 작성한 답안 파일은 답안 전송 프로그램을 통하여 전송됩니다. 감독위원의 지시에 따라 주시기 바랍니다.

6. 다음 사항의 경우 실격(0점) 혹은 부정행위 처리됩니다.

   ❶ 답안 파일을 저장하지 않았거나, 저장한 파일이 손상되었을 경우

   ❷ 답안 파일을 지정된 폴더(바탕화면 "KAIT" 폴더)에 저장하지 않았을 경우

   ※ 답안 전송 프로그램 로그인 시 바탕화면에 자동 생성됨

   ❸ 답안 파일을 다른 보조 기억장치(USB) 혹은 네트워크(메신저, 게시판 등)로 전송할 경우

   ❹ 휴대용 전화기 등 통신기기를 사용할 경우

7. [ ] 안의 지시사항은 PhotoShop 영문 버전용 입니다.

8. 답안은 PhotoShop과 Gom Mix for DIAT를 활용하여 작성하십시오.

   ※ PhotoShop 답안파일의 해상도는 72 Pixels/inch로 작성하십시오.

   ※ Gom Mix for DIAT 답안파일은 반드시 프로젝트 전체 저장하십시오.(미준수시 0점 처리)

9. 시험지에 제시된 글꼴이 응시 프로그램에 없는 경우, 반드시 감독위원에게 해당 내용을 통보한 뒤 조치를 받아야 합니다.

10. 시험의 완료는 작성이 완료된 답안을 저장하고, 답안 전송이 완료된 상태를 확인한 것으로 합니다. 답안 전송 확인 후 문제지는 감독위원에게 제출한 후 퇴실하여야 합니다.

11. 답안전송이 완료된 경우에는 수정 또는 정정이 불가능합니다.

12. 시험시행 후 문제 공개 및 합격자 발표는 홈페이지(www.ihd.or.kr)에서 확인하시기 바랍니다.

   ❶ 문제 및 모범답안 공개 : 20XX. XX. XX.(X)

   ❷ 합격자 발표 : 20XX. XX. XX.(X)

※ PhotoShop 프로그램을 활용하여 [문제 1], [문제 2]를 작업하시오.

문제 1　원본 파일을 처리조건에 따라 결과 파일로 완성하시오. (50점)

《원본 파일》	《결과 파일》

《 처리조건 》

▶ 다음과 같이 캔버스 크기를 변경하시오.
　· 캔버스 크기[Canvas Size] ⇒ 가로(650 픽셀[Pixels]) × 세로(450 픽셀[Pixels])

▶ '사진1.jpg' 이미지를 불러와 기존 캔버스에 복사한 후 다음과 같이 처리하시오.
　· ① ⇒ 복구 브러시 도구[Healing Brush Tool]를 이용하여 이미지 제거
　· ② ⇒ 색상 균형[Color Balance]을 이용하여 초록색 계열로 보정
　· ③ ⇒ 색조/채도[Hue/Saturation]를 이용하여 파란색 계열로 보정
　· 밝기 조정 ⇒ 곡선[Curves]을 이용하여 이미지 조정 (입력[Input] : 80, 출력[Output] : 110)
　· 필터 효과 ⇒ 그레인[Grain]을 이용하여 필터 적용
　　　　　　(강도[Intensity] : 25, 대비[Contrast] : 35, 그레인 유형[Grain Type] : 보통[Regular])

▶ 지시사항이 없는 경우는 기본 값을 적용하시오.

▶ 다음과 같은 규칙으로 JPG 파일과 PSD 파일을 각각 저장하시오.
　· 저장위치 : 바탕화면 – KAIT – 제출파일 폴더

JPG	파일명	dic_01_수검번호(6자리)_이름.JPG	PSD	파일명	dic_01_수검번호(6자리)_이름.PSD
	이미지 크기	600 X 400 픽셀[Pixels]		이미지 크기	65 X 45 픽셀[Pixels]

(예 : 수검번호가 DIC-20XX-000000인 경우 "dic_01_000000_이름.JPG"와 "dic_01_000000_이름.PSD"로 저장할 것)
(* dic_01_000000_이름.JPG와 dic_01_000000_이름.PSD 파일 중 하나라도 누락시 "0점" 처리됨)

문제 2 원본 파일을 처리조건에 따라 결과 파일로 완성하시오. (80점)

《원본 파일》	《결과 파일》

《 처리조건 》

▶ 다음과 같이 캔버스 크기를 변경하시오.
　· 캔버스 조정 ⇒ 캔버스 크기[Canvas Size] : 가로(650 픽셀[Pixels]) × 세로(350 픽셀[Pixels])
　　　　　　　　　캔버스 배경색(색상 : #00cc33)

▶ '사진2.jpg' 이미지를 불러와 기존 캔버스에 복사한 후 다음과 같이 처리하시오.
　· 이미지 복사 ⇒ 자유 변형[Free Transform] 으로 캔버스 크기에 맞게 변형, 레이어 이름 – '기둥',
　　　　　　　　 레이어 마스크[Layer Mask] 설정, 가로 방향으로 흐릿하게
　· "Cool Summer" ⇒ 글꼴(Arial), 글꼴 스타일(Bold Italic), 크기(48pt), 색상(#baff00),
　　　　　　　　 앤티 앨리어싱 : 선명하게[Sharp],
　　　　　　　　 레이어 스타일 – 선/획[Stroke] (크기 : 5px, 색상 : #000000)
　· "시원한 여름" ⇒ 글꼴(궁서체), 크기(36pt), 색상(#0078ff), 앤티 앨리어싱 : 선명하게[Sharp],
　　　　　　　　 레이어 스타일 – 선/획[Stroke] (크기 : 2px, 색상 : #ffffff)

▶ '사진3.jpg'를 이용하여 새로운 레이어를 생성하시오.
　· 이미지 복사 ⇒ 자유 변형[Free Transform]으로 크기 변형, 레이어 이름 – '아이스크림'
　　　　　　　　 레이어 스타일 – 그림자 효과[Drop Shadow] (혼합 모드[Blend Mode] : 곱하기[Multiply],
　　　　　　　　 각도[Angle] : 120˚)
　· '사진3.jpg'의 자유 변형[Free Transform] 후, 이미지의 형태는 결과 파일과 동일할 것

▶ 지시사항이 없는 경우는 기본 값을 적용하시오.

▶ 다음과 같은 규칙으로 JPG 파일과 PSD 파일을 각각 저장하시오.
　· 저장위치 : 바탕화면 – KAIT – 제출파일 폴더

JPG	파일명	dic_02_수검번호(6자리)_이름.JPG	PSD	파일명	dic_02_수검번호(6자리)_이름.PSD
	이미지 크기	600 X 300 픽셀[Pixels]		이미지 크기	65 X 35 픽셀[Pixels]

(예 : 수검번호가 DIC-20XX-000000인 경우 "dic_02_000000_이름.JPG"와 "dic_02_000000_이름.PSD"로 저장할 것)
(* dic_02_000000_이름.JPG와 dic_02_000000_이름.PSD 파일 중 하나라도 누락시 "0점" 처리됨)

※ GOM Mix for DIAT 프로그램을 활용하여 [문제 3]을 작업하시오.

문제 3   처리조건에 따라 출력형태와 같이 완성하시오. (70점)

《 출력형태 》

《 처리조건 》

원본 파일	이미지1.jpg, 이미지2.jpg, 이미지3.jpg, 동영상.mp4, 음악.mp3

▶ 미디어 소스의 순서를 다음과 같이 지정하시오.
- 미디어 소스 순서 ⇒ 동영상.mp4 > 이미지3.jpg > 이미지1.jpg > 이미지2.jpg

▶ 동영상 파일('동영상.mp4')을 다음과 같이 처리하시오.
- 배속 : 1.3x   ・자르기 : 시작 시간(0.00), 재생 시간(12.20)
- 이펙트 : LUT 필터-맑은 햇살-맑은 햇살 03(노출 : 30, 감마 : 0.8)
- 텍스트 ⇒ 텍스트 입력 : | 재미있는 캐릭터 |

   텍스트 서식 : 기본 자막(휴먼옛체, 크기 120, 65007e), 윤곽선 설정(없음)
   위치 설정(화면 정가운데 아래), 시작 시간(6.00), 클립 길이(6.00)
- 재생 속도 설정 후 자르기를 하여야 하며, 잘라진 뒷부분의 동영상 및 트랙의 모든 공백을 삭제할 것
- 원본 동영상에 포함된 오디오는 모두 음소거 할 것

▶ 이미지 파일을 다음과 같이 처리하시오.
- '이미지3.jpg' ⇒ 이미지 클립 길이 : 6.00, 오버레이 : 좋아요(개수/양 : 60),
   클립 트랜지션 : 왼쪽으로 밀기(오버랩, 재생 시간 : 3.00)
- '이미지1.jpg' ⇒ 이미지 클립 길이 : 5.00, 오버레이 : 불꽃 스파크(크기 : 10),
   클립 트랜지션 : 흰색 페이드(앞으로 이동, 재생 시간 : 1.00)
- '이미지2.jpg' ⇒ 이미지 클립 길이 : 6.00, 오버레이 : 색종이 조각(개수/양 : 80),
   클립 트랜지션 : 가로 순차 블라인드(앞으로 이동, 재생 시간 : 2.00)
- 지시사항이 없는 경우는 기본 값을 적용하시오.

▶ 다음 조건에 따라 동영상 시작 부분에 텍스트를 지정하시오.

- 텍스트 입력 : | 재밌는 캐릭터 여행
(Fun Character Travel) |

   텍스트 서식(휴먼엑스포, 크기 140, 7f00ff), 윤곽선 설정(색상 : ffffff, 두께 : 30),
   나타나기(왼쪽으로 닦아내기, 지속 시간 : 2.00), 시작 시간(0.00), 텍스트 클립 길이(5.00)

▶ 다음 조건에 따라 동영상 전체에 음악 파일('음악.mp3')을 삽입하시오.
- 시작 시간 : 0.00, 재생 시간 : 29.10, 페이드 아웃 : 2.00
- 재생 시간 설정 후 자르기 하여야 하며, 잘라진 뒷부분의 음악 파일은 삭제할 것

▶ 다음과 같은 규칙으로 GMEP 파일을 프로젝트 전체 저장하시오.
- 저장위치 : 바탕화면 – KAIT – 제출파일 폴더

GMEP	파일명	dic_03_수검번호(6자리)_이름.GMEP

(예 : 수검번호가 DIC-20XX-000000인 경우 "dic_03_000000_이름.GMEP"로 프로젝트 전체 저장할 것)
(* dic_03_000000_이름.GMEP 파일 누락 / 프로젝트 전체 저장 이외의 기능을 이용하여 저장 시 "0점" 처리됨)

제 **14** 회 **실전모의고사**

▶ 시험 과목 : 멀티미디어제작(포토샵, 곰믹스)
▶ 시험 일자 : 20XX. XX. X.(X)
▶ 수검자 기재사항 및 감독위원 확인

수검번호	DIC - XXXX -	감독위원 확인
성 명		

※ PhotoShop 프로그램을 활용하여 [문제 1], [문제 2]를 작업하시오.

문제 1 원본 파일을 처리조건에 따라 결과 파일로 완성하시오. (50점)

《원본 파일》	《결과 파일》

《 처리조건 》

▶ 다음과 같이 캔버스 크기를 변경하시오.

· 캔버스 크기[Canvas Size] ⇒ 가로(650 픽셀[Pixels]) × 세로(450 픽셀[Pixels])

▶ '사진1.jpg' 이미지를 불러와 기존 캔버스에 복사한 후 다음과 같이 처리하시오.

· ① ⇒ 복구 브러시 도구[Healing Brush Tool]를 이용하여 이미지 제거
· ② ⇒ 색조/채도[Hue/Saturation]를 이용하여 파란색 계열로 보정
· ③ ⇒ 색상 균형[Color Balance]을 이용하여 초록색 계열로 보정
· 밝기 조정 ⇒ 곡선[Curves]을 이용하여 이미지 조정 (입력[Input] : 80, 출력[Output] : 110)
· 필터 효과 ⇒ 텍스처화[Texturizer]를 이용하여 필터 적용
　　　　　　　(텍스처[Texture] : 캔버스[Canvas], 비율[Scaling] : 100%, 부조[Relief] : 3, 조명[Light] : 위[Top])

▶ 지시사항이 없는 경우는 기본 값을 적용하시오.

▶ 다음과 같은 규칙으로 JPG 파일과 PSD 파일을 각각 저장하시오.

· 저장위치 : 바탕화면 – KAIT – 제출파일 폴더

JPG	파일명	dic_01_수검번호(6자리)_이름.JPG	PSD	파일명	dic_01_수검번호(6자리)_이름.PSD
	이미지 크기	600 X 400 픽셀[Pixels]		이미지 크기	65 X 45 픽셀[Pixels]

(예 : 수검번호가 DIC-20XX-000000인 경우 "dic_01_000000_이름.JPG"와 "dic_01_000000_이름.PSD"로 저장할 것)
(* dic_01_000000_이름.JPG와 dic_01_000000_이름.PSD 파일 중 하나라도 누락시 "0점" 처리됨)

문제 2　원본 파일을 처리조건에 따라 결과 파일로 완성하시오. (80점)

《원본 파일》	《결과 파일》

《 처리조건 》

▶ 다음과 같이 캔버스 크기를 변경하시오.
 · 캔버스 조정 ⇒ 캔버스 크기[Canvas Size] ⇒ 가로(650 픽셀[Pixels]) × 세로(450 픽셀[Pixels])

▶ '사진2.jpg' 이미지를 불러와 기존 캔버스에 복사한 후 다음과 같이 처리하시오.
 · ① ⇒ 모양 도구[Shape Tool] 이용
　　　레이어 스타일 – 선/획[Stroke] (크기 : 2px, 색상 : #3b903b),
　　　　　　그라디언트 오버레이[Gradient Overlay] (색상 : #ffce0c – #7ed445)
 · "Resting Place" ⇒ 글꼴(Arial), 글꼴 스타일(Bold Italic), 크기(48pt), 색상(#fffd64),
　　　앤티 앨리어싱 : 선명하게[Sharp],
　　　레이어 스타일 – 선/획[Stroke] (크기 : 5px, 색상 : #703f00)
 · "도심 휴식공간" ⇒ 글꼴(궁서체), 크기(30pt), 색상(#64bfff), 앤티 앨리어싱 : 선명하게[Sharp],
　　　레이어 스타일 – 선/획[Stroke] (크기 : 2px, 색상 : #000000)

▶ 타원 도구[Ellipse Tool]와 '사진3.jpg'를 이용하여 새로운 레이어를 생성하시오.
 · 원의 크기 ⇒ 180 px × 180 px (단, 클리핑 마스크 기능을 이용할 것)
　　　레이어 스타일 – 선/획[Stroke] (크기 : 5px, 색상 : #ffea00, 위치 : 안쪽[Inside]),
　　　　　그림자 효과[Drop Shadow] (혼합 모드[Blend Mode] : 곱하기[Multiply],
　　　　　각도[Angle] : 120˚)

▶ 지시사항이 없는 경우는 기본 값을 적용하시오.

▶ 다음과 같은 규칙으로 JPG 파일과 PSD 파일을 각각 저장하시오.
 · 저장위치 : 바탕화면 – KAIT – 제출파일 폴더

JPG	파일명	dic_02_수검번호(6자리)_이름.JPG	PSD	파일명	dic_02_수검번호(6자리)_이름.PSD
	이미지 크기	600 X 400 픽셀[Pixels]		이미지 크기	65 X 45 픽셀[Pixels]

(예 : 수검번호가 DIC-20XX-000000인 경우 "dic_02_000000_이름.JPG"와 "dic_02_000000_이름.PSD"로 저장할 것)
(* dic_02_000000_이름.JPG와 dic_02_000000_이름.PSD 파일 중 하나라도 누락시 "0점" 처리됨)

※ GOM Mix for DIAT 프로그램을 활용하여 [문제 3]을 작업하시오.

문제 3　처리조건에 따라 출력형태와 같이 완성하시오. (70점)

《 출력형태 》

《 처리조건 》

원본 파일	이미지1.jpg, 이미지2.jpg, 이미지3.jpg, 동영상.mp4, 음악.mp3

▶ 미디어 소스의 순서를 다음과 같이 지정하시오.
- 미디어 소스 순서 ⇒ 동영상.mp4 > 이미지1.jpg > 이미지3.jpg > 이미지2.jpg

▶ 동영상 파일('동영상.mp4')을 다음과 같이 처리하시오.
- 배속 : 1.3x　　　　　　　　　　· 자르기 : 시작 시간(0.00), 재생 시간(12.00)
- 이펙트 : LUT 필터-맑은 햇살-맑은 햇살 01(노출 : 15, 감마 : 1.0)
- 텍스트 ⇒ 텍스트 입력 :　[호수 안의 분수]
　　　　　텍스트 서식 : 기본 자막(돋움체, 크기 130, ff0000), 윤곽선 설정(없음)
　　　　　위치 설정(화면 정가운데 아래), 시작 시간(5.00), 클립 길이(3.00)
- 재생 속도 설정 후 자르기를 하여야 하며, 잘라진 뒷부분의 동영상 및 트랙의 모든 공백을 삭제할 것
- 원본 동영상에 포함된 오디오는 모두 음소거 할 것

▶ 이미지 파일을 다음과 같이 처리하시오.
- '이미지1.jpg' ⇒ 이미지 클립 길이 : 6.00, 오버레이 : 원형 비넷(반경 : 60, 페더 : 40),
　　　　　　　　클립 트랜지션 : 타원 열기(앞으로 이동, 재생 시간 : 2.00)
- '이미지3.jpg' ⇒ 이미지 클립 길이 : 6.00, 오버레이 : 지나가는 01(속도 : 10),
　　　　　　　　클립 트랜지션 : 가로 나누기(오버랩, 재생 시간 : 1.00)
- '이미지2.jpg' ⇒ 이미지 클립 길이 : 5.00, 오버레이 : 레디얼 라이트(노출 : -55),
　　　　　　　　클립 트랜지션 : 가로 순차 블라인드(앞으로 이동, 재생 시간 : 2.00)
- 지시사항이 없는 경우는 기본 값을 적용하시오.

▶ 다음 조건에 따라 동영상 시작 부분에 텍스트를 지정하시오.
- 텍스트 입력 :　[호수의 풍경　(View of Lake)]

　텍스트 서식(휴먼엑스포, 크기 140, ffffff), 윤곽선 설정(색상 : 9700fc, 두께 : 30),
　나타나기(오른쪽으로 닦아내기, 지속 시간 : 2.00), 시작 시간(0.00), 텍스트 클립 길이(3.00)

▶ 다음 조건에 따라 동영상 전체에 음악 파일('음악.mp3')을 삽입하시오.
- 시작 시간 : 0.00, 재생 시간 : 28.20, 페이드 아웃 : 2.00
- 재생 시간 설정 후 자르기 하여야 하며, 잘라진 뒷부분의 음악 파일은 삭제할 것

▶ 다음과 같은 규칙으로 GMEP 파일을 프로젝트 전체 저장하시오.
- 저장위치 : 바탕화면 – KAIT – 제출파일 폴더

GMEP	파일명	dic_03_수검번호(6자리)_이름.GMEP

(예 : 수검번호가 DIC-20XX-000000인 경우 "dic_03_000000_이름.GMEP"로 프로젝트 전체 저장할 것)
(* dic_03_000000_이름.GMEP 파일 누락 / 프로젝트 전체 저장 이외의 기능을 이용하여 저장할 시 "0점" 처리됨)

제15회 실전모의고사

▶ 시험 과목 : 멀티미디어제작(포토샵, 곰믹스)
▶ 시험 일자 : 20XX. XX. X.(X)
▶ 수검자 기재사항 및 감독위원 확인

수검번호	DIC - XXXX -	감독위원 확인
성 명		

수검자 유의사항

1. 응시자는 신분증을 지참하여야 시험에 응시할 수 있으며, 시험이 종료될 때까지 신분증을 제시하지 못할 경우 해당 시험은 0점 처리됩니다.

2. 시스템(PC 작동 여부, 네트워크 상태 등)의 이상 여부를 반드시 확인하여야 하며, 시스템 이상이 있을 시 감독위원에게 조치를 받으셔야 합니다.

3. 시험 중 부주의 또는 고의로 시스템을 파손한 경우는 응시자 부담으로 합니다.

4. 답안 전송 프로그램을 통해 다운로드 받은 파일을 이용하여 답안 파일을 작성하시기 바랍니다.

5. 작성한 답안 파일은 답안 전송 프로그램을 통하여 전송됩니다. 감독위원의 지시에 따라 주시기 바랍니다.

6. 다음 사항의 경우 실격(0점) 혹은 부정행위 처리됩니다.
    ❶ 답안 파일을 저장하지 않았거나, 저장한 파일이 손상되었을 경우
    ❷ 답안 파일을 지정된 폴더(바탕화면 "KAIT" 폴더)에 저장하지 않았을 경우
        ※ 답안 전송 프로그램 로그인 시 바탕화면에 자동 생성됨
    ❸ 답안 파일을 다른 보조 기억장치(USB) 혹은 네트워크(메신저, 게시판 등)로 전송할 경우
    ❹ 휴대용 전화기 등 통신기기를 사용할 경우

7. [   ] 안의 지시사항은 PhotoShop 영문 버전용 입니다.

8. 답안은 PhotoShop과 Gom Mix for DIAT를 활용하여 작성하십시오.
    ※ PhotoShop 답안파일의 해상도는 72 Pixels/inch로 작성하십시오.
    ※ Gom Mix for DIAT 답안파일은 반드시 프로젝트 전체 저장하십시오.(미준수시 0점 처리)

9. 시험지에 제시된 글꼴이 응시 프로그램에 없는 경우, 반드시 감독위원에게 해당 내용을 통보한 뒤 조치를 받아야 합니다.

10. 시험의 완료는 작성이 완료된 답안을 저장하고, 답안 전송이 완료된 상태를 확인한 것으로 합니다. 답안 전송 확인 후 문제지는 감독위원에게 제출한 후 퇴실하여야 합니다.

11. 답안전송이 완료된 경우에는 수정 또는 정정이 불가능합니다.

12. 시험시행 후 문제 공개 및 합격자 발표는 홈페이지(www.ihd.or.kr)에서 확인하시기 바랍니다.
    ❶ 문제 및 모범답안 공개 : 20XX. XX. XX.(X)
    ❷ 합격자 발표 : 20XX. XX. XX.(X)

식별CODE
멀

Korea Association for ICT Promotion
한국정보통신진흥협회 KAIT

※ PhotoShop 프로그램을 활용하여 [문제 1], [문제 2]를 작업하시오.

문제 1　　원본 파일을 처리조건에 따라 결과 파일로 완성하시오. (50점)

《 처리조건 》

▶ 다음과 같이 캔버스 크기를 변경하시오.
- 캔버스 크기[Canvas Size] ⇒ 가로(650 픽셀[Pixels]) × 세로(450 픽셀[Pixels])

▶ '사진1.jpg' 이미지를 불러와 기존 캔버스에 복사한 후 다음과 같이 처리하시오.
- ① ⇒ 복제 도장 도구[Clone Stamp Tool]를 이용하여 이미지 복사
- ② ⇒ 색조/채도[Hue/Saturation]를 이용하여 초록색 계열로 보정
- ③ ⇒ 색상 균형[Color Balance]을 이용하여 빨간색 계열로 보정
- 밝기 조정 ⇒ 곡선[Curves]을 이용하여 이미지 조정 (입력[Input] : 80, 출력[Output] : 110)
- 필터 효과 ⇒ 렌즈 플레어[Lens Flare]를 이용하여 필터 적용
　　　　　(명도[Brightness] : 125%, 렌즈 유형[Lens Type] : 35mm 프라임(Prime))

▶ 지시사항이 없는 경우는 기본 값을 적용하시오.

▶ 다음과 같은 규칙으로 JPG 파일과 PSD 파일을 각각 저장하시오.
- 저장위치 : 바탕화면 – KAIT – 제출파일 폴더

JPG	파일명	dic_01_수검번호(6자리)_이름.JPG	PSD	파일명	dic_01_수검번호(6자리)_이름.PSD
	이미지 크기	600 X 400 픽셀[Pixels]		이미지 크기	65 X 45 픽셀[Pixels]

(예 : 수검번호가 DIC–20XX–000000인 경우 "dic_01_000000_이름.JPG"와 "dic_01_000000_이름.PSD"로 저장할 것)
(* dic_01_000000_이름.JPG와 dic_01_000000_이름.PSD 파일 중 하나라도 누락시 "0점" 처리됨)

문제 2　원본 파일을 처리조건에 따라 결과 파일로 완성하시오. (80점)

《원본 파일》	《결과 파일》

《 처리조건 》

▶ 다음과 같이 캔버스 크기를 변경하시오.
　· 캔버스 조정 ⇒ 캔버스 크기[Canvas Size] ⇒ 가로(650 픽셀[Pixels]) × 세로(450 픽셀[Pixels])

▶ '사진2.jpg' 이미지를 불러와 기존 캔버스에 복사한 후 다음과 같이 처리하시오.
　· ① ⇒ 모양 도구[Shape Tool] 이용
　　　　레이어 스타일 – 선/획[Stroke] (크기 : 2px, 색상 : #006e00),
　　　　　　　　　　　그라디언트 오버레이[Gradient Overlay] (색상 : #299100 – #fffc00)
　· "Fairy tale world" ⇒ 글꼴(Arial), 글꼴 스타일(Bold Italic), 크기(48pt), 색상(#ffff00),
　　　　　　　　　　앤티 앨리어싱 : 선명하게[Sharp],
　　　　　　　　　　레이어 스타일 – 선/획[Stroke] (크기 : 5px, 색상 : #065900)
　· "동화의 세상" ⇒ 글꼴(휴먼옛체), 크기(36pt), 색상(#ffa800), 앤티 앨리어싱 : 선명하게[Sharp],
　　　　　　　　　레이어 스타일 – 선/획[Stroke] (크기 : 2px, 색상 : #000000)

▶ 타원 도구[Ellipse Tool]와 '사진3.jpg'를 이용하여 새로운 레이어를 생성하시오.
　· 원의 크기 ⇒ 180 px × 180 px (단, 클리핑 마스크 기능을 이용할 것)
　　　　　　레이어 스타일 – 선/획[Stroke] (크기 : 5px, 색상 : #ffff66, 위치 : 안쪽[Inside]),
　　　　　　　　　　그림자 효과[Drop Shadow] (혼합 모드[Blend Mode] : 곱하기[Multiply],
　　　　　　　　　　각도[Angle] : 120˚)

▶ 지시사항이 없는 경우는 기본 값을 적용하시오.

▶ 다음과 같은 규칙으로 JPG 파일과 PSD 파일을 각각 저장하시오.
　· 저장위치 : 바탕화면 – KAIT – 제출파일 폴더

JPG	파일명	dic_02_수검번호(6자리)_이름.JPG	PSD	파일명	dic_02_수검번호(6자리)_이름.PSD
	이미지 크기	600 X 400 픽셀[Pixels]		이미지 크기	65 X 45 픽셀[Pixels]

(예 : 수검번호가 DIC-20XX-000000인 경우 "dic_02_000000_이름.JPG"와 "dic_02_000000_이름.PSD"로 저장할 것)
(＊ dic_02_000000_이름.JPG와 dic_02_000000_이름.PSD 파일 중 하나라도 누락시 "0점" 처리됨)

※ GOM Mix for DIAT 프로그램을 활용하여 [문제 3]을 작업하시오.

문제 3　처리조건에 따라 출력형태와 같이 완성하시오. (70점)

《 출력형태 》

《 처리조건 》

원본 파일	이미지1.jpg, 이미지2.jpg, 이미지3.jpg, 동영상.mp4, 음악.mp3

▶ 미디어 소스의 순서를 다음과 같이 지정하시오.
- 미디어 소스 순서 ⇒ 동영상.mp4 > 이미지3.jpg > 이미지1.jpg > 이미지2.jpg

▶ 동영상 파일('동영상.mp4')을 다음과 같이 처리하시오.
- 배속 : 1.5x　　　　　　　　　　· 자르기 : 시작 시간(0.00), 재생 시간(13.00)
- 이펙트 : LUT 필터-빈티지-빈티지 01(노출 : 20, 감마 : 0.8)
- 텍스트 ⇒ 텍스트 입력 : ┃ 동화나라의 숲에서 한가롭게 ┃
　　　　　　텍스트 서식 : 기본 자막(굴림체, 크기 120, 1b3299), 윤곽선 설정(없음)
　　　　　　위치 설정(화면 정가운데 아래), 시작 시간(5.20), 클립 길이(5.00)
- 재생 속도 설정 후 자르기를 하여야 하며, 잘라진 뒷부분의 동영상 및 트랙의 모든 공백을 삭제할 것
- 원본 동영상에 포함된 오디오는 모두 음소거 할 것

▶ 이미지 파일을 다음과 같이 처리하시오.
- '이미지3.jpg' ⇒ 이미지 클립 길이 : 4.00, 오버레이 : 떠오르는 하트(개수/양 : 90),
　　　　　　　　　클립 트랜지션 : 줌 인(오버랩, 재생 시간 : 2.00)
- '이미지1.jpg' ⇒ 이미지 클립 길이 : 5.00, 오버레이 : 집중선 01(선 굵기 : 10),
　　　　　　　　　클립 트랜지션 : 타원 열기(앞으로 이동, 재생 시간 : 1.00)
- '이미지2.jpg' ⇒ 이미지 클립 길이 : 7.00, 오버레이 : 색종이 조각(크기 : 10),
　　　　　　　　　클립 트랜지션 : 세로 나누기(앞으로 이동, 재생 시간 : 3.00)
- 지시사항이 없는 경우는 기본 값을 적용하시오.

▶ 다음 조건에 따라 동영상 시작 부분에 텍스트를 지정하시오.
- 텍스트 입력 : ┃ 평화로운 숲 (Peaceful Forest) ┃
　텍스트 서식(휴먼옛체, 크기 140, 2b4ea0), 윤곽선 설정(색상 : ffffff, 두께 : 20),
　나타나기(클립 위에서 나타나기, 지속 시간 : 2.00), 시작 시간(0.00), 텍스트 클립 길이(5.00)

▶ 다음 조건에 따라 동영상 전체에 음악 파일('음악.mp3')을 삽입하시오.
- 시작 시간 : 0.00, 재생 시간 : 28.10, 페이드 아웃 : 2.00
- 재생 시간 설정 후 자르기 하여야 하며, 잘라진 뒷부분의 음악 파일은 삭제할 것

▶ 다음과 같은 규칙으로 GMEP 파일을 프로젝트 전체 저장하시오.
- 저장위치 : 바탕화면 – KAIT – 제출파일 폴더

GMEP	파일명	dic_03_수검번호(6자리)_이름.GMEP

(예 : 수검번호가 DIC-20XX-000000인 경우 "dic_03_000000_이름.GMEP"로 프로젝트 전체 저장할 것)
(* dic_03_000000_이름.GMEP 파일 누락 / 프로젝트 전체 저장 이외의 기능을 이용하여 저장할 시 "0점" 처리됨)

▶ 시험 과목 : 멀티미디어제작(포토샵, 곰믹스)

▶ 시험 일자 : 20XX. XX. X.(X)

▶ 수검자 기재사항 및 감독위원 확인

수검번호	DIC - XXXX -	감독위원 확인
성 명		

수검자 유의사항

1. 응시자는 신분증을 지참하여야 시험에 응시할 수 있으며, 시험이 종료될 때까지 신분증을 제시하지 못할 경우 해당 시험은 0점 처리됩니다.

2. 시스템(PC 작동 여부, 네트워크 상태 등)의 이상 여부를 반드시 확인하여야 하며, 시스템 이상이 있을 시 감독위원에게 조치를 받으셔야 합니다.

3. 시험 중 부주의 또는 고의로 시스템을 파손한 경우는 응시자 부담으로 합니다.

4. 답안 전송 프로그램을 통해 다운로드 받은 파일을 이용하여 답안 파일을 작성하시기 바랍니다.

5. 작성한 답안 파일은 답안 전송 프로그램을 통하여 전송됩니다. 감독위원의 지시에 따라 주시기 바랍니다.

6. 다음 사항의 경우 실격(0점) 혹은 부정행위 처리됩니다.

   ❶ 답안 파일을 저장하지 않았거나, 저장한 파일이 손상되었을 경우

   ❷ 답안 파일을 지정된 폴더(바탕화면 "KAIT" 폴더)에 저장하지 않았을 경우

   ※ 답안 전송 프로그램 로그인 시 바탕화면에 자동 생성됨

   ❸ 답안 파일을 다른 보조 기억장치(USB) 혹은 네트워크(메신저, 게시판 등)로 전송할 경우

   ❹ 휴대용 전화기 등 통신기기를 사용할 경우

7. [ ] 안의 지시사항은 PhotoShop 영문 버전용 입니다.

8. 답안은 PhotoShop과 Gom Mix for DIAT를 활용하여 작성하십시오.

   ※ PhotoShop 답안파일의 해상도는 72 Pixels/inch로 작성하십시오.

   ※ Gom Mix for DIAT 답안파일은 반드시 프로젝트 전체 저장하십시오.(미준수시 0점 처리)

9. 시험지에 제시된 글꼴이 응시 프로그램에 없는 경우, 반드시 감독위원에게 해당 내용을 통보한 뒤 조치를 받아야 합니다.

10. 시험의 완료는 작성이 완료된 답안을 저장하고, 답안 전송이 완료된 상태를 확인한 것으로 합니다. 답안 전송 확인 후 문제지는 감독위원에게 제출한 후 퇴실하여야 합니다.

11. 답안전송이 완료된 경우에는 수정 또는 정정이 불가능합니다.

12. 시험시행 후 문제 공개 및 합격자 발표는 홈페이지(www.ihd.or.kr)에서 확인하시기 바랍니다.

   ❶ 문제 및 모범답안 공개 : 20XX. XX. XX.(X)

   ❷ 합격자 발표 : 20XX. XX. XX.(X)

식별CODE

Korea Association for ICT Promotion
한국정보통신진흥협회 **KAIT**

※ PhotoShop 프로그램을 활용하여 [문제 1], [문제 2]를 작업하시오.

문제 1   원본 파일을 처리조건에 따라 결과 파일로 완성하시오. (50점)

《 처리조건 》

▶ 다음과 같이 캔버스 크기를 변경하시오.

   · 캔버스 크기[Canvas Size] ⇒ 가로(650 픽셀[Pixels]) × 세로(450 픽셀[Pixels])

▶ '사진1.jpg' 이미지를 불러와 기존 캔버스에 복사한 후 다음과 같이 처리하시오.

   · ① ⇒ 복구 브러시 도구[Healing Brush Tool]를 이용하여 이미지 제거

   · ② ⇒ 색상 균형[Color Balance]을 이용하여 보라색 계열로 보정

   · ③ ⇒ 색조/채도[Hue/Saturation]를 이용하여 파란색 계열로 보정

   · 밝기 조정 ⇒ 곡선[Curves]을 이용하여 이미지 조정 (입력[Input] : 80, 출력[Output] : 110)

   · 필터 효과 ⇒ 텍스처화[Texturizer]를 이용하여 필터 적용

                (텍스처[Texture] : 캔버스[Canvas], 비율[Scaling] : 130%, 부조[Relief] : 2, 조명[Light] : 위[Top])

▶ 지시사항이 없는 경우는 기본 값을 적용하시오.

▶ 다음과 같은 규칙으로 JPG 파일과 PSD 파일을 각각 저장하시오.

   · 저장위치 : 바탕화면 – KAIT – 제출파일 폴더

JPG	파일명	dic_01_수검번호(6자리)_이름.JPG	PSD	파일명	dic_01_수검번호(6자리)_이름.PSD
	이미지 크기	600 X 400 픽셀[Pixels]		이미지 크기	65 X 45 픽셀[Pixels]

(예 : 수검번호가 DIC-20XX-000000인 경우 "dic_01_000000_이름.JPG"와 "dic_01_000000_이름.PSD"로 저장할 것)

(* dic_01_000000_이름.JPG와 dic_01_000000_이름.PSD 파일 중 하나라도 누락시 "0점" 처리됨)

문제 2   원본 파일을 처리조건에 따라 결과 파일로 완성하시오. (80점)

| 《원본 파일》 | 《결과 파일》 |

《 처리조건 》

▶ 다음과 같이 캔버스 크기를 변경하시오.
- 캔버스 조정 ⇒ 캔버스 크기[Canvas Size] ⇒ 가로(650 픽셀[Pixels]) × 세로(450 픽셀[Pixels])

▶ '사진2.jpg' 이미지를 불러와 기존 캔버스에 복사한 후 다음과 같이 처리하시오.
- ① ⇒ 모양 도구[Shape Tool] 이용
  - 레이어 스타일 – 선/획[Stroke] (크기 : 2px, 색상 : #03a163),
    - 그라디언트 오버레이[Gradient Overlay] (색상 : #ff3636 – #ffdf31)
- "A Traditional House" ⇒ 글꼴(Arial), 글꼴 스타일(Bold Italic), 크기(48pt), 색상(#108c7f),
  - 앤티 앨리어싱 : 선명하게[Sharp],
  - 레이어 스타일 – 선/획[Stroke] (크기 : 5px, 색상 : #ffea00)
- "한국의 전통 가옥" ⇒ 글꼴(궁서체), 크기(36pt), 색상(#993109), 앤티 앨리어싱 : 선명하게[Sharp],
  - 레이어 스타일 – 선/획[Stroke] (크기 : 2px, 색상 : #ffffff)

▶ 타원 도구[Ellipse Tool]와 '사진3.jpg'를 이용하여 새로운 레이어를 생성하시오.
- 원의 크기 ⇒ 180 px × 180 px (단, 클리핑 마스크 기능을 이용할 것)
  - 레이어 스타일 – 선/획[Stroke] (크기 : 5px, 색상 : #ffc334, 위치 : 안쪽[Inside]),
  - 그림자 효과[Drop Shadow] (혼합 모드[Blend Mode] : 곱하기[Multiply],
  - 각도[Angle] : 120˚)

▶ 지시사항이 없는 경우는 기본 값을 적용하시오.

▶ 다음과 같은 규칙으로 JPG 파일과 PSD 파일을 각각 저장하시오.
- 저장위치 : 바탕화면 – KAIT – 제출파일 폴더

JPG	파일명	dic_02_수검번호(6자리)_이름.JPG	PSD	파일명	dic_02_수검번호(6자리)_이름.PSD
	이미지 크기	600 X 400 픽셀[Pixels]		이미지 크기	65 X 45 픽셀[Pixels]

(예 : 수검번호가 DIC-20XX-000000인 경우 "dic_02_000000_이름.JPG"와 "dic_02_000000_이름.PSD"로 저장할 것)
(* dic_02_000000_이름.JPG와 dic_02_000000_이름.PSD 파일 중 하나라도 누락시 "0점" 처리됨)

※ GOM Mix for DIAT 프로그램을 활용하여 [문제 3]을 작업하시오.

문제 3　처리조건에 따라 출력형태와 같이 완성하시오. (70점)

《 출력형태 》

《 처리조건 》

원본 파일	이미지1.jpg, 이미지2.jpg, 이미지3.jpg, 동영상.mp4, 음악.mp3

▶ 미디어 소스의 순서를 다음과 같이 지정하시오.
　• 미디어 소스 순서 ⇒ 동영상.mp4 > 이미지1.jpg > 이미지3.jpg > 이미지2.jpg

▶ 동영상 파일('동영상.mp4')을 다음과 같이 처리하시오.
　• 배속 : 1.5x　　　　　　　　　• 자르기 : 시작 시간(0.00), 재생 시간(12.20)
　• 이펙트 : 이미지 보정-부드럽게(강도 : 40)
　• 텍스트 ⇒ 텍스트 입력 :　나무로 만든 문
　　　　　　텍스트 서식 : 기본 자막(바탕체, 크기 110, ffffff), 윤곽선 설정(없음)
　　　　　　위치 설정(화면 정가운데 아래), 시작 시간(5.10), 클립 길이(5.00)
　• 재생 속도 설정 후 자르기를 하여야 하며, 잘라진 뒷부분의 동영상 및 트랙의 모든 공백을 삭제할 것
　• 원본 동영상에 포함된 오디오는 모두 음소거 할 것

▶ 이미지 파일을 다음과 같이 처리하시오.
　• '이미지1.jpg' ⇒ 이미지 클립 길이 : 6.00, 오버레이 : 후광 프레임(내부 반경 : 50),
　　　　　　　　클립 트랜지션 : 위로 덮기(앞으로 이동, 재생 시간 : 2.00)
　• '이미지3.jpg' ⇒ 이미지 클립 길이 : 5.00, 오버레이 : 내려앉는(속도 : 7),
　　　　　　　　클립 트랜지션 : 교차 줌(앞으로 이동, 재생 시간 : 1.00)
　• '이미지2.jpg' ⇒ 이미지 클립 길이 : 6.00, 오버레이 : 좋아요(개수/양 : 60),
　　　　　　　　클립 트랜지션 : 가로 나누기(앞으로 이동, 재생 시간 : 2.00)
　• 지시사항이 없는 경우는 기본 값을 적용하시오.

▶ 다음 조건에 따라 동영상 시작 부분에 텍스트를 지정하시오.
　• 텍스트 입력 :　전통 집 풍경
　　　　　　　　　(Traditional House Scenery)
　　텍스트 서식(휴먼옛체, 크기 120, f50000), 윤곽선 설정(색상 : ffffff, 두께 : 20),
　　나타나기(오른쪽으로 당기기, 지속 시간 : 2.00), 시작 시간(0.00), 텍스트 클립 길이(5.00)

▶ 다음 조건에 따라 동영상 전체에 음악 파일('음악.mp3')을 삽입하시오.
　• 시작 시간 : 0.00, 재생 시간 : 29.10, 페이드 인 : 2.00
　• 재생 시간 설정 후 자르기 하여야 하며, 잘라진 뒷부분의 음악 파일은 삭제할 것

▶ 다음과 같은 규칙으로 GMEP 파일을 프로젝트 전체 저장하시오.
　• 저장위치 : 바탕화면 – KAIT – 제출파일 폴더

GMEP	파일명	dic_03_수검번호(6자리)_이름.GMEP

(예 : 수검번호가 DIC-20XX-000000인 경우 "dic_03_000000_이름.GMEP"로 프로젝트 전체 저장할 것)
(* dic_03_000000_이름.GMEP 파일 누락 / 프로젝트 전체 저장 이외의 기능을 이용하여 저장할 시 "0점" 처리됨)

제17회 실전모의고사

▶ 시험 과목 : 멀티미디어제작(포토샵, 곰믹스)
▶ 시험 일자 : 20XX. XX. X.(X)
▶ 수검자 기재사항 및 감독위원 확인

수검번호	DIC – XXXX –	감독위원 확인
성 명		

수검자 유의사항

1. 응시자는 신분증을 지참하여야 시험에 응시할 수 있으며, 시험이 종료될 때까지 신분증을 제시하지 못할 경우 해당 시험은 0점 처리됩니다.

2. 시스템(PC 작동 여부, 네트워크 상태 등)의 이상 여부를 반드시 확인하여야 하며, 시스템 이상이 있을 시 감독위원에게 조치를 받으셔야 합니다.

3. 시험 중 부주의 또는 고의로 시스템을 파손한 경우는 응시자 부담으로 합니다.

4. 답안 전송 프로그램을 통해 다운로드 받은 파일을 이용하여 답안 파일을 작성하시기 바랍니다.

5. 작성한 답안 파일은 답안 전송 프로그램을 통하여 전송됩니다. 감독위원의 지시에 따라 주시기 바랍니다.

6. 다음 사항의 경우 실격(0점) 혹은 부정행위 처리됩니다.
   ❶ 답안 파일을 저장하지 않았거나, 저장한 파일이 손상되었을 경우
   ❷ 답안 파일을 지정된 폴더(바탕화면 "KAIT" 폴더)에 저장하지 않았을 경우
      ※ 답안 전송 프로그램 로그인 시 바탕화면에 자동 생성됨
   ❸ 답안 파일을 다른 보조 기억장치(USB) 혹은 네트워크(메신저, 게시판 등)로 전송할 경우
   ❹ 휴대용 전화기 등 통신기기를 사용할 경우

7. [ ] 안의 지시사항은 PhotoShop 영문 버전용 입니다.

8. 답안은 PhotoShop과 Gom Mix for DIAT를 활용하여 작성하십시오.
   ※ PhotoShop 답안파일의 해상도는 72 Pixels/inch로 작성하십시오.
   ※ Gom Mix for DIAT 답안파일은 반드시 프로젝트 전체 저장하십시오.(미준수시 0점 처리)

9. 시험지에 제시된 글꼴이 응시 프로그램에 없는 경우, 반드시 감독위원에게 해당 내용을 통보한 뒤 조치를 받아야 합니다.

10. 시험의 완료는 작성이 완료된 답안을 저장하고, 답안 전송이 완료된 상태를 확인한 것으로 합니다. 답안 전송 확인 후 문제지는 감독위원에게 제출한 후 퇴실하여야 합니다.

11. 답안전송이 완료된 경우에는 수정 또는 정정이 불가능합니다.

12. 시험시행 후 문제 공개 및 합격자 발표는 홈페이지(www.ihd.or.kr)에서 확인하시기 바랍니다.
   ❶ 문제 및 모범답안 공개 : 20XX. XX. XX.(X)
   ❷ 합격자 발표 : 20XX. XX. XX.(X)

Korea Association for ICT Promotion
한국정보통신진흥협회 KAIT

※ PhotoShop 프로그램을 활용하여 [문제 1], [문제 2]를 작업하시오.

문제 1   원본 파일을 처리조건에 따라 결과 파일로 완성하시오. (50점)

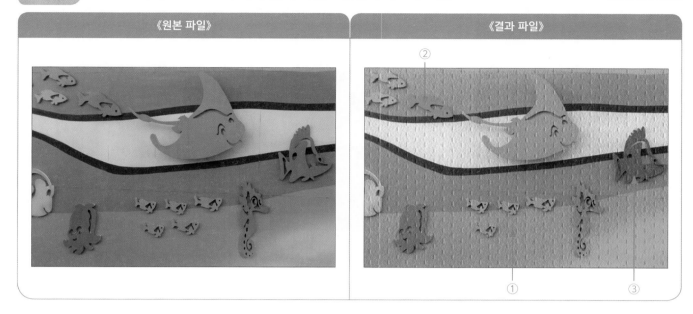

《 처리조건 》

▶ 다음과 같이 캔버스 크기를 변경하시오.
 · 캔버스 크기[Canvas Size] ⇒ 가로(650 픽셀[Pixels]) × 세로(450 픽셀[Pixels])

▶ '사진1.jpg' 이미지를 불러와 기존 캔버스에 복사한 후 다음과 같이 처리하시오.
 · ① ⇒ 복구 브러시 도구[Healing Brush Tool]를 이용하여 이미지 제거
 · ② ⇒ 색상 균형[Color Balance]을 이용하여 초록색 계열로 보정
 · ③ ⇒ 색조/채도[Hue/Saturation]를 이용하여 빨간색 계열로 보정
 · 밝기 조정 ⇒ 곡선[Curves]을 이용하여 이미지 조정 (입력[Input] : 90, 출력[Output] : 120)
 · 필터 효과 ⇒ 텍스처화[Texturizer]를 이용하여 필터 적용
                   (텍스처[Texture] : 벽돌[Brick], 비율[Scaling] : 120%, 부조[Relief] : 3, 조명[Light] : 왼쪽[Left])

▶ 지시사항이 없는 경우는 기본 값을 적용하시오.

▶ 다음과 같은 규칙으로 JPG 파일과 PSD 파일을 각각 저장하시오.
 · 저장위치 : 바탕화면 – KAIT – 제출파일 폴더

JPG	파일명	dic_01_수검번호(6자리)_이름.JPG	PSD	파일명	dic_01_수검번호(6자리)_이름.PSD
	이미지 크기	600 X 400 픽셀[Pixels]		이미지 크기	65 X 45 픽셀[Pixels]

(예 : 수검번호가 DIC-20XX-000000인 경우 "dic_01_000000_이름.JPG"와 "dic_01_000000_이름.PSD"로 저장할 것)
(* dic_01_000000_이름.JPG와 dic_01_000000_이름.PSD 파일 중 하나라도 누락시 "0점" 처리됨)

문제 2 원본 파일을 처리조건에 따라 결과 파일로 완성하시오. (80점)

《원본 파일》	《결과 파일》

《 처리조건 》

▶ 다음과 같이 캔버스 크기를 변경하시오.
· 캔버스 조정 ⇒ 캔버스 크기[Canvas Size] ⇒ 가로(650 픽셀[Pixels]) × 세로(450 픽셀[Pixels])

▶ '사진2.jpg' 이미지를 불러와 기존 캔버스에 복사한 후 다음과 같이 처리하시오.
· ① ⇒ 모양 도구[Shape Tool] 이용
    레이어 스타일 – 선/획[Stroke] (크기 : 2px, 색상 : #ffc664),
        그라디언트 오버레이[Gradient Overlay] (색상 : #009a45 – #6131ff)
· "Sea Story" ⇒ 글꼴(Arial), 글꼴 스타일(Bold Italic), 크기(48pt), 색상(#3a26ce),
        앤티 앨리어싱 : 선명하게[Sharp],
        레이어 스타일 – 선/획[Stroke] (크기 : 5px, 색상 : #c6f6ff)
· "바다 이야기" ⇒ 글꼴(궁서체), 크기(36pt), 색상(#a3eaff), 앤티 앨리어싱 : 선명하게[Sharp],
        레이어 스타일 – 선/획[Stroke] (크기 : 2px, 색상 : #003b83)

▶ 타원 도구[Ellipse Tool]와 '사진3.jpg'를 이용하여 새로운 레이어를 생성하시오.
· 원의 크기 ⇒ 180 px × 180 px (단, 클리핑 마스크 기능을 이용할 것)
        레이어 스타일 – 선/획[Stroke] (크기 : 5px, 색상 : #fff000, 위치 : 안쪽[Inside]),
            그림자 효과[Drop Shadow] (혼합 모드[Blend Mode] : 곱하기[Multiply],
            각도[Angle] : 120˚)

▶ 지시사항이 없는 경우는 기본 값을 적용하시오.

▶ 다음과 같은 규칙으로 JPG 파일과 PSD 파일을 각각 저장하시오.
· 저장위치 : 바탕화면 – KAIT – 제출파일 폴더

JPG	파일명	dic_02_수검번호(6자리)_이름.JPG	PSD	파일명	dic_02_수검번호(6자리)_이름.PSD
	이미지 크기	600 X 400 픽셀[Pixels]		이미지 크기	65 X 45 픽셀[Pixels]

(예 : 수검번호가 DIC-20XX-000000인 경우 "dic_02_000000_이름.JPG"와 "dic_02_000000_이름.PSD"로 저장할 것)
(* dic_02_000000_이름.JPG와 dic_02_000000_이름.PSD 파일 중 하나라도 누락시 "0점" 처리됨)

※ GOM Mix for DIAT 프로그램을 활용하여 [문제 3]을 작업하시오.

문제 3 처리조건에 따라 출력형태와 같이 완성하시오. (70점)

《 출력형태 》

동영상.mp4   이미지2.jpg   이미지3.jpg   이미지1.jpg

《 처리조건 》

원본 파일	이미지1.jpg, 이미지2.jpg, 이미지3.jpg, 동영상.mp4, 음악.mp3

▶ 미디어 소스의 순서를 다음과 같이 지정하시오.
· 미디어 소스 순서 ⇒ 동영상.mp4 > 이미지2.jpg > 이미지3.jpg > 이미지1.jpg

▶ 동영상 파일('동영상.mp4')을 다음과 같이 처리하시오.
· 배속 : 1.3x   · 자르기 : 시작 시간(0.00), 재생 시간(13.10)
· 이펙트 : 이미지 보정–방향성 블러(강도 : 4)
· 텍스트 ⇒ 텍스트 입력 : 벽화 속 바다생물
        텍스트 서식 : 기본 자막(궁서체, 크기 126, fbe31e), 윤곽선 설정(없음)
        위치 설정(화면 정가운데 아래), 시작 시간(5.20), 클립 길이(5.00)
· 재생 속도 설정 후 자르기를 하여야 하며, 잘라진 뒷부분의 동영상 및 트랙의 모든 공백을 삭제할 것
· 원본 동영상에 포함된 오디오는 모두 음소거 할 것

▶ 이미지 파일을 다음과 같이 처리하시오.
· '이미지2.jpg' ⇒ 이미지 클립 길이 : 6.00, 오버레이 : 레디얼 라이트(노출 : 30, 명도 : 45),
            클립 트랜지션 : 십자형 나누기(앞으로 이동, 재생 시간 : 2.00)
· '이미지3.jpg' ⇒ 이미지 클립 길이 : 5.00, 오버레이 : 흩날림(개수/양 : 50),
            클립 트랜지션 : 위로 덮기(뒤로 이동, 재생 시간 : 1.00)
· '이미지1.jpg' ⇒ 이미지 클립 길이 : 5.00, 오버레이 : 지나가는 01(속도 : 8),
            클립 트랜지션 : 가로 순차 블라인드(앞으로 이동, 재생 시간 : 1.00)
· 지시사항이 없는 경우는 기본 값을 적용하시오.

▶ 다음 조건에 따라 동영상 시작 부분에 텍스트를 지정하시오.

· 텍스트 입력 : 벽화 마을
           (Mural Village)

텍스트 서식(휴먼엑스포, 크기 132, f77200), 윤곽선 설정(색상 : ffffff, 두께 : 20),
나타나기(왼쪽으로 닦아내기, 지속 시간 : 1.00), 시작 시간(0.00), 텍스트 클립 길이(4.00)

▶ 다음 조건에 따라 동영상 전체에 음악 파일('음악.mp3')을 삽입하시오.
· 시작 시간 : 0.00, 재생 시간 : 29.10, 페이드 아웃 : 2.00
· 재생 시간 설정 후 자르기 하여야 하며, 잘라진 뒷부분의 음악 파일은 삭제할 것

▶ 다음과 같은 규칙으로 GMEP 파일을 프로젝트 전체 저장하시오.
· 저장위치 : 바탕화면 – KAIT – 제출파일 폴더

GMEP	파일명	dic_03_수검번호(6자리)_이름.GMEP

(예 : 수검번호가 DIC-20XX-000000인 경우 "dic_03_000000_이름.GMEP"로 프로젝트 전체 저장할 것)
(* dic_03_000000_이름.GMEP 파일 누락 / 프로젝트 전체 저장 이외의 기능을 이용하여 저장할 시 "0점" 처리됨)

실전모의고사

제18회

> 시험 과목 : 멀티미디어제작(포토샵, 곰믹스)
> 시험 일자 : 20XX. XX. X.(X)
> 수검자 기재사항 및 감독위원 확인

수검번호	DIC - XXXX -	감독위원 확인
성 명		

수검자 유의사항

1. 응시자는 신분증을 지참하여야 시험에 응시할 수 있으며, 시험이 종료될 때까지 신분증을 제시하지 못할 경우 해당 시험은 0점 처리됩니다.

2. 시스템(PC 작동 여부, 네트워크 상태 등)의 이상 여부를 반드시 확인하여야 하며, 시스템 이상이 있을 시 감독위원에게 조치를 받으셔야 합니다.

3. 시험 중 부주의 또는 고의로 시스템을 파손한 경우는 응시자 부담으로 합니다.

4. 답안 전송 프로그램을 통해 다운로드 받은 파일을 이용하여 답안 파일을 작성하시기 바랍니다.

5. 작성한 답안 파일은 답안 전송 프로그램을 통하여 전송됩니다. 감독위원의 지시에 따라 주시기 바랍니다.

6. 다음 사항의 경우 실격(0점) 혹은 부정행위 처리됩니다.
   ❶ 답안 파일을 저장하지 않았거나, 저장한 파일이 손상되었을 경우
   ❷ 답안 파일을 지정된 폴더(바탕화면 "KAIT" 폴더)에 저장하지 않았을 경우
      ※ 답안 전송 프로그램 로그인 시 바탕화면에 자동 생성됨
   ❸ 답안 파일을 다른 보조 기억장치(USB) 혹은 네트워크(메신저, 게시판 등)로 전송할 경우
   ❹ 휴대용 전화기 등 통신기기를 사용할 경우

7. [ ] 안의 지시사항은 PhotoShop 영문 버전용 입니다.

8. 답안은 PhotoShop과 Gom Mix for DIAT를 활용하여 작성하십시오.
   ※ PhotoShop 답안파일의 해상도는 72 Pixels/inch로 작성하십시오.
   ※ Gom Mix for DIAT 답안파일은 반드시 프로젝트 전체 저장하십시오.(미준수시 0점 처리)

9. 시험지에 제시된 글꼴이 응시 프로그램에 없는 경우, 반드시 감독위원에게 해당 내용을 통보한 뒤 조치를 받아야 합니다.

10. 시험의 완료는 작성이 완료된 답안을 저장하고, 답안 전송이 완료된 상태를 확인한 것으로 합니다. 답안 전송 확인 후 문제지는 감독위원에게 제출한 후 퇴실하여야 합니다.

11. 답안전송이 완료된 경우에는 수정 또는 정정이 불가능합니다.

12. 시험시행 후 문제 공개 및 합격자 발표는 홈페이지(www.ihd.or.kr)에서 확인하시기 바랍니다.
   ❶ 문제 및 모범답안 공개 : 20XX. XX. XX.(X)
   ❷ 합격자 발표 : 20XX. XX. XX.(X)

Korea Association for ICT Promotion
한국정보통신진흥협회 KAIT

※ PhotoShop 프로그램을 활용하여 [문제 1], [문제 2]를 작업하시오.

문제 1   원본 파일을 처리조건에 따라 결과 파일로 완성하시오. (50점)

| 《원본 파일》 | 《결과 파일》 |

《 처리조건 》

▶ 다음과 같이 캔버스 크기를 변경하시오.
  · 캔버스 크기[Canvas Size] ⇒ 가로(650 픽셀[Pixels]) × 세로(450 픽셀[Pixels])

▶ '사진1.jpg' 이미지를 불러와 기존 캔버스에 복사한 후 다음과 같이 처리하시오.
  · ① ⇒ 복제 도장 도구[Clone Stamp Tool]를 이용하여 이미지 복사
  · ② ⇒ 색상 균형[Color Balance]을 이용하여 파란색 계열로 보정
  · ③ ⇒ 색조/채도[Hue/Saturation]를 이용하여 초록색 계열로 보정
  · 밝기 조정 ⇒ 곡선[Curves]을 이용하여 이미지 조정 (입력[Input] : 80, 출력[Output] : 120)
  · 필터 효과 ⇒ 텍스처화[Texturizer]를 이용하여 필터 적용
        텍스처[Texture] : 캔버스[Canvas], 비율[Scaling] : 140%, 부조[Relief] : 4, 조명[Light] : 위[Top])

▶ 지시사항이 없는 경우는 기본 값을 적용하시오.

▶ 다음과 같은 규칙으로 JPG 파일과 PSD 파일을 각각 저장하시오.
  · 저장위치 : 바탕화면 – KAIT – 제출파일 폴더

JPG	파일명	dic_01_수검번호(6자리)_이름.JPG	PSD	파일명	dic_01_수검번호(6자리)_이름.PSD
	이미지 크기	600 X 400 픽셀[Pixels]		이미지 크기	65 X 45 픽셀[Pixels]

(예 : 수검번호가 DIC-20XX-000000인 경우 "dic_01_000000_이름.JPG"와 "dic_01_000000_이름.PSD"로 저장할 것)
(* dic_01_000000_이름.JPG와 dic_01_000000_이름.PSD 파일 중 하나라도 누락시 "0점" 처리됨)

문제 2 원본 파일을 처리조건에 따라 결과 파일로 완성하시오. (80점)

《원본 파일》	《결과 파일》

《 처리조건 》

▶ 다음과 같이 캔버스 크기를 변경하시오.
· 캔버스 조정 ⇒ 캔버스 크기[Canvas Size] : 가로(650 픽셀[Pixels]) × 세로(350 픽셀[Pixels])
　　　　　　　　캔버스 배경색(색상 : #005bcb)

▶ '사진2.jpg' 이미지를 불러와 기존 캔버스에 복사한 후 다음과 같이 처리하시오.
· 이미지 복사 ⇒ 자유 변형[Free Transform] 으로 캔버스 크기에 맞게 변형, 레이어 이름 – '피노키오',
　　　　　　　　레이어 마스크[Layer Mask] 설정, 가로 방향으로 흐릿하게
· "A Fairy Tale" ⇒ 글꼴(Arial), 글꼴 스타일(Bold Italic), 크기(48pt), 색상(#1ce162),
　　　　　　　　　앤티 앨리어싱 : 선명하게[Sharp],
　　　　　　　　　레이어 스타일 – 선/획[Stroke] (크기 : 5px, 색상 : #02450e)
· "동화 이야기" ⇒ 글꼴(궁서체), 크기(36pt), 색상(#e1a71c), 앤티 앨리어싱 : 선명하게[Sharp],
　　　　　　　　　레이어 스타일 – 선/획[Stroke] (크기 : 2px, 색상 : #000000)

▶ '사진3.jpg'를 이용하여 새로운 레이어를 생성하시오.
· 이미지 복사 ⇒ 자유 변형[Free Transform]으로 크기 변형, 레이어 이름 – '사슴'
　　　　　　　　레이어 스타일 – 그림자 효과[Drop Shadow] (혼합 모드[Blend Mode] : 곱하기[Multiply],
　　　　　　　　　각도[Angle] : 120°)
· '사진3.jpg'의 자유 변형[Free Transform] 후, 이미지의 형태는 결과 파일과 동일할 것

▶ 지시사항이 없는 경우는 기본 값을 적용하시오.

▶ 다음과 같은 규칙으로 JPG 파일과 PSD 파일을 각각 저장하시오.
· 저장위치 : 바탕화면 – KAIT – 제출파일 폴더

JPG	파일명	dic_02_수검번호(6자리)_이름.JPG	PSD	파일명	dic_02_수검번호(6자리)_이름.PSD
	이미지 크기	600 X 300 픽셀[Pixels]		이미지 크기	65 X 35 픽셀[Pixels]

(예 : 수검번호가 DIC-20XX-000000인 경우 "dic_02_000000_이름.JPG"와 "dic_02_000000_이름.PSD"로 저장할 것)
(* dic_02_000000_이름.JPG와 dic_02_000000_이름.PSD 파일 중 하나라도 누락시 "0점" 처리됨)

※ GOM Mix for DIAT 프로그램을 활용하여 [문제 3]을 작업하시오.

문제 3 처리조건에 따라 출력형태와 같이 완성하시오. (70점)

《 출력형태 》

《 처리조건 》

원본 파일	이미지1.jpg, 이미지2.jpg, 이미지3.jpg, 동영상.mp4, 음악.mp3

▶ 미디어 소스의 순서를 다음과 같이 지정하시오.
　• 미디어 소스 순서 ⇒ 동영상.mp4 > 이미지2.jpg > 이미지1.jpg > 이미지3.jpg

▶ 동영상 파일('동영상.mp4')을 다음과 같이 처리하시오.
　• 배속 : 1.3x　　　　　　　　　　• 자르기 : 시작 시간(0.00), 재생 시간(12.00)
　• 이펙트 : 색상 보정-명도/대비(명도 : –30, 대비 : 50)
　• 텍스트 ⇒ 텍스트 입력 : 　동화 속 그림들
　　　　　　 텍스트 서식 : 기본 자막(궁서체, 크기 126, 43dc30), 윤곽선 설정(없음)
　　　　　　 위치 설정(화면 정가운데 아래), 시작 시간(5.00), 클립 길이(5.00)
　• 재생 속도 설정 후 자르기를 하여야 하며, 잘라진 뒷부분의 동영상 및 트랙의 모든 공백을 삭제할 것
　• 원본 동영상에 포함된 오디오는 모두 음소거 할 것

▶ 이미지 파일을 다음과 같이 처리하시오.
　• '이미지2.jpg' ⇒ 이미지 클립 길이 : 6.00, 오버레이 : 난기류(크기 : 250, 속도 : 50),
　　　　　　　　　　 클립 트랜지션 : 십자형 나누기(앞으로 이동, 재생 시간 : 1.00)
　• '이미지1.jpg' ⇒ 이미지 클립 길이 : 6.00, 오버레이 : 흩날림(개수/양 : 50),
　　　　　　　　　　 클립 트랜지션 : 디졸브(오버랩, 재생 시간 : 3.00)
　• '이미지3.jpg' ⇒ 이미지 클립 길이 : 6.00, 오버레이 : 지나가는 01(속도 : 6),
　　　　　　　　　　 클립 트랜지션 : 타원 열기(앞으로 이동, 재생 시간 : 2.00)
　• 지시사항이 없는 경우는 기본 값을 적용하시오.

▶ 다음 조건에 따라 동영상 시작 부분에 텍스트를 지정하시오.
　• 텍스트 입력 : 　벽화 속 동화
　　　　　　　　 (Mural Fairy Tale)
　　 텍스트 서식(휴먼옛체, 크기 120, ffffff), 윤곽선 설정(색상 : 83a7ef, 두께 : 40),
　　 나타나기(오른쪽으로 닦아내기, 지속 시간 : 2.00), 시작 시간(0.00), 텍스트 클립 길이(4.00)

▶ 다음 조건에 따라 동영상 전체에 음악 파일('음악.mp3')을 삽입하시오.
　• 시작 시간 : 0.00, 재생 시간 : 29.10, 페이드 아웃 : 3.00
　• 재생 시간 설정 후 자르기 하여야 하며, 잘라진 뒷부분의 음악 파일은 삭제할 것

▶ 다음과 같은 규칙으로 GMEP 파일을 프로젝트 전체 저장하시오.
　• 저장위치 : 바탕화면 – KAIT – 제출파일 폴더

GMEP	파일명	dic_03_수검번호(6자리)_이름.GMEP

(예 : 수검번호가 DIC-20XX-000000인 경우 "dic_03_000000_이름.GMEP"로 프로젝트 전체 저장할 것)
(* dic_03_000000_이름.GMEP 파일 누락 / 프로젝트 전체 저장 이외의 기능을 이용하여 저장할 시 "0점" 처리됨)

실전모의고사

제 **19** 회

▶ 시험 과목 : 멀티미디어제작(포토샵, 곰믹스)
▶ 시험 일자 : 20XX. XX. X.(X)
▶ 수검자 기재사항 및 감독위원 확인

수검번호	DIC - XXXX -	감독위원 확인
성 명		

수검자 유의사항

1. 응시자는 신분증을 지참하여야 시험에 응시할 수 있으며, 시험이 종료될 때까지 신분증을 제시하지 못할 경우 해당 시험은 0점 처리됩니다.

2. 시스템(PC 작동 여부, 네트워크 상태 등)의 이상 여부를 반드시 확인하여야 하며, 시스템 이상이 있을 시 감독위원에게 조치를 받으셔야 합니다.

3. 시험 중 부주의 또는 고의로 시스템을 파손한 경우는 응시자 부담으로 합니다.

4. 답안 전송 프로그램을 통해 다운로드 받은 파일을 이용하여 답안 파일을 작성하시기 바랍니다.

5. 작성한 답안 파일은 답안 전송 프로그램을 통하여 전송됩니다. 감독위원의 지시에 따라 주시기 바랍니다.

6. 다음 사항의 경우 실격(0점) 혹은 부정행위 처리됩니다.

   ❶ 답안 파일을 저장하지 않았거나, 저장한 파일이 손상되었을 경우
   ❷ 답안 파일을 지정된 폴더(바탕화면 "KAIT" 폴더)에 저장하지 않았을 경우
      ※ 답안 전송 프로그램 로그인 시 바탕화면에 자동 생성됨
   ❸ 답안 파일을 다른 보조 기억장치(USB) 혹은 네트워크(메신저, 게시판 등)로 전송할 경우
   ❹ 휴대용 전화기 등 통신기기를 사용할 경우

7. [   ] 안의 지시사항은 PhotoShop 영문 버전용 입니다.

8. 답안은 PhotoShop과 Gom Mix for DIAT를 활용하여 작성하십시오.
   ※ PhotoShop 답안파일의 해상도는 72 Pixels/inch로 작성하십시오.
   ※ Gom Mix for DIAT 답안파일은 반드시 프로젝트 전체 저장하십시오.(미준수시 0점 처리)

9. 시험지에 제시된 글꼴이 응시 프로그램에 없는 경우, 반드시 감독위원에게 해당 내용을 통보한 뒤 조치를 받아야 합니다.

10. 시험의 완료는 작성이 완료된 답안을 저장하고, 답안 전송이 완료된 상태를 확인한 것으로 합니다. 답안 전송 확인 후 문제지는 감독위원에게 제출한 후 퇴실하여야 합니다.

11. 답안전송이 완료된 경우에는 수정 또는 정정이 불가능합니다.

12. 시험시행 후 문제 공개 및 합격자 발표는 홈페이지(www.ihd.or.kr)에서 확인하시기 바랍니다.

   ❶ 문제 및 모범답안 공개 : 20XX. XX. XX.(X)
   ❷ 합격자 발표 : 20XX. XX. XX.(X)

Korea Association for ICT Promotion
한국정보통신진흥협회 **KAIT**

※ PhotoShop 프로그램을 활용하여 [문제 1], [문제 2]를 작업하시오.

문제 1　원본 파일을 처리조건에 따라 결과 파일로 완성하시오. (50점)

《 처리조건 》

▶ 다음과 같이 캔버스 크기를 변경하시오.
　· 캔버스 크기[Canvas Size] ⇒ 가로(650 픽셀[Pixels]) × 세로(450 픽셀[Pixels])

▶ '사진1.jpg' 이미지를 불러와 기존 캔버스에 복사한 후 다음과 같이 처리하시오.
　· ① ⇒ 복구 브러시 도구[Healing Brush Tool]를 이용하여 이미지 제거
　· ② ⇒ 색조/채도[Hue/Saturation]를 이용하여 빨간색 계열로 보정
　· ③ ⇒ 색상 균형[Color Balance]을 이용하여 파란색 계열로 보정
　· 밝기 조정 ⇒ 곡선[Curves]을 이용하여 이미지 조정 (입력[Input] : 80, 출력[Output] : 100)
　· 필터 효과 ⇒ 텍스처화[Texturizer]를 이용하여 필터 적용
　　　　　　(텍스처[Texture] : 벽돌[Brick], 비율[Scaling] : 150%, 부조[Relief] : 2, 조명[Light] : 위[Top])

▶ 지시사항이 없는 경우는 기본 값을 적용하시오.

▶ 다음과 같은 규칙으로 JPG 파일과 PSD 파일을 각각 저장하시오.
　· 저장위치 : 바탕화면 – KAIT – 제출파일 폴더

JPG	파일명	dic_01_수검번호(6자리)_이름.JPG	PSD	파일명	dic_01_수검번호(6자리)_이름.PSD
	이미지 크기	600 X 400 픽셀[Pixels]		이미지 크기	65 X 45 픽셀[Pixels]

(예 : 수검번호가 DIC-20XX-000000인 경우 "dic_01_000000_이름.JPG"와 "dic_01_000000_이름.PSD"로 저장할 것)
(* dic_01_000000_이름.JPG와 dic_01_000000_이름.PSD 파일 중 하나라도 누락시 "0점" 처리됨)

문제 2 원본 파일을 처리조건에 따라 결과 파일로 완성하시오. (80점)

《원본 파일》	《결과 파일》

《 처리조건 》

▶ 다음과 같이 캔버스 크기를 변경하시오.
· 캔버스 조정 ⇒ 캔버스 크기[Canvas Size] ⇒ 가로(650 픽셀[Pixels]) × 세로(450 픽셀[Pixels])

▶ '사진2.jpg' 이미지를 불러와 기존 캔버스에 복사한 후 다음과 같이 처리하시오.
· ① ⇒ 모양 도구[Shape Tool] 이용
　　레이어 스타일 – 선/획[Stroke] (크기 : 2px, 색상 : #f6f7b9),
　　　　그라디언트 오버레이[Gradient Overlay] (색상 : #56a608 – #ffc000)
· "Finding Green" ⇒ 글꼴(Arial), 글꼴 스타일(Bold Italic), 크기(48pt), 색상(#2f7728),
　　앤티 앨리어싱 : 선명하게[Sharp],
　　레이어 스타일 – 선/획[Stroke] (크기 : 5px, 색상 : #f1de90)
· "도심 속의 초록을 찾아서!" ⇒ 글꼴(궁서체), 크기(32pt), 색상(#52e842), 앤티 앨리어싱 : 선명하게[Sharp],
　　레이어 스타일 – 선/획[Stroke] (크기 : 2px, 색상 : #000000)

▶ 사각형 도구[Rounded Rectangle Tool]와 '사진3.jpg'를 이용하여 새로운 레이어를 생성하시오.
· 사각형의 크기 ⇒ 180 px × 150 px (단, 클리핑 마스크 기능을 이용할 것)
　　레이어 스타일 – 선/획[Stroke] (크기 : 5px, 색상 : #ffa200, 위치 : 안쪽[Inside]),
　　그림자 효과[Drop Shadow] (혼합 모드[Blend Mode] : 곱하기[Multiply],
　　각도[Angle] : 120˚)

▶ 지시사항이 없는 경우는 기본 값을 적용하시오.

▶ 다음과 같은 규칙으로 JPG 파일과 PSD 파일을 각각 저장하시오.
· 저장위치 : 바탕화면 – KAIT – 제출파일 폴더

JPG	파일명	dic_02_수검번호(6자리)_이름.JPG	PSD	파일명	dic_02_수검번호(6자리)_이름.PSD
	이미지 크기	600 X 400 픽셀[Pixels]		이미지 크기	65 X 45 픽셀[Pixels]

(예 : 수검번호가 DIC-20XX-000000인 경우 "dic_02_000000_이름.JPG"와 "dic_02_000000_이름.PSD"로 저장할 것)
(* dic_02_000000_이름.JPG와 dic_02_000000_이름.PSD 파일 중 하나라도 누락시 "0점" 처리됨)

※ GOM Mix for DIAT 프로그램을 활용하여 [문제 3]을 작업하시오.

문제 3 처리조건에 따라 출력형태와 같이 완성하시오. (70점)

《 출력형태 》

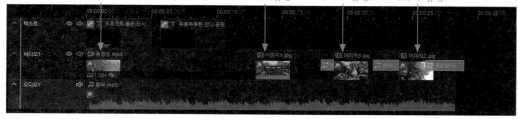

《 처리조건 》

원본 파일	이미지1.jpg, 이미지2.jpg, 이미지3.jpg, 동영상.mp4, 음악.mp3

▶ 미디어 소스의 순서를 다음과 같이 지정하시오.
　· 미디어 소스 순서 ⇒ 동영상.mp4 > 이미지1.jpg > 이미지3.jpg > 이미지2.jpg

▶ 동영상 파일('동영상.mp4')을 다음과 같이 처리하시오.
　· 배속 : 1.5x　　　　　　　　　　　· 자르기 : 시작 시간(0.00), 재생 시간(13.00)
　· 이펙트 : 변환–노이즈 페이드(나타나는 : 2.0, 사라지는 : 3.0)
　· 텍스트 ⇒ 텍스트 입력 : ｜ 푸릇푸릇한 잔디 공원 ｜
　　　　　　텍스트 서식 : 기본 자막(궁서체, 크기 110, f700da), 윤곽선 설정(없음)
　　　　　　위치 설정(화면 정가운데 아래), 시작 시간(5.20), 클립 길이(5.00)
　· 재생 속도 설정 후 자르기를 하여야 하며, 잘라진 뒷부분의 동영상 및 트랙의 모든 공백을 삭제할 것
　· 원본 동영상에 포함된 오디오는 모두 음소거 할 것

▶ 이미지 파일을 다음과 같이 처리하시오.
　· '이미지1.jpg' ⇒ 이미지 클립 길이 : 6.00, 오버레이 : 비누 방울(개수/양 : 6, 방울 속성 02 : 8),
　　　　　　　　　　클립 트랜지션 : 문 열기(앞으로 이동, 재생 시간 : 1.00)
　· '이미지3.jpg' ⇒ 이미지 클립 길이 : 5.00, 오버레이 : 수면 아래 01(강도 : 73),
　　　　　　　　　　클립 트랜지션 : 흰색 페이드(앞으로 이동, 재생 시간 : 2.00)
　· '이미지2.jpg' ⇒ 이미지 클립 길이 : 5.00, 오버레이 : 레디얼 라이트(크기 : 80),
　　　　　　　　　　클립 트랜지션 : 역방향 대각선 블라인드(앞으로 이동, 재생 시간 : 3.00)
　· 지시사항이 없는 경우는 기본 값을 적용하시오.

▶ 다음 조건에 따라 동영상 시작 부분에 텍스트를 지정하시오.
　· 텍스트 입력 : ｜ 초록으로 물든 도시
　　　　　　　　　　(Green City) ｜
　　텍스트 서식(휴먼엑스포, 크기 120, c80000), 윤곽선 설정(색상 : f9ef98, 두께 : 35),
　　나타나기(서서히 나타나기, 지속 시간 : 2.00), 시작 시간(0.00), 텍스트 클립 길이(5.00)

▶ 다음 조건에 따라 동영상 전체에 음악 파일('음악.mp3')을 삽입하시오.
　· 시작 시간 : 0.00, 재생 시간 : 28.10, 페이드 아웃 : 2.00
　· 재생 시간 설정 후 자르기 하여야 하며, 잘라진 뒷부분의 음악 파일은 삭제할 것

▶ 다음과 같은 규칙으로 GMEP 파일을 프로젝트 전체 저장하시오.
　· 저장위치 : 바탕화면 – KAIT – 제출파일 폴더

GMEP	파일명	dic_03_수검번호(6자리)_이름.GMEP

(예 : 수검번호가 DIC-20XX-000000인 경우 "dic_03_000000_이름.GMEP"로 프로젝트 전체 저장할 것)
(* dic_03_000000_이름.GMEP 파일 누락 / 프로젝트 전체 저장 이외의 기능을 이용하여 저장할 시 "0점" 처리됨)

제20회 실전모의고사

▶ 시험 과목 : 멀티미디어제작(포토샵, 곰믹스)
▶ 시험 일자 : 20XX. XX. X.(X)
▶ 수검자 기재사항 및 감독위원 확인

수검번호	DIC - XXXX -	감독위원 확인
성 명		

수검자 유의사항

1. 응시자는 신분증을 지참하여야 시험에 응시할 수 있으며, 시험이 종료될 때까지 신분증을 제시하지 못할 경우 해당 시험은 0점 처리됩니다.

2. 시스템(PC 작동 여부, 네트워크 상태 등)의 이상 여부를 반드시 확인하여야 하며, 시스템 이상이 있을 시 감독위원에게 조치를 받으셔야 합니다.

3. 시험 중 부주의 또는 고의로 시스템을 파손한 경우는 응시자 부담으로 합니다.

4. 답안 전송 프로그램을 통해 다운로드 받은 파일을 이용하여 답안 파일을 작성하시기 바랍니다.

5. 작성한 답안 파일은 답안 전송 프로그램을 통하여 전송됩니다. 감독위원의 지시에 따라 주시기 바랍니다.

6. 다음 사항의 경우 실격(0점) 혹은 부정행위 처리됩니다.
   ❶ 답안 파일을 저장하지 않았거나, 저장한 파일이 손상되었을 경우
   ❷ 답안 파일을 지정된 폴더(바탕화면 "KAIT" 폴더)에 저장하지 않았을 경우
      ※ 답안 전송 프로그램 로그인 시 바탕화면에 자동 생성됨
   ❸ 답안 파일을 다른 보조 기억장치(USB) 혹은 네트워크(메신저, 게시판 등)로 전송할 경우
   ❹ 휴대용 전화기 등 통신기기를 사용할 경우

7. [ ] 안의 지시사항은 PhotoShop 영문 버전용 입니다.

8. 답안은 PhotoShop과 Gom Mix for DIAT를 활용하여 작성하십시오.
   ※ PhotoShop 답안파일의 해상도는 72 Pixels/inch로 작성하십시오.
   ※ Gom Mix for DIAT 답안파일은 반드시 프로젝트 전체 저장하십시오.(미준수시 0점 처리)

9. 시험지에 제시된 글꼴이 응시 프로그램에 없는 경우, 반드시 감독위원에게 해당 내용을 통보한 뒤 조치를 받아야 합니다.

10. 시험의 완료는 작성이 완료된 답안을 저장하고, 답안 전송이 완료된 상태를 확인한 것으로 합니다. 답안 전송 확인 후 문제지는 감독위원에게 제출한 후 퇴실하여야 합니다.

11. 답안전송이 완료된 경우에는 수정 또는 정정이 불가능합니다.

12. 시험시행 후 문제 공개 및 합격자 발표는 홈페이지(www.ihd.or.kr)에서 확인하시기 바랍니다.
   ❶ 문제 및 모범답안 공개 : 20XX. XX. XX.(X)
   ❷ 합격자 발표 : 20XX. XX. XX.(X)

식별CODE
멀

Korea Association for ICT Promotion
한국정보통신진흥협회 KAIT

※ PhotoShop 프로그램을 활용하여 [문제 1], [문제 2]를 작업하시오.

문제 1　　원본 파일을 처리조건에 따라 결과 파일로 완성하시오. (50점)

《 처리조건 》

▶ 다음과 같이 캔버스 크기를 변경하시오.

· 캔버스 크기[Canvas Size] ⇒ 가로(650 픽셀[Pixels]) × 세로(450 픽셀[Pixels])

▶ '사진1.jpg' 이미지를 불러와 기존 캔버스에 복사한 후 다음과 같이 처리하시오.

· ① ⇒ 복제 도장 도구[Clone Stamp Tool]를 이용하여 이미지 복사
· ② ⇒ 색상 균형[Color Balance]을 이용하여 초록색 계열로 보정
· ③ ⇒ 색조/채도[Hue/Saturation]를 이용하여 보라색 계열로 보정
· 밝기 조정 ⇒ 곡선[Curves]을 이용하여 이미지 조정 (입력[Input] : 80, 출력[Output] : 120)
· 필터 효과 ⇒ 텍스처화[Texturizer]를 이용하여 필터 적용

（텍스처[Texture] : 사암[Sandstone], 비율[Scaling] : 150%, 부조[Relief] : 5, 조명[Light] : 위[Top]）

▶ 지시사항이 없는 경우는 기본 값을 적용하시오.

▶ 다음과 같은 규칙으로 JPG 파일과 PSD 파일을 각각 저장하시오.

· 저장위치 : 바탕화면 – KAIT – 제출파일 폴더

JPG	파일명	dic_01_수검번호(6자리)_이름.JPG	PSD	파일명	dic_01_수검번호(6자리)_이름.PSD
	이미지 크기	600 X 400 픽셀[Pixels]		이미지 크기	65 X 45 픽셀[Pixels]

(예 : 수검번호가 DIC-20XX-000000인 경우 "dic_01_000000_이름.JPG"와 "dic_01_000000_이름.PSD"로 저장할 것)
(* dic_01_000000_이름.JPG와 dic_01_000000_이름.PSD 파일 중 하나라도 누락시 "0점" 처리됨)

문제 2 원본 파일을 처리조건에 따라 결과 파일로 완성하시오. (80점)

《원본 파일》	《결과 파일》

《 처리조건 》

▶ 다음과 같이 캔버스 크기를 변경하시오.
  · 캔버스 조정 ⇒ 캔버스 크기[Canvas Size] ⇒ 가로(650 픽셀[Pixels]) × 세로(450 픽셀[Pixels])

▶ '사진2.jpg' 이미지를 불러와 기존 캔버스에 복사한 후 다음과 같이 처리하시오.
  · ① ⇒ 모양 도구[Shape Tool] 이용
        레이어 스타일 – 선/획[Stroke] (크기 : 2px, 색상 : #ffffff),
                그라디언트 오버레이[Gradient Overlay] (색상 : #006666 – #666666)
  · "Mika No.129" ⇒ 글꼴(Arial), 글꼴 스타일(Bold Italic), 크기(48pt), 색상(#fff600),
                앤티 앨리어싱 : 선명하게[Sharp],
                레이어 스타일 – 선/획[Stroke] (크기 : 5px, 색상 : #333333)
  · "증기 기관차 미카 129호" ⇒ 글꼴(궁서), 크기(36pt), 색상(#00e4ff), 앤티 앨리어싱 : 선명하게[Sharp],
                레이어 스타일 – 선/획[Stroke] (크기 : 2px, 색상 : #000000)

▶ 타원 도구[Ellipse Tool]와 '사진3.jpg'를 이용하여 새로운 레이어를 생성하시오.
  · 원의 크기 ⇒ 180 px × 180 px (단, 클리핑 마스크 기능을 이용할 것)
                레이어 스타일 – 선/획[Stroke] (크기 : 5px, 색상 : #00baff, 위치 : 안쪽[Inside]),
                그림자 효과[Drop Shadow] (혼합 모드[Blend Mode] : 곱하기[Multiply],
                각도[Angle] : 120˚)

▶ 지시사항이 없는 경우는 기본 값을 적용하시오.

▶ 다음과 같은 규칙으로 JPG 파일과 PSD 파일을 각각 저장하시오.
  · 저장위치 : 바탕화면 – KAIT – 제출파일 폴더

JPG	파일명	dic_02_수검번호(6자리)_이름.JPG	PSD	파일명	dic_02_수검번호(6자리)_이름.PSD
	이미지 크기	600 X 400 픽셀[Pixels]		이미지 크기	65 X 45 픽셀[Pixels]

(예 : 수검번호가 DIC-20XX-000000인 경우 "dic_02_000000_이름.JPG"와 "dic_02_000000_이름.PSD"로 저장할 것)
(* dic_02_000000_이름.JPG와 dic_02_000000_이름.PSD 파일 중 하나라도 누락시 "0점" 처리됨)

※ GOM Mix for DIAT 프로그램을 활용하여 [문제 3]을 작업하시오.

문제 3 처리조건에 따라 출력형태와 같이 완성하시오. (70점)

《 출력형태 》

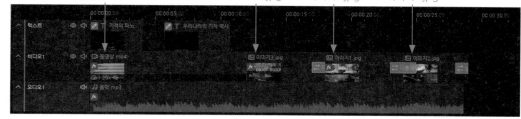

《 처리조건 》

원본 파일	이미지1.jpg, 이미지2.jpg, 이미지3.jpg, 동영상.mp4, 음악.mp3

▶ 미디어 소스의 순서를 다음과 같이 지정하시오.
  · 미디어 소스 순서 ⇒ 동영상.mp4 > 이미지3.jpg > 이미지1.jpg > 이미지2.jpg

▶ 동영상 파일('동영상.mp4')을 다음과 같이 처리하시오.
  · 배속 : 1.2x　　　　　　　　· 자르기 : 시작 시간(0.00), 재생 시간(12.00)
  · 이펙트 : 이미지 보정-그런지 스탬프(강도 : 20, 경곗값 : 30)
  · 텍스트 ⇒ 텍스트 입력 : ┃ 우리나라의 기차 역사 ┃
  　　　　　　　텍스트 서식 : 기본 자막(휴먼엑스포, 크기 120, 00fff3), 윤곽선 설정(없음)
  　　　　　　　위치 설정(화면 정가운데 아래), 시작 시간(5.20), 클립 길이(5.00)
  · 재생 속도 설정 후 자르기를 하여야 하며, 잘라진 뒷부분의 동영상 및 트랙의 모든 공백을 삭제할 것
  · 원본 동영상에 포함된 오디오는 모두 음소거 할 것

▶ 이미지 파일을 다음과 같이 처리하시오.
  · '이미지3.jpg' ⇒ 이미지 클립 길이 : 6.00, 오버레이 : 가우스(강도 : 40, 속도 : 6),
  　　　　　　　　　　 클립 트랜지션 : 타원 닫기(앞으로 이동, 재생 시간 : 1.00)
  · '이미지1.jpg' ⇒ 이미지 클립 길이 : 6.00, 오버레이 : 좋아요(개수/양 : 30),
  　　　　　　　　　　 클립 트랜지션 : 디졸브(오버랩, 재생 시간 : 2.00)
  · '이미지2.jpg' ⇒ 이미지 클립 길이 : 5.00, 오버레이 : 가랜드(줄 색상 : fe00ba),
  　　　　　　　　　　 클립 트랜지션 : 십자형 나누기(앞으로 이동, 재생 시간 : 1.00)
  · 지시사항이 없는 경우는 기본 값을 적용하시오.

▶ 다음 조건에 따라 동영상 시작 부분에 텍스트를 지정하시오.

  · 텍스트 입력 : ┃ 기적의 파노라마
  　　　　　　　　(Panorama of whistle) ┃

  텍스트 서식(휴먼옛체, 크기 150, 000000), 윤곽선 설정(색상 : ffff02, 두께 : 25),
  나타나기(회전하며 나타나기, 지속 시간 : 2.00), 시작 시간(0.00), 텍스트 클립 길이(4.00)

▶ 다음 조건에 따라 동영상 전체에 음악 파일('음악.mp3')을 삽입하시오.
  · 시작 시간 : 0.00, 재생 시간 : 28.20, 페이드 아웃 : 2.00
  · 재생 시간 설정 후 자르기 하여야 하며, 잘라진 뒷부분의 음악 파일은 삭제할 것

▶ 다음과 같은 규칙으로 GMEP 파일을 프로젝트 전체 저장하시오.
  · 저장위치 : 바탕화면 – KAIT – 제출파일 폴더

GMEP	파일명	dic_03_수검번호(6자리)_이름.GMEP

(예 : 수검번호가 DIC-20XX-000000인 경우 "dic_03_000000_이름.GMEP"로 프로젝트 전체 저장할 것)
(* dic_03_000000_이름.GMEP 파일 누락 / 프로젝트 전체 저장 이외의 기능을 이용하여 저장할 시 "0점" 처리됨)

제21회 실전모의고사

▶ 시험 과목 : 멀티미디어제작(포토샵, 곰믹스)
▶ 시험 일자 : 20XX. XX. X.(X)
▶ 수검자 기재사항 및 감독위원 확인

수검번호	DIC - XXXX -	감독위원 확인
성 명		

수검자 유의사항

1. 응시자는 신분증을 지참하여야 시험에 응시할 수 있으며, 시험이 종료될 때까지 신분증을 제시하지 못할 경우 해당 시험은 0점 처리됩니다.

2. 시스템(PC 작동 여부, 네트워크 상태 등)의 이상 여부를 반드시 확인하여야 하며, 시스템 이상이 있을 시 감독위원에게 조치를 받으셔야 합니다.

3. 시험 중 부주의 또는 고의로 시스템을 파손한 경우는 응시자 부담으로 합니다.

4. 답안 전송 프로그램을 통해 다운로드 받은 파일을 이용하여 답안 파일을 작성하시기 바랍니다.

5. 작성한 답안 파일은 답안 전송 프로그램을 통하여 전송됩니다. 감독위원의 지시에 따라 주시기 바랍니다.

6. 다음 사항의 경우 실격(0점) 혹은 부정행위 처리됩니다.
   ❶ 답안 파일을 저장하지 않았거나, 저장한 파일이 손상되었을 경우
   ❷ 답안 파일을 지정된 폴더(바탕화면 "KAIT" 폴더)에 저장하지 않았을 경우
      ※ 답안 전송 프로그램 로그인 시 바탕화면에 자동 생성됨
   ❸ 답안 파일을 다른 보조 기억장치(USB) 혹은 네트워크(메신저, 게시판 등)로 전송할 경우
   ❹ 휴대용 전화기 등 통신기기를 사용할 경우

7. [   ] 안의 지시사항은 PhotoShop 영문 버전용 입니다.

8. 답안은 PhotoShop과 Gom Mix for DIAT를 활용하여 작성하십시오.
   ※ PhotoShop 답안파일의 해상도는 72 Pixels/inch로 작성하십시오.
   ※ Gom Mix for DIAT 답안파일은 반드시 프로젝트 전체 저장하십시오.(미준수시 0점 처리)

9. 시험지에 제시된 글꼴이 응시 프로그램에 없는 경우, 반드시 감독위원에게 해당 내용을 통보한 뒤 조치를 받아야 합니다.

10. 시험의 완료는 작성이 완료된 답안을 저장하고, 답안 전송이 완료된 상태를 확인한 것으로 합니다. 답안 전송 확인 후 문제지는 감독위원에게 제출한 후 퇴실하여야 합니다.

11. 답안전송이 완료된 경우에는 수정 또는 정정이 불가능합니다.

12. 시험시행 후 문제 공개 및 합격자 발표는 홈페이지(www.ihd.or.kr)에서 확인하시기 바랍니다.
   ❶ 문제 및 모범답안 공개 : 20XX. XX. XX.(X)
   ❷ 합격자 발표 : 20XX. XX. XX.(X)

※ PhotoShop 프로그램을 활용하여 [문제 1], [문제 2]를 작업하시오.

문제 1　원본 파일을 처리조건에 따라 결과 파일로 완성하시오. (50점)

《원본 파일》	《결과 파일》

《 처리조건 》

▶ 다음과 같이 캔버스 크기를 변경하시오.
　· 캔버스 크기[Canvas Size] ⇒ 가로(650 픽셀[Pixels]) × 세로(450 픽셀[Pixels])

▶ '사진1.jpg' 이미지를 불러와 기존 캔버스에 복사한 후 다음과 같이 처리하시오.
　· ① ⇒ 복제 도장 도구[Clone Stamp Tool]를 이용하여 이미지 복사
　· ② ⇒ 색조/채도[Hue/Saturation]를 이용하여 빨간색 계열로 보정
　· ③ ⇒ 색상 균형[Color Balance]을 이용하여 초록색 계열로 보정
　· 밝기 조정 ⇒ 곡선[Curves]을 이용하여 이미지 조정 (입력[Input] : 80, 출력[Output] : 120)
　· 필터 효과 ⇒ 렌즈 플레어[Lens Flare]를 이용하여 필터 적용
　　　　　　(명도[Brightness] : 120%, 렌즈 유형[Lens Type] : 35mm 프라임[35mm Prime])

▶ 지시사항이 없는 경우는 기본 값을 적용하시오.

▶ 다음과 같은 규칙으로 JPG 파일과 PSD 파일을 각각 저장하시오.
　· 저장위치 : 바탕화면 – KAIT – 제출파일 폴더

JPG	파일명	dic_01_수검번호(6자리)_이름.JPG	PSD	파일명	dic_01_수검번호(6자리)_이름.PSD
	이미지 크기	600 X 400 픽셀[Pixels]		이미지 크기	65 X 45 픽셀[Pixels]

(예 : 수검번호가 DIC-20XX-000000인 경우 "dic_01_000000_이름.JPG"와 "dic_01_000000_이름.PSD"로 저장할 것)
(* dic_01_000000_이름.JPG와 dic_01_000000_이름.PSD 파일 중 하나라도 누락시 "0점" 처리됨)

문제 2　원본 파일을 처리조건에 따라 결과 파일로 완성하시오. (80점)

《원본 파일》	《결과 파일》

《 처리조건 》

▶ 다음과 같이 캔버스 크기를 변경하시오.
　・캔버스 조정 ⇒ 캔버스 크기[Canvas Size] : 가로(650 픽셀[Pixels]) × 세로(350 픽셀[Pixels])
　　　　　　　　 캔버스 배경색(색상 : #0042eb)

▶ '사진2.jpg' 이미지를 불러와 기존 캔버스에 복사한 후 다음과 같이 처리하시오.
　・이미지 복사 ⇒ 자유 변형[Free Transform] 으로 캔버스 크기에 맞게 변형, 레이어 이름 – '이글루',
　　　　　　　　 레이어 마스크[Layer Mask] 설정, 가로 방향으로 흐릿하게
　・"A Winter Village" ⇒ 글꼴(Arial), 글꼴 스타일(Bold Italic), 크기(48pt), 색상(#f7ff00),
　　　　　　　　 앤티 앨리어싱 : 선명하게[Sharp],
　　　　　　　　 레이어 스타일 – 선/획[Stroke] (크기 : 5px, 색상 : #000000)
　・"겨울 마을" ⇒ 글꼴(휴먼옛체), 크기(36pt), 색상(#6eef4c), 앤티 앨리어싱 : 선명하게[Sharp],
　　　　　　　　 레이어 스타일 – 선/획[Stroke] (크기 : 2px, 색상 : #0400b5)

▶ '사진3.jpg'를 이용하여 새로운 레이어를 생성하시오.
　・이미지 복사 ⇒ 자유 변형[Free Transform]으로 크기 변형, 레이어 이름 – '펭귄'
　　　　　　　　 레이어 스타일 – 그림자 효과[Drop Shadow] (혼합 모드[Blend Mode] : 곱하기[Multiply],
　　　　　　　　 각도[Angle] : 120°)
　・'사진3.jpg'의 자유 변형[Free Transform] 후, 이미지의 형태는 결과 파일과 동일할 것

▶ 지시사항이 없는 경우는 기본 값을 적용하시오.

▶ 다음과 같은 규칙으로 JPG 파일과 PSD 파일을 각각 저장하시오.
　・저장위치 : 바탕화면 – KAIT – 제출파일 폴더

JPG	파일명	dic_02_수검번호(6자리)_이름.JPG	PSD	파일명	dic_02_수검번호(6자리)_이름.PSD
	이미지 크기	600 X 300 픽셀[Pixels]		이미지 크기	65 X 35 픽셀[Pixels]

(예 : 수검번호가 DIC-20XX-000000인 경우 "dic_02_000000_이름.JPG"와 "dic_02_000000_이름.PSD"로 저장할 것)
(* dic_02_000000_이름.JPG와 dic_02_000000_이름.PSD 파일 중 하나라도 누락시 "0점" 처리됨)

※ GOM Mix for DIAT 프로그램을 활용하여 [문제 3]을 작업하시오.

문제 3 처리조건에 따라 출력형태와 같이 완성하시오. (70점)

《 출력형태 》

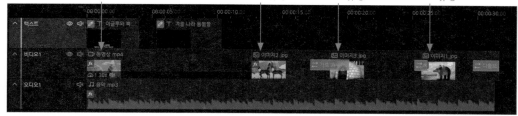

《 처리조건 》

원본 파일	이미지1.jpg, 이미지2.jpg, 이미지3.jpg, 동영상.mp4, 음악.mp3

▶ 미디어 소스의 순서를 다음과 같이 지정하시오.
- 미디어 소스 순서 ⇒ 동영상.mp4 > 이미지2.jpg > 이미지3.jpg > 이미지1.jpg

▶ 동영상 파일('동영상.mp4')을 다음과 같이 처리하시오.
- 배속 : 1.3x
- 자르기 : 시작 시간(0.00), 재생 시간(12.20)
- 이펙트 : 이미지 보정-그런지 스탬프(강도 : 10, 경곗값 : 20)
- 텍스트 ⇒ 텍스트 입력 : 겨울 나라 동물들
  텍스트 서식 : 기본 자막(돋움체, 크기 124, fbe31e), 윤곽선 설정(없음)
  위치 설정(화면 정가운데 아래), 시작 시간(5.10), 클립 길이(5.00)
- 재생 속도 설정 후 자르기를 하여야 하며, 잘라진 뒷부분의 동영상 및 트랙의 모든 공백을 삭제할 것
- 원본 동영상에 포함된 오디오는 모두 음소거 할 것

▶ 이미지 파일을 다음과 같이 처리하시오.
- '이미지2.jpg' ⇒ 이미지 클립 길이 : 6.00, 오버레이 : 흩날림(개수/양 : 90),
  클립 트랜지션 : 가로 나누기(오버랩, 재생 시간 : 3.00)
- '이미지3.jpg' ⇒ 이미지 클립 길이 : 7.00, 오버레이 : 영롱한(크기 15),
  클립 트랜지션 : 세로 나누기(오버랩, 재생 시간 : 1.00)
- '이미지1.jpg' ⇒ 이미지 클립 길이 : 6.00, 오버레이 : 스페이스 01(속도 : 8),
  클립 트랜지션 : 디졸브(앞으로 이동, 재생 시간 : 2.00)
- 지시사항이 없는 경우는 기본 값을 적용하시오.

▶ 다음 조건에 따라 동영상 시작 부분에 텍스트를 지정하시오.
- 텍스트 입력 : 이글루와 북극곰
  (Igloos And Polar Bears)
  텍스트 서식(휴먼엑스포, 크기 120, fcdf35), 윤곽선 설정(색상 : 2c51fd, 두께 : 40),
  나타나기(클립 왼쪽에서 나타나기, 지속 시간 : 2.00), 시작 시간(0.00), 텍스트 클립 길이(4.00)

▶ 다음 조건에 따라 동영상 전체에 음악 파일('음악.mp3')을 삽입하시오.
- 시작 시간 : 0.00, 재생 시간 : 31.10, 페이드 아웃 : 2.00
- 재생 시간 설정 후 자르기 하여야 하며, 잘라진 뒷부분의 음악 파일은 삭제할 것

▶ 다음과 같은 규칙으로 GMEP 파일을 프로젝트 전체 저장하시오.
- 저장위치 : 바탕화면 – KAIT – 제출파일 폴더

GMEP	파일명	dic_03_수검번호(6자리)_이름.GMEP

(예 : 수검번호가 DIC-20XX-000000인 경우 "dic_03_000000_이름.GMEP"로 프로젝트 전체 저장할 것)
(* dic_03_000000_이름.GMEP 파일 누락 / 프로젝트 전체 저장 이외의 기능을 이용하여 저장할 시 "0점" 처리됨)

제**22**회 **실전모의고사**

◗ 시험 과목 : 멀티미디어제작(포토샵, 곰믹스)
◗ 시험 일자 : 20XX. XX. X.(X)
◗ 수검자 기재사항 및 감독위원 확인

수검번호	DIC - XXXX -	감독위원 확인
성 명		

수검자 유의사항

1. 응시자는 신분증을 지참하여야 시험에 응시할 수 있으며, 시험이 종료될 때까지 신분증을 제시하지 못할 경우 해당 시험은 0점 처리됩니다.

2. 시스템(PC 작동 여부, 네트워크 상태 등)의 이상 여부를 반드시 확인하여야 하며, 시스템 이상이 있을 시 감독위원에게 조치를 받으셔야 합니다.

3. 시험 중 부주의 또는 고의로 시스템을 파손한 경우는 응시자 부담으로 합니다.

4. 답안 전송 프로그램을 통해 다운로드 받은 파일을 이용하여 답안 파일을 작성하시기 바랍니다.

5. 작성한 답안 파일은 답안 전송 프로그램을 통하여 전송됩니다. 감독위원의 지시에 따라 주시기 바랍니다.

6. 다음 사항의 경우 실격(0점) 혹은 부정행위 처리됩니다.
   ❶ 답안 파일을 저장하지 않았거나, 저장한 파일이 손상되었을 경우
   ❷ 답안 파일을 지정된 폴더(바탕화면 "KAIT" 폴더)에 저장하지 않았을 경우
      ※ 답안 전송 프로그램 로그인 시 바탕화면에 자동 생성됨
   ❸ 답안 파일을 다른 보조 기억장치(USB) 혹은 네트워크(메신저, 게시판 등)로 전송할 경우
   ❹ 휴대용 전화기 등 통신기기를 사용할 경우

7. [ ] 안의 지시사항은 PhotoShop 영문 버전용 입니다.

8. 답안은 PhotoShop과 Gom Mix for DIAT를 활용하여 작성하십시오.
   ※ PhotoShop 답안파일의 해상도는 72 Pixels/inch로 작성하십시오.
   ※ Gom Mix for DIAT 답안파일은 반드시 프로젝트 전체 저장하십시오.(미준수시 0점 처리)

9. 시험지에 제시된 글꼴이 응시 프로그램에 없는 경우, 반드시 감독위원에게 해당 내용을 통보한 뒤 조치를 받아야 합니다.

10. 시험의 완료는 작성이 완료된 답안을 저장하고, 답안 전송이 완료된 상태를 확인한 것으로 합니다. 답안 전송 확인 후 문제지는 감독위원에게 제출한 후 퇴실하여야 합니다.

11. 답안전송이 완료된 경우에는 수정 또는 정정이 불가능합니다.

12. 시험시행 후 문제 공개 및 합격자 발표는 홈페이지(www.ihd.or.kr)에서 확인하시기 바랍니다.
   ❶ 문제 및 모범답안 공개 : 20XX. XX. XX.(X)
   ❷ 합격자 발표 : 20XX. XX. XX.(X)

식별CODE

Korea Association for ICT Promotion
한국정보통신진흥협회 **KAIT**

※ PhotoShop 프로그램을 활용하여 [문제 1], [문제 2]를 작업하시오.

문제 1   원본 파일을 처리조건에 따라 결과 파일로 완성하시오. (50점)

《원본 파일》	《결과 파일》
	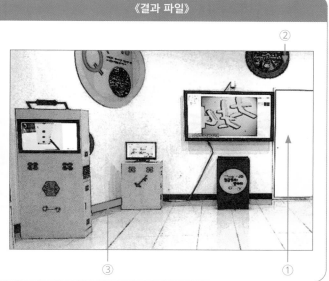

《 처리조건 》

▶ 다음과 같이 캔버스 크기를 변경하시오.
  · 캔버스 크기[Canvas Size] ⇒ 가로(650 픽셀[Pixels]) × 세로(450 픽셀[Pixels])

▶ '사진1.jpg' 이미지를 불러와 기존 캔버스에 복사한 후 다음과 같이 처리하시오.
  · ① ⇒ 복구 브러시 도구[Healing Brush Tool]를 이용하여 이미지 제거
  · ② ⇒ 색상 균형[Color Balance]을 이용하여 빨간색 계열로 보정
  · ③ ⇒ 색조/채도[Hue/Saturation]를 이용하여 초록색 계열로 보정
  · 밝기 조정 ⇒ 곡선[Curves]을 이용하여 이미지 조정 (입력[Input] : 80, 출력[Output] : 120)
  · 필터 효과 ⇒ 그레인[Grain]을 이용하여 필터 적용
      (강도[Intensity] : 20, 대비[Contrast] : 10, 그레인 유형[Grain Type] : 반점[Speckle])

▶ 지시사항이 없는 경우는 기본 값을 적용하시오.

▶ 다음과 같은 규칙으로 JPG 파일과 PSD 파일을 각각 저장하시오.
  · 저장위치 : 바탕화면 – KAIT – 제출파일 폴더

JPG	파일명	dic_01_수검번호(6자리)_이름.JPG	PSD	파일명	dic_01_수검번호(6자리)_이름.PSD
	이미지 크기	600 X 400 픽셀[Pixels]		이미지 크기	65 X 45 픽셀[Pixels]

(예 : 수검번호가 DIC-20XX-000000인 경우 "dic_01_000000_이름.JPG"와 "dic_01_000000_이름.PSD"로 저장할 것)
(* dic_01_000000_이름.JPG와 dic_01_000000_이름.PSD 파일 중 하나라도 누락시 "0점" 처리됨)

문제 2　원본 파일을 처리조건에 따라 결과 파일로 완성하시오. (80점)

《원본 파일》	《결과 파일》

《 처리조건 》

▶ 다음과 같이 캔버스 크기를 변경하시오.
· 캔버스 조정 ⇒ 캔버스 크기[Canvas Size] ⇒ 가로(650 픽셀[Pixels]) × 세로(450 픽셀[Pixels])

▶ '사진2.jpg' 이미지를 불러와 기존 캔버스에 복사한 후 다음과 같이 처리하시오.
· ① ⇒ 모양 도구[Shape Tool] 이용
레이어 스타일 – 선/획[Stroke] (크기 : 2px, 색상 : #0000cc),
그라디언트 오버레이[Gradient Overlay] (색상 : #0033cc – #00ccff)
· "National Cemetery" ⇒ 글꼴(Arial), 글꼴 스타일(Bold Italic), 크기(48pt), 색상(#00a8ff),
앤티 앨리어싱 : 선명하게[Sharp],
레이어 스타일 – 선/획[Stroke] (크기 : 5px, 색상 : #ffffff)
· "보훈의 성지, 민족의 성역" ⇒ 글꼴(휴먼옛체), 크기(36pt), 색상(#ff9900), 앤티 앨리어싱 : 선명하게[Sharp],
레이어 스타일 – 선/획[Stroke] (크기 : 2px, 색상 : #604200)

▶ 타원 도구[Ellipse Tool]와 '사진3.jpg'를 이용하여 새로운 레이어를 생성하시오.
· 원형의 크기 ⇒ 180 px × 180 px (단, 클리핑 마스크 기능을 이용할 것)
레이어 스타일 – 선/획[Stroke] (크기 : 5px, 색상 : #cc3366, 위치 : 안쪽[Inside]),
그림자 효과[Drop Shadow] (혼합 모드[Blend Mode] : 곱하기[Multiply],
각도[Angle] : 120˚)

▶ 지시사항이 없는 경우는 기본 값을 적용하시오.

▶ 다음과 같은 규칙으로 JPG 파일과 PSD 파일을 각각 저장하시오.
· 저장위치 : 바탕화면 – KAIT – 제출파일 폴더

JPG	파일명	dic_02_수검번호(6자리)_이름.JPG	PSD	파일명	dic_02_수검번호(6자리)_이름.PSD
	이미지 크기	600 X 400 픽셀[Pixels]		이미지 크기	65 X 45 픽셀[Pixels]

(예 : 수검번호가 DIC-20XX-000000인 경우 "dic_02_000000_이름.JPG"와 "dic_02_000000_이름.PSD"로 저장할 것)
(* dic_02_000000_이름.JPG와 dic_02_000000_이름.PSD 파일 중 하나라도 누락시 "0점" 처리됨)

※ GOM Mix for DIAT 프로그램을 활용하여 [문제 3]을 작업하시오.

문제 3 처리조건에 따라 출력형태와 같이 완성하시오. (70점)

《 출력형태 》

《 처리조건 》

원본 파일	이미지1.jpg, 이미지2.jpg, 이미지3.jpg, 동영상.mp4, 음악.mp3

▶ 미디어 소스의 순서를 다음과 같이 지정하시오.
  · 미디어 소스 순서 ⇒ 동영상.mp4 > 이미지2.jpg > 이미지3.jpg > 이미지1.jpg

▶ 동영상 파일('동영상.mp4')을 다음과 같이 처리하시오.
  · 배속 : 1.5x   · 자르기 : 시작 시간(0.00), 재생 시간(14.20)
  · 이펙트 : LUT 필터-카메라 필름-카메라 필름 07(노출 : 6, 감마 : 0.6)
  · 텍스트 ⇒ 텍스트 입력 : 　국가와 민족을 위해 희생하다
      텍스트 서식 : 기본 자막(휴먼옛체, 크기 100, ed5dd9), 윤곽선 설정(없음)
      위치 설정(화면 정가운데 아래), 시작 시간(5.00), 클립 길이(5.00)
  · 재생 속도 설정 후 자르기를 하여야 하며, 잘라진 뒷부분의 동영상 및 트랙의 모든 공백을 삭제할 것
  · 원본 동영상에 포함된 오디오는 모두 음소거 할 것

▶ 이미지 파일을 다음과 같이 처리하시오.
  · '이미지2.jpg' ⇒ 이미지 클립 길이 : 6.00, 오버레이 : 사각 비넷(페더 : 80),
      클립 트랜지션 : 가로 나누기(오버랩, 재생 시간 : 2.00)
  · '이미지3.jpg' ⇒ 이미지 클립 길이 : 6.00, 오버레이 : 영롱한(크기 : 15, 밝기 강도 : 50)
      클립 트랜지션 : 문 열기(뒤로 이동, 재생 시간 : 1.00)
  · '이미지1.jpg' ⇒ 이미지 클립 길이 : 5.00, 오버레이 : 스페이스 01(속도 : 10),
      클립 트랜지션 : 문 닫기(앞으로 이동, 재생 시간 : 1.00)
  · 지시사항이 없는 경우는 기본 값을 적용하시오.

▶ 다음 조건에 따라 동영상 시작 부분에 텍스트를 지정하시오.
  · 텍스트 입력 : 　국립대전현충원
      　(Daejeon National Cemetery)
      텍스트 서식(휴먼엑스포, 크기 120, fbe31e), 윤곽선 설정(색상 : 000000, 두께 : 20),
      나타나기(커지면서 나타나기, 지속 시간 : 2.00), 시작 시간(0.00), 텍스트 클립 길이(3.00)

▶ 다음 조건에 따라 동영상 전체에 음악 파일('음악.mp3')을 삽입하시오.
  · 시작 시간 : 0.00, 재생 시간 : 30.10, 페이드 아웃 : 3.00
  · 재생 시간 설정 후 자르기 하여야 하며, 잘라진 뒷부분의 음악 파일은 삭제할 것

▶ 다음과 같은 규칙으로 GMEP 파일을 프로젝트 전체 저장하시오.
  · 저장위치 : 바탕화면 – KAIT – 제출파일 폴더

GMEP	파일명	dic_03_수검번호(6자리)_이름.GMEP

(예 : 수검번호가 DIC-20XX-000000인 경우 "dic_03_000000_이름.GMEP"로 프로젝트 전체 저장할 것)
(* dic_03_000000_이름.GMEP 파일 누락 / 프로젝트 전체 저장 이외의 기능을 이용하여 저장할 시 "0점" 처리됨)

실전모의고사

제23회

▶ 시험 과목 : 멀티미디어제작(포토샵, 곰믹스)
▶ 시험 일자 : 20XX. XX. X.(X)
▶ 수검자 기재사항 및 감독위원 확인

수검번호	DIC - XXXX -	감독위원 확인
성 명		

수검자 유의사항

1. 응시자는 신분증을 지참하여야 시험에 응시할 수 있으며, 시험이 종료될 때까지 신분증을 제시하지 못할 경우 해당 시험은 0점 처리됩니다.

2. 시스템(PC 작동 여부, 네트워크 상태 등)의 이상 여부를 반드시 확인하여야 하며, 시스템 이상이 있을 시 감독위원에게 조치를 받으셔야 합니다.

3. 시험 중 부주의 또는 고의로 시스템을 파손한 경우는 응시자 부담으로 합니다.

4. 답안 전송 프로그램을 통해 다운로드 받은 파일을 이용하여 답안 파일을 작성하시기 바랍니다.

5. 작성한 답안 파일은 답안 전송 프로그램을 통하여 전송됩니다. 감독위원의 지시에 따라 주시기 바랍니다.

6. 다음 사항의 경우 실격(0점) 혹은 부정행위 처리됩니다.

   ❶ 답안 파일을 저장하지 않았거나, 저장한 파일이 손상되었을 경우

   ❷ 답안 파일을 지정된 폴더(바탕화면 "KAIT" 폴더)에 저장하지 않았을 경우

   ※ 답안 전송 프로그램 로그인 시 바탕화면에 자동 생성됨

   ❸ 답안 파일을 다른 보조 기억장치(USB) 혹은 네트워크(메신저, 게시판 등)로 전송할 경우

   ❹ 휴대용 전화기 등 통신기기를 사용할 경우

7. [ ] 안의 지시사항은 PhotoShop 영문 버전용 입니다.

8. 답안은 PhotoShop과 Gom Mix for DIAT를 활용하여 작성하십시오.

   ※ PhotoShop 답안파일의 해상도는 72 Pixels/inch로 작성하십시오.

   ※ Gom Mix for DIAT 답안파일은 반드시 프로젝트 전체 저장하십시오.(미준수시 0점 처리)

9. 시험지에 제시된 글꼴이 응시 프로그램에 없는 경우, 반드시 감독위원에게 해당 내용을 통보한 뒤 조치를 받아야 합니다.

10. 시험의 완료는 작성이 완료된 답안을 저장하고, 답안 전송이 완료된 상태를 확인한 것으로 합니다. 답안 전송 확인 후 문제지는 감독위원에게 제출한 후 퇴실하여야 합니다.

11. 답안전송이 완료된 경우에는 수정 또는 정정이 불가능합니다.

12. 시험시행 후 문제 공개 및 합격자 발표는 홈페이지(www.ihd.or.kr)에서 확인하시기 바랍니다.

    ❶ 문제 및 모범답안 공개 : 20XX. XX. XX.(X)

    ❷ 합격자 발표 : 20XX. XX. XX.(X)

Korea Association for ICT Promotion
한국정보통신진흥협회 KAIT

※ PhotoShop 프로그램을 활용하여 [문제 1], [문제 2]를 작업하시오.

문제 1　　원본 파일을 처리조건에 따라 결과 파일로 완성하시오. (50점)

《원본 파일》	《결과 파일》

《 처리조건 》

▶ 다음과 같이 캔버스 크기를 변경하시오.
　· 캔버스 크기[Canvas Size] ⇒ 가로(650 픽셀[Pixels]) × 세로(450 픽셀[Pixels])

▶ '사진1.jpg' 이미지를 불러와 기존 캔버스에 복사한 후 다음과 같이 처리하시오.
　· ① ⇒ 복구 브러시 도구[Healing Brush Tool]를 이용하여 이미지 제거
　· ② ⇒ 색상 균형[Color Balance]을 이용하여 빨간색 계열로 보정
　· ③ ⇒ 색조/채도[Hue/Saturation]를 이용하여 파란색 계열로 보정
　· 밝기 조정 ⇒ 곡선[Curves]을 이용하여 이미지 조정 (입력[Input] : 80, 출력[Output] : 120)
　· 필터 효과 ⇒ 그물눈[Crosshatch]를 이용하여 필터 적용
　　　　　　　(선 길이[Stroke Length] : 5, 선명도[Sharpness] : 2, 강도[Strength] : 1)

▶ 지시사항이 없는 경우는 기본 값을 적용하시오.

▶ 다음과 같은 규칙으로 JPG 파일과 PSD 파일을 각각 저장하시오.
　· 저장위치 : 바탕화면 – KAIT – 제출파일 폴더

JPG	파일명	dic_01_수검번호(6자리)_이름.JPG	PSD	파일명	dic_01_수검번호(6자리)_이름.PSD
	이미지 크기	600 X 400 픽셀[Pixels]		이미지 크기	65 X 45 픽셀[Pixels]

(예 : 수검번호가 DIC-20XX-000000인 경우 "dic_01_000000_이름.JPG"와 "dic_01_000000_이름.PSD"로 저장할 것)
(* dic_01_000000_이름.JPG와 dic_01_000000_이름.PSD 파일 중 하나라도 누락시 "0점" 처리됨)

문제 2 원본 파일을 처리조건에 따라 결과 파일로 완성하시오. (80점)

《원본 파일》	《결과 파일》

《 처리조건 》

▶ 다음과 같이 캔버스 크기를 변경하시오.
· 캔버스 조정 ⇒ 캔버스 크기[Canvas Size] ⇒ 가로(650 픽셀[Pixels]) × 세로(450 픽셀[Pixels])

▶ '사진2.jpg' 이미지를 불러와 기존 캔버스에 복사한 후 다음과 같이 처리하시오.
· ① ⇒ 모양 도구[Shape Tool] 이용
레이어 스타일 – 선/획[Stroke] (크기 : 2px, 색상 : #003067),
그라디언트 오버레이[Gradient Overlay] (색상 : #0083d6 – #eaff00)
· "Steam Engine" ⇒ 글꼴(Arial), 글꼴 스타일(Bold Italic), 크기(48pt), 색상(#009933),
앤티 앨리어싱 : 선명하게[Sharp],
레이어 스타일 – 선/획[Stroke] (크기 : 5px, 색상 : #ffffff)
· "증기 기관" ⇒ 글꼴(궁서체), 크기(36pt), 색상(#fff600), 앤티 앨리어싱 : 선명하게[Sharp],
레이어 스타일 – 선/획[Stroke] (크기 : 2px, 색상 : #724b1e)

▶ 타원 도구[Ellipse Tool]와 '사진3.jpg'를 이용하여 새로운 레이어를 생성하시오.
· 원의 크기 ⇒ 180 px × 180 px (단, 클리핑 마스크 기능을 이용할 것)
레이어 스타일 – 선/획[Stroke] (크기 : 5px, 색상 : #ffae00, 위치 : 안쪽[Inside]),
그림자 효과[Drop Shadow] (혼합 모드[Blend Mode] : 곱하기[Multiply],
각도[Angle] : 120˚)

▶ 지시사항이 없는 경우는 기본 값을 적용하시오.

▶ 다음과 같은 규칙으로 JPG 파일과 PSD 파일을 각각 저장하시오.
· 저장위치 : 바탕화면 – KAIT – 제출파일 폴더

JPG	파일명	dic_02_수검번호(6자리)_이름.JPG	PSD	파일명	dic_02_수검번호(6자리)_이름.PSD
	이미지 크기	600 X 400 픽셀[Pixels]		이미지 크기	65 X 45 픽셀[Pixels]

(예 : 수검번호가 DIC-20XX-000000인 경우 "dic_02_000000_이름.JPG"와 "dic_02_000000_이름.PSD"로 저장할 것)
(* dic_02_000000_이름.JPG와 dic_02_000000_이름.PSD 파일 중 하나라도 누락시 "0점" 처리됨)

※ GOM Mix for DIAT 프로그램을 활용하여 [문제 3]을 작업하시오.

문제 3   처리조건에 따라 출력형태와 같이 완성하시오. (70점)

《 출력형태 》

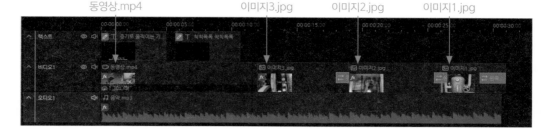

《 처리조건 》

원본 파일	이미지1.jpg, 이미지2.jpg, 이미지3.jpg, 동영상.mp4, 음악.mp3

▶ 미디어 소스의 순서를 다음과 같이 지정하시오.
- 미디어 소스 순서 ⇒ 동영상.mp4 > 이미지3.jpg > 이미지2.jpg > 이미지1.jpg

▶ 동영상 파일('동영상.mp4')을 다음과 같이 처리하시오.
- 배속 : 1.3x   · 자르기 : 시작 시간(0.00), 재생 시간(12.00)
- 이펙트 : 색상 보정-명도/대비(명도 : -30, 대비 : 55)
- 텍스트 ⇒ 텍스트 입력 : ☐ 칙칙폭폭 칙칙폭폭 ☐
           텍스트 서식 : 기본 자막(궁서체, 크기 110, fff100), 윤곽선 설정(없음)
           위치 설정(화면 정가운데 아래), 시작 시간(5.20), 클립 길이(5.00)
- 재생 속도 설정 후 자르기를 하여야 하며, 잘라진 뒷부분의 동영상 및 트랙의 모든 공백을 삭제할 것
- 원본 동영상에 포함된 오디오는 모두 음소거 할 것

▶ 이미지 파일을 다음과 같이 처리하시오.
- '이미지3.jpg' ⇒ 이미지 클립 길이 : 7.00, 오버레이 : 내려앉는(속도 : 9),
                      클립 트랜지션 : 위로 덮기(앞으로 이동, 재생 시간 : 1.00)
- '이미지2.jpg' ⇒ 이미지 클립 길이 : 7.00, 오버레이 : 후광 프레임(내부 반경 : 45),
                      클립 트랜지션 : 문 열기(오버랩, 재생 시간 : 1.00)
- '이미지1.jpg' ⇒ 이미지 클립 길이 : 5.00, 오버레이 : 난기류(밝기 강도 : 60, 속도 : 60),
                      클립 트랜지션 : 왼쪽으로 스크롤(앞으로 이동, 재생 시간 : 2.00)
- 지시사항이 없는 경우는 기본 값을 적용하시오.

▶ 다음 조건에 따라 동영상 시작 부분에 텍스트를 지정하시오.
- 텍스트 입력 : ☐ 증기로 움직이는 기계 (Steam-operated Machines) ☐
      텍스트 서식(휴먼엑스포, 크기 100, e3fe37), 윤곽선 설정(색상 : ff0000, 두께 : 20),
      나타나기(오른쪽으로 닦아내기, 지속 시간 : 2.00), 시작 시간(0.00), 텍스트 클립 길이(5.00)

▶ 다음 조건에 따라 동영상 전체에 음악 파일('음악.mp3')을 삽입하시오.
- 시작 시간 : 0.00, 재생 시간 : 30.20, 페이드 아웃 : 3.00
- 재생 시간 설정 후 자르기 하여야 하며, 잘라진 뒷부분의 음악 파일은 삭제할 것

▶ 다음과 같은 규칙으로 GMEP 파일을 프로젝트 전체 저장하시오.
- 저장위치 : 바탕화면 – KAIT – 제출파일 폴더

GMEP	파일명	dic_03_수검번호(6자리)_이름.GMEP

(예 : 수검번호가 DIC-20XX-000000인 경우 "dic_03_000000_이름.GMEP"로 프로젝트 전체 저장할 것)
(* dic_03_000000_이름.GMEP 파일 누락 / 프로젝트 전체 저장 이외의 기능을 이용하여 저장할 시 "0점" 처리됨)

실전모의고사

제24회

▶ 시험 과목 : 멀티미디어제작(포토샵, 곰믹스)
▶ 시험 일자 : 20XX. XX. X.(X)
▶ 수검자 기재사항 및 감독위원 확인

수검번호	DIC - XXXX -	감독위원 확인
성 명		

식별CODE

Korea Association for ICT Promotion
한국정보통신진흥협회 KAIT

※ PhotoShop 프로그램을 활용하여 [문제 1], [문제 2]를 작업하시오.

문제 1　　원본 파일을 처리조건에 따라 결과 파일로 완성하시오. (50점)

《 처리조건 》

▶ 다음과 같이 캔버스 크기를 변경하시오.
　· 캔버스 크기[Canvas Size] ⇒ 가로(650 픽셀[Pixels]) × 세로(450 픽셀[Pixels])

▶ '사진1.jpg' 이미지를 불러와 기존 캔버스에 복사한 후 다음과 같이 처리하시오.
　· ① ⇒ 복구 브러쉬 도구[Healing Brush Tool]를 이용하여 이미지 제거
　· ② ⇒ 색조/채도[Hue/Saturation]를 이용하여 보라색 계열로 보정
　· ③ ⇒ 색상 균형[Color Balance]을 이용하여 초록색 계열로 보정
　· 밝기 조정 ⇒ 곡선[Curves]을 이용하여 이미지 조정 (입력[Input] : 80, 출력[Output] : 110)
　· 필터 효과 ⇒ 텍스처화[Texturizer]를 이용하여 필터 적용
　　　　　　　(텍스처[Texture] : 캔버스[Canvas], 비율[Scaling] : 110%, 부조[Relief] : 5, 조명[Light] : 위[Top])

▶ 지시사항이 없는 경우는 기본 값을 적용하시오.

▶ 다음과 같은 규칙으로 JPG 파일과 PSD 파일을 각각 저장하시오.
　· 저장위치 : 바탕화면 – KAIT – 제출파일 폴더

JPG	파일명	dic_01_수검번호(6자리)_이름.JPG	PSD	파일명	dic_01_수검번호(6자리)_이름.PSD
	이미지 크기	600 X 400 픽셀[Pixels]		이미지 크기	65 X 45 픽셀[Pixels]

(예 : 수검번호가 DIC-20XX-000000인 경우 "dic_01_000000_이름.JPG"와 "dic_01_000000_이름.PSD"로 저장할 것)
(* dic_01_000000_이름.JPG와 dic_01_000000_이름.PSD 파일 중 하나라도 누락시 "0점" 처리됨)

문제 2　원본 파일을 처리조건에 따라 결과 파일로 완성하시오. (80점)

《원본 파일》	《결과 파일》

《 처리조건 》

▶ 다음과 같이 캔버스 크기를 변경하시오.
　· 캔버스 조정 ⇒ 캔버스 크기[Canvas Size] ⇒ 가로(650 픽셀[Pixels]) × 세로(450 픽셀[Pixels])

▶ '사진2.jpg' 이미지를 불러와 기존 캔버스에 복사한 후 다음과 같이 처리하시오.
　· ① ⇒ 모양 도구[Shape Tool] 이용
　　　레이어 스타일 – 선/획[Stroke] (크기 : 2px, 색상 : #f6ff00),
　　　　　　　그라디언트 오버레이[Gradient Overlay] (색상 : #0e9500 – #ffc600)
　· "Fairy tale village" ⇒ 글꼴(Arial), 글꼴 스타일(Bold Italic), 크기(48pt), 색상(#69e5ff),
　　　　　　　앤티 앨리어싱 : 선명하게[Sharp],
　　　　　　　레이어 스타일 – 선/획[Stroke] (크기 : 5px, 색상 : #003668)
　· "이야기가 있는 동네" ⇒ 글꼴(궁서체), 크기(30pt), 색상(#fffc00), 앤티 앨리어싱 : 선명하게[Sharp],
　　　　　　　레이어 스타일 – 선/획[Stroke] (크기 : 2px, 색상 : #000000)

▶ 타원 도구[Ellipse Tool]와 '사진3.jpg'를 이용하여 새로운 레이어를 생성하시오.
　· 원의 크기 ⇒ 180 px × 180 px (단, 클리핑 마스크 기능을 이용할 것)
　　　　　레이어 스타일 – 선/획[Stroke] (크기 : 5px, 색상 : #fec500, 위치 : 안쪽[Inside]),
　　　　　　　그림자 효과[Drop Shadow] (혼합 모드[Blend Mode] : 곱하기[Multiply],
　　　　　　　각도[Angle] : 120°)

▶ 지시사항이 없는 경우는 기본 값을 적용하시오.

▶ 다음과 같은 규칙으로 JPG 파일과 PSD 파일을 각각 저장하시오.
　· 저장위치 : 바탕화면 – KAIT – 제출파일 폴더

JPG	파일명	dic_02_수검번호(6자리)_이름.JPG	PSD	파일명	dic_02_수검번호(6자리)_이름.PSD
	이미지 크기	600 X 400 픽셀[Pixels]		이미지 크기	65 X 45 픽셀[Pixels]

(예 : 수검번호가 DIC-20XX-000000인 경우 "dic_02_000000_이름.JPG"와 "dic_02_000000_이름.PSD"로 저장할 것)
(* dic_02_000000_이름.JPG와 dic_02_000000_이름.PSD 파일 중 하나라도 누락시 "0점" 처리됨)

※ GOM Mix for DIAT 프로그램을 활용하여 [문제 3]을 작업하시오.

문제 3 처리조건에 따라 출력형태와 같이 완성하시오. (70점)

《 출력형태 》

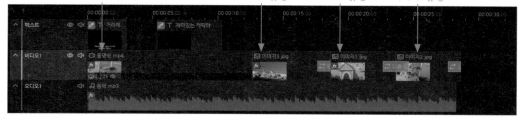

《 처리조건 》

원본 파일	이미지1.jpg, 이미지2.jpg, 이미지3.jpg, 동영상.mp4, 음악.mp3

▶ 미디어 소스의 순서를 다음과 같이 지정하시오.
- 미디어 소스 순서 ⇒ 동영상.mp4 > 이미지3.jpg > 이미지1.jpg > 이미지2.jpg

▶ 동영상 파일('동영상.mp4')을 다음과 같이 처리하시오.
- 배속 : 1.2x
- 자르기 : 시작 시간(0.00), 재생 시간(12.20)
- 이펙트 : LUT 필터-맑은 햇살-맑은 햇살 04(노출 : 15, 감마 : 1.0)
- 텍스트 ⇒ 텍스트 입력 : ┃ 재미있는 캐릭터 ┃
  텍스트 서식 : 기본 자막(휴먼엑스포, 크기 110, ff8e24), 윤곽선 설정(없음)
  위치 설정(화면 정가운데 아래), 시작 시간(5.10), 클립 길이(5.00)
- 재생 속도 설정 후 자르기를 하여야 하며, 잘라진 뒷부분의 동영상 및 트랙의 모든 공백을 삭제할 것
- 원본 동영상에 포함된 오디오는 모두 음소거 할 것

▶ 이미지 파일을 다음과 같이 처리하시오.
- '이미지3.jpg' ⇒ 이미지 클립 길이 : 6.00, 오버레이 : 지나가는 01(속도 : 10),
  클립 트랜지션 : 왼쪽으로 스크롤(앞으로 이동, 재생 시간 : 1.00)
- '이미지1.jpg' ⇒ 이미지 클립 길이 : 5.00, 오버레이 : 비누 방울(크기 : 7, 속도 : 2),
  클립 트랜지션 : 디졸브(오버랩, 재생 시간 : 2.00)
- '이미지2.jpg' ⇒ 이미지 클립 길이 : 5.00, 오버레이 : 원형 비녯(반경 : 65, 페더 : 80),
  클립 트랜지션 : 십자형 나누기(앞으로 이동, 재생 시간 : 1.00)
- 지시사항이 없는 경우는 기본 값을 적용하시오.

▶ 다음 조건에 따라 동영상 시작 부분에 텍스트를 지정하시오.
- 텍스트 입력 : ┃ 거리에 숨어 있는 이야기 (Secret Story) ┃
  텍스트 서식(휴먼옛체, 크기 150, 47d8ff), 윤곽선 설정(색상 : 2c51fd, 두께 : 20),
  나타나기(회전하며 나타나기, 지속 시간 : 2.00), 시작 시간(0.00), 텍스트 클립 길이(3.00)

▶ 다음 조건에 따라 동영상 전체에 음악 파일('음악.mp3')을 삽입하시오.
- 시작 시간 : 0.00, 재생 시간 : 28.10, 페이드 아웃 : 2.00
- 재생 시간 설정 후 자르기 하여야 하며, 잘라진 뒷부분의 음악 파일은 삭제할 것

▶ 다음과 같은 규칙으로 GMEP 파일을 프로젝트 전체 저장하시오.
- 저장위치 : 바탕화면 – KAIT – 제출파일 폴더

GMEP 파일명	dic_03_수검번호(6자리)_이름.GMEP

(예 : 수검번호가 DIC-20XX-000000인 경우 "dic_03_000000_이름.GMEP"로 프로젝트 전체 저장할 것)
(* dic_03_000000_이름.GMEP 파일 누락 / 프로젝트 전체 저장 이외의 기능을 이용하여 저장할 시 "0점" 처리됨)